Erichsen/Treuz · Professionelles Liquiditätsmanagement

🖱 Online-Version inklusive!

Stellen Sie dieses Buch jetzt in Ihre „digitale Bibliothek" in der NWB Datenbank und nutzen Sie Ihre Vorteile:

- Ob am Arbeitsplatz, zu Hause oder unterwegs: Die Online-Version dieses Buches können Sie jederzeit und überall da nutzen, wo Sie Zugang zu einem mit dem Internet verbundenen PC haben.
- Die praktischen Recherchefunktionen der NWB Datenbank erleichtern Ihnen die gezielte Suche nach bestimmten Inhalten und Fragestellungen.
- Die Anlage Ihrer persönlichen „digitalen Bibliothek" und deren Nutzung in der NWB Datenbank online ist kostenlos. Sie müssen dazu nicht Abonnent der Datenbank sein.

Ihr Freischaltcode: **JIRNQAIEXZFWUCPODOASV**

Erichsen/T., Professionelles Liquiditätsmanagement

So einfach geht's:

① Rufen Sie im Internet die Seite **www.nwb.de/go/online-buch** auf.

② Geben Sie Ihren Freischaltcode ein und folgen Sie dem Anmeldedialog.

③ Fertig!

Die NWB Datenbank – alle digitalen Inhalte aus unserem Verlagsprogramm in einem System.

www.nwb.de

Professionelles Liquiditätsmanagement

Praxisleitfaden für Unternehmer und Berater

- Finanz- und Liquiditätsplanung
- Maßnahmen zur Liquiditätsverbesserung
- Liquiditätskennzahlen

Von
Dipl.-Betriebswirt Jörgen Erichsen
Dipl.-Kaufmann Jochen Treuz

nwb

ISBN 978-3-482-**69671**-8 (online)
ISBN 978-3-482-**63771**-1 (print)

© NWB Verlag GmbH & Co. KG, Herne 2012
www.nwb.de

Alle Rechte vorbehalten.

Dieses Buch und alle in ihm enthaltenen Beiträge und Abbildungen sind urheberrechtlich geschützt. Mit Ausnahme der gesetzlich zugelassenen Fälle ist eine Verwertung ohne Einwilligung des Verlages unzulässig.

Satz: Griebsch & Rochol Druck GmbH & Co. KG, Hamm
Druck: **SDK Systemdruck Köln GmbH & Co. KG**

VORWORT

Das vorliegende Buch befasst sich mit dem für jedes Unternehmen, egal ob Gründer, Einzelunternehmer oder Kapitalgesellschaft, überlebenswichtigen Thema Liquidität. Ausreichend liquide zu sein bedeutet, dass ein Unternehmen zu jedem Zeitpunkt seinen Zahlungsverpflichtungen uneingeschränkt und vollständig nachkommen kann. Diese klassische Definition von Liquidität bringt das Problem vieler Betriebe auf den Punkt: Sie können ihre Rechnungen nicht oder nur teilweise begleichen oder sind nicht in der Lage, ihren Zahlungsverpflichtungen stets pünktlich nachzukommen.

Handelt es sich um einen vorübergehenden Zustand, ist das grundsätzlich unproblematisch. Kommen die genannten Schwierigkeiten häufiger vor oder können sie nicht kurzfristig behoben werden, ist das immer ein ernstes Alarmsignal. Werden Unternehmer dann nicht umgehend aktiv, droht früher oder später meist die Insolvenz. Jeder Unternehmer sollte sich daher möglichst täglich, zumindest kurze Zeit mit diesem wichtigen Aufgabengebiet befassen und sich wenigstens über seinen Liquiditätsstatus und anstehende größere Ein- und Auszahlungen der nächsten Tage, Wochen und Monate informieren.

Es sei auch hier ausdrücklich gesagt, dass man sich beim Thema Liquidität nicht auf sein Bauchgefühl oder Schätzungen verlassen darf. Selbst in kleinen Unternehmen stehen Monat für Monat oft hunderte liquiditätswirksame Geschäftsfälle an; und oft kommen „überraschend" mehrere größere Zahlpositionen zusammen, die gleichzeitig oder zumindest in geringen zeitlichen Abständen fällig werden. Ohne geeignete Hilfsmittel, wie z. B. einer Liquiditätsplanung oder Kennzahlen, kann man weder den Überblick behalten, noch sich abzeichnende Engpässe so frühzeitig erkennen, dass man noch ausreichend Zeit hat, um zu handeln und vorzubeugen.

Noch etwas muss allen Unternehmern klar sein:
„Liquiditätsprobleme entstehen nicht über Nacht! Sie entwickeln sich meist schleichend über einen Zeitraum von mehreren Jahren."

Das hat u. a. damit zu tun, dass den Beteiligten nicht bewusst ist, dass fast jede Entscheidung, die in einem Unternehmen getroffen wird, früher oder später zu Zahlungen führt. Gleichzeitig kann aber nicht bei jeder Entscheidung genau gesagt werden, wie groß diese Zahlungen ausfallen werden. Daher ist es mindestens ebenso wichtig, sich die Zusammenhänge zwischen Entscheidungen und den mittel- oder langfristig wirksamen finanziellen Folgen regelmäßig vor Augen zu führen und zumindest grob abzuschätzen, welche Auswirkungen sich ergeben werden. Auch Versäumnisse bei der Ge-

VORWORT

staltung der Unternehmensstrategie haben regelmäßig Einfluss auf die Liquidität, meist nicht sofort, sondern erst sehr viel später. Zwar ist es nahezu unmöglich, direkt zu beurteilen, ob strategische Entscheidungen richtig sind oder falsch, allerdings sorgen die regelmäßige Befassung mit dem Thema und die Analyse bestimmter Entwicklungen, z. B. von Kundenverhalten, Forderungen oder Vorräten, dafür, dass man anbahnende Fehlstellungen so rechtzeitig erkennen kann, dass ein Gegensteuern noch möglich ist.

Daher werden in diesem Buch nicht nur die wichtigsten operativen Themen angesprochen, sondern es wird auch auf Aspekte wie Strategie, Liquidität und frühzeitiges Erkennen von Liquiditätsproblemen eingegangen. Damit hält der Leser ein Buch in Händen, das nicht nur alle Fragestellungen zum Thema Liquidität löst, sondern gleichzeitig einen Leitfaden bietet, der dem Leser helfen soll, sein Unternehmen langfristig besser zu entwickeln und zu positionieren.

Das Buch ist vor allem für die praktische Anwendung gedacht. Theoretische Erläuterungen und Hintergründe werden nur soweit erörtert, wie sie für das allgemeine Verständnis notwendig sind. Zahlreiche Beispiele und die Möglichkeit, sich die im Buch behandelten Instrumente und Werkzeuge aus der NWB Datenbank herunterzuladen, erhöhen den konkreten Nutzwert dieses Buches.

Natürlich gibt es nichts, was man nicht hätte besser machen können. Daher sind wir für Anregungen und Vorschläge, die der Verbesserung des Buches dienen, dankbar.

Leverkusen, Weinheim, im März 2012   Jörgen Erichsen
                                                   Jochen Treuz

INHALTSVERZEICHNIS

Vorwort	V
Abbildungsverzeichnis	XV
Tabellenverzeichnis	XVII

1. Ziele und Aufgaben des Liquiditätsmanagements — 1

1.1	Wesentliche Ziele und Aufgaben	3
1.2	Selbsttest: Wie gut weiß man über die Liquiditätslage des Unternehmens Bescheid?	4

2. Liquiditätsmanagement und Strategie — 7

2.1	Ziele der strategischen Unternehmensentwicklung	7
2.2	Auswirkungen der strategischen Unternehmensentwicklung auf die Liquidität	8
2.3	Strategische Versäumnisse und Fehler führen zu Liquiditätsproblemen	8
2.4	Langfristige Wechselwirkungen von Strategie und Liquidität kennen und nutzen	11

3. Grundbegriffe der Finanz- und Liquiditätsplanung — 13

3.1	Strategische Unternehmensplanung	13
3.2	Operative Unternehmensplanung	13
3.3	Liquidität	14
3.4	Einzahlungen und Auszahlungen	14
3.5	Einnahmen und Ausgaben	14
3.6	Nettogeldvermögen	15
3.7	Finanzplanung	16
3.8	Liquiditätsplanung	17
3.9	Rentabilitätsplanung	17

4.	**Notwendige Daten und Informationen**	**19**
4.1	Datenquellen für mittlere und große Unternehmen	19
4.2	Datenquellen für kleine Unternehmen, Selbstständige und Freiberufler	20
4.3	Weitere Daten- und Informationsquellen	20
4.4	Mit Plan- oder Ist-Daten arbeiten?	22
5.	**Kurzfristige Liquiditätsplanung**	**23**
5.1	Grundschema der kurzfristigen Liquiditätsplanung	23
5.2	Ausgangsstruktur einer monatlichen Liquiditätsplanung	25
5.3	Monatliche Liquiditätsplanung mit Plan-Ist-Vergleich	30
5.4	Wöchentliche Liquiditätsplanung	33
5.5	Tägliche Liquiditätsplanung und -steuerung	33
6.	**Operative Planung als Voraussetzung für die Erstellung einer Finanz- und Liquiditätsplanung**	**35**
6.1	Ausgangsbasis für operative Planung	35
6.2	Teilpläne der operativen Planung	35
6.3	Grundlegender Ablauf der operativen Planung	35
6.4	Wichtige Aspekte zur Unternehmensplanung	37
6.5	Planung mit Szenarien absichern und plausibilisieren	38
7.	**Ausbau der operativen Planung zur Finanz- und Liquiditätsplanung**	**41**
7.1	Ergänzung um weitere wichtige Zahlungsvorgänge	41
7.2	Streichung wichtiger nicht zahlungsrelevanter Vorgänge	42
8.	**Planung der Ein- und Auszahlungen**	**43**
8.1	Einzahlungsplanung	43
	8.1.1 Umsatzplanung	43
	8.1.1.1 Planung der Umsatzhöhe	43
	8.1.1.2 Planung der Zeitpunkte der Einzahlungen	44
	8.1.1.3 Besonderheit Forderungen	48
	8.1.1.4 Hinweise zur Verbesserung der Planungsqualität	50
	8.1.2 Sonstige Einzahlungen	50

8.2	Auszahlungsplanung		51
	8.2.1 Materialauszahlungen		51
		8.2.1.1 Zahlungsausgang nach durchschnittlicher Kreditorenlaufzeit planen	52
		8.2.1.2 Zahlungsausgang detailliert und materialbezogen planen	52
	8.2.2 Personalauszahlungen		53
	8.2.3 Sonstige Auszahlungen		54
	8.2.4 Zinsen und Tilgungsdienste		54
	8.2.5 Steuern		55
	8.2.6 Investitionen		55
	8.2.7 Gesellschafterentnahmen		55
	8.2.8 Tilgungen (Kapitaldienste)		56
	8.2.9 Sonstige		56
9.	**Zahlenbeispiel und praktische Umsetzung**		**57**
9.1	Gewinn- und Verlustrechnung als Basis für die Planungen		57
9.2	Planung von Gesamtleistung und Rohertrag		57
9.3	Planung von Kosten- und Betriebsergebnis		60
9.4	Überleitung von der Plan-GuV zur Liquiditätsplanung		63
	9.4.1 Überleitung der Rohertragsplanung		63
	9.4.2 Überleitung der restlichen Planpositionen		66
	9.4.3 Darstellung des liquiditätswirksamen Ergebnisses		66
9.5	Plan- und Ist-Werte regelmäßig gegenüberstellen		71
10.	**Berechnung von Kapitaldienstfähigkeit und Cashflow**		**73**
10.1	Kapitaldienstfähigkeit		73
10.2	Cashflow		77
	10.2.1 Direkte und indirekte Cashflow-Berechnung		78
		10.2.1.1 Direkte Methode	78
		10.2.1.2 Indirekte Methode	78
	10.2.2 Cashflow-Berechnung für kleine und mittelständische Betriebe		79
	10.2.3 Cashflow-Statement		80
	10.2.4 Ausgewählte Kennzahlen zum Cashflow		81
		10.2.4.1 Cashflow-Umsatzverdienstrate	81
		10.2.4.2 Cashflow-Investitionsverhältnis	82

	10.2.4.3	Cashflow-Finanzierungsgrad	82
	10.2.4.4	Theoretische Schuldentilgungsdauer	82
10.2.5		Cashflow als Brücke zwischen Gewinn und Liquidität	83
10.3		Vergleich der Aussagekraft von Finanzplanung und Cashflow	84

11. Langfristige Finanzplanung 87

11.1	Zielsetzung der langfristigen Finanzplanung	87
11.2	Phasen der langfristigen Finanzplanung	88

12. Investitionsplanung und -rechnung 91

12.1	Statische und dynamische Investitionsverfahren		91
12.2	Statische Verfahren		92
	12.2.1	Kostenvergleichsrechnung	92
	12.2.2	Gewinnvergleichsrechnung	94
	12.2.3	Rentabilitätsrechnung	95
	12.2.4	Amortisationsrechnung	96
	12.2.5	Kritik an den statischen Verfahren	98
12.3	Dynamische Verfahren		98
	12.3.1	Die Aufzinsung	99
	12.3.2	Die Abzinsung	99
	12.3.3	Anmerkungen zu den dynamischen Verfahren	101
	12.3.4	Kapitalwertmethode	102
	12.3.5	Interne Zinsfußmethode	104
	12.3.6	Annuitätenmethode	105
	12.3.7	Das Problem „Unsichere Zukunft"	107
	12.3.8	Fazit	108

13. Working-Capital-Management – Hebel zur Verbesserung der Liquidität 109

13.1	Was ist das Working-Capital?	109
13.2	Vernachlässigung des Working-Capital-Managements in der Praxis	110
13.3	Was ist das Working-Capital-Ratio?	110
13.4	Vorgaben und Ziele – Grundlegende Zusammenhänge und Überlegungen	111
13.5	Working-Capital: Indikator für vorhandene oder sich entwickelnde wirtschaftliche Schieflagen	112

13.6	Kapitalbindungsdauer messen und kennen – Kennzahlen	114
13.7	Working-Capital optimieren – Die Stell- und Steuerungsgrößen	115
	13.7.1 Vorräte und Lagerbestände	116
	13.7.2 Forderungen	117
	13.7.3 Verbindlichkeiten aus Lieferungen und Leistungen	118
13.8	Betrachtung der Auswirkungen einer Verringerung der Kapitalbindungsdauer	118
	13.8.1 Auswirkungen durch die Verkürzung der Forderungslaufzeiten	119
	13.8.2 Auswirkung der Verkürzung der Lagerdauer	119
	13.8.3 Auswirkung von Verbesserungen bei den kurzfristigen Verbindlichkeiten	119
	13.8.4 Ergebnisübersicht nach Optimierung des Working-Capitals	119
	13.8.5 Auswirkungen der Verbesserung des Working-Capitals auf Kennzahlen aus Bilanz und GuV	119
	13.8.6 Fazit zum Working-Capital-Management	120

14. Auswahl wichtiger Liquiditätskennzahlen — 121

14.1	Grundsätzliches zu Finanzkennzahlen	121
14.2	Kreditorenziel (auch Lieferantenziel)	122
14.3	Analyse der Finanzstruktur	123
	14.3.1 Goldene Bilanzregel	123
	14.3.2 Anlagendeckung	123
14.4	Analyse von Finanzierung und Erfolg	125
	14.4.1 Total Debt/EBITDA	125
	14.4.2 EBITDA/Zinsaufwand (Interest-Cover-Ratio)	125
	14.4.3 EBITDA/Kapitaldienst (Debt-Service-Cover-Ratio)	125
	14.4.4 Varianten der Debt/EBITDA-Kennziffern	126
14.5	Analyse der Liquiditätsstruktur	127
	14.5.1 Liquidität 1. Grades (aktuelle Liquidität)	127
	14.5.2 Liquidität 2. Grades (Quick Ratio)	128
	14.5.3 Liquidität 3. Grades	129
14.6	Die Bewegungsbilanz	130
14.7	Cashflow-Analyse (auch Kapitalflussanalyse)	133
	14.7.1 Stand des Zahlungsmittelfonds	133

	14.7.2	Veränderungen des Cashflows	134
		14.7.2.1 Cashflow-Veränderungen durch den Markt – Der operative Cashflow	134
		14.7.2.2 Cashflow-Veränderungen durch die Investitionen	134
		14.7.2.3 Cashflow-Veränderungen durch die Finanzierungstätigkeit	134
		14.7.2.4 Cashflow-Veränderungen durch sonstige Faktoren	135
		14.7.2.5 Aussagekraft der Cashflow-Analyse	135
14.8	Weitere Liquiditätskennzahlen im Überblick		136
	14.8.1	Forderungsquote	136
	14.8.2	Vorratsquote	136
	14.8.3	Eigenkapitalquote	137
	14.8.4	Verschuldungsgrad	137
	14.8.5	Langfristiger Kapitalanteil	138
	14.8.6	Anlagendeckung (Deckungsgrade)	138
	14.8.7	Schuldentilgungsdauer	139
	14.8.8	Umschlagskennzahlen	139
	14.8.9	Umschlagshäufigkeit der Forderungen und durchschnittliche Kreditdauer	139
	14.8.10	Lagerumschlagshäufigkeit und durchschnittliche Lagerdauer	140
	14.8.11	Kapitalumschlagshäufigkeit	141
14.9	Ausgewählte Maßnahmen zur Liquiditätsverbesserung		142
14.10	Organisatorische Maßnahmen zur Verbesserung der Liquidität		143
	14.10.1	Bonitätsprüfung	143
	14.10.2	Schnelle Rechnungsstellung	143
	14.10.3	Factoring	144
	14.10.4	Lieferantenkredite	144
	14.10.5	Verbesserungen des Kundenportfolios	144
	14.10.6	Verringerung der Kapitalbindung	144
	14.10.7	Verfügbarkeit von Geldanlagen	144
	14.10.8	Einleitung von Sofortmaßnahmen bei Liquiditätsengpässen	146
	14.10.9	Die Hauptfehler im Umgang mit der Liquidität vermeiden	147

15.	**Das erfolgreiche Bankgespräch**		**149**
15.1	Wichtige Unterlagen und Zahlen		149
	15.1.1	Jahresabschlussunterlagen	150

		15.1.2 Planungsunterlagen	151

15.1.2 Planungsunterlagen 151
15.1.3 Weitere Dokumente und Informationen 151
15.2 Auswahl der richtigen Bank 152
15.3 Frühzeitige Terminvereinbarung und Informationen an die Bank 152
15.4 Die Vorbereitung des eigentlichen Gesprächs 153
    15.4.1 Kreditgespräch vorbereiten 153
    15.4.2 Den eigenen Berater mitnehmen 154
    15.4.3 Rollenverteilung klären 155
    15.4.4 Der äußere Eindruck 155
    15.4.5 Sicher auftreten 155
    15.4.6 Bankverhandlungen sachlich führen 155
    15.4.7 Gesprächsinhalte schriftlich festhalten 156
    15.4.8 Auf kritische Bankfragen vorbereiten 156
15.5 Aufstellung eines Business-Plans 161
    15.5.1 Entwickeln Sie eine realistische Zukunftsperspektive 162
    15.5.2 Rentabilität darlegen 163
    15.5.3 Reserven einbauen 163
    15.5.4 Kreditsicherheiten 163
    15.5.5 Kreditkonditionen verhandeln und vergleichen 164
    15.5.6 Öffentliche Fördermittel einbinden 165
    15.5.7 Geschäftspartner suchen 165
    15.5.8 Fristen bei Bezug von Fördermitteln einhalten 165
    15.5.9 Nach der Kreditzusage: Kontakt halten und informieren 166
15.6 Ablehnung des Kreditantrags 166

16. Exkurs BASEL III **169**

16.1 Grundlegendes zu BASEL III 169
16.2 Anforderungen an den Eigenkapitalanteil von Banken nach BASEL III 169
16.3 Lange Übergangsfristen 170
16.4 Kritik an BASEL III 171
16.5 Erwartete Auswirkungen auf Unternehmen und Gegensteuerungsmaßnahmen 171
    16.5.1 Rating wird weiter an Bedeutung zunehmen 172
    16.5.2 Handlungsdruck vor allem im Mittelstand wird zunehmen 173
    16.5.3 Finanzierungsalternativen erschließen 174
16.6 Weitere Maßnahmen zur Ratingverbesserung 175

17.	Überschuldung und Fortführungsprognose	177
17.1	Überschuldung	177
17.2	Wesentliche Inhalte einer qualifizierten Fortführungsprognose	177
17.3	Prognosezeitraum und Sorgfaltspflicht	178
17.4	Weitere Erfolgsfaktoren neben der eigentlichen Neuausrichtung	179

18.	Alternative Finanzierungsmöglichkeiten	181
18.1	Beteiligungs-/Risikokapital/Private Equity	181
18.2	Venture Capital	183
18.3	Business Angels	184
18.4	Mezzanine Finanzierung	185
18.5	Private Equity Fonds	189
18.6	Unternehmenskooperationen	189
18.7	Public Private Partnership (PPP)-Darlehen	189

19.	Kompaktanwendung Liquiditätskennzahlen	191
19.1	Fünf ausgewählte Kennzahlen und Kennzahlensysteme in einer Excel-Anwendung	191
19.2	Nutzen des Tools zur Liquiditätssteuerung	192
	19.2.1 Arbeitsblätter zur Orientierung und Vorbereitung	192
	19.2.2 Kennzahlen-Profiling	193
	19.2.3 Zahleneingabe und Kennzahlenberechnung	193
	19.2.4 Besonderheiten beim Cashflow-Statement	194
	19.2.5 Arbeitsblatt „Zusammenfassung"	194
	19.2.6 Arbeitsblatt Maßnahmen	195
	19.2.7 Interpretation der Ergebnisse und Umsetzen von Verbesserungsmaßnahmen	195
	19.2.7.1 Ideen und Vorschläge für Verbesserungsmaßnahmen	196
	19.2.7.2 Abschließende Überlegungen zur Kompaktanwendung Liquiditätskennzahlen	198

Stichwortverzeichnis   **199**

ABBILDUNGSVERZEICHNIS

ABB. 1:	Grundlegender Krisenverlauf	8
ABB. 2:	Grundlegender Chancenverlauf	12
ABB. 3:	Veränderungen des Netto-Geldvermögens	16
ABB. 4:	Grundschema einer Liquiditäts- und Finanzplanung	24
ABB. 5:	Beispiel eines einfachen Liquiditätsplans – Einzahlungsplanung	26
ABB. 6:	Beispiel eines einfachen Liquiditätsplans – Auszahlungsplanung	27
ABB. 7:	Beispiel eines einfachen Liquiditätsplans – Ausgleichsmöglichkeiten	29
ABB. 8:	Beispiel einer monatlichen Liquiditätsplanung	31
ABB. 9:	Beispiel einer wöchentlichen Liquiditätsplanung	32
ABB. 10:	Grundsätzlicher Ablauf der operativen Planung	37
ABB. 11:	Planungsschema für Umsätze und Materialaufwand (Auszug)	58
ABB. 12:	Übernahme der Umsatz- und Materialdaten in die GuV	59
ABB. 13:	Monatliche GuV-Planung	60
ABB. 14:	Überleitung von der GuV- zur Liquiditätsplanung beim Rohertrag	64
ABB. 15:	Liquiditätswirksames Betriebsergebnis	67
ABB. 16:	Gegenüberstellung GuV- und Finanzplanung	70
ABB. 17:	Darstellung der Kapitaldienstfähigkeit	75
ABB. 18:	Schema Cashflow-Statement	81
ABB. 19:	Cashflow-Beispiele für Unternehmen mit unterschiedlichen Gewinn- und Liquiditätssituationen	84
ABB. 20:	Von den Teilplänen zur Finanzplanung	87
ABB. 21:	Schaubild Annuitätenmethode	106
ABB. 22:	Beteiligungskriterien Venture Capital	187
ABB. 23:	Leistungen des Lead Investors, Zusammenarbeit und VC Beteiligungsformen	188

TABELLENVERZEICHNIS

TAB. 1:	Ergebniswirkung von Forderungsausfällen	48
TAB. 2:	Auswirkung von 1 % Forderungsausfall bei unterschiedlichen Umsatzrenditen	49
TAB. 3:	Die Bewegungsbilanz im Überblick	131
TAB. 4:	Checkliste Bankunterlagen	157
TAB. 5:	Wesentliche Bausteine des Business-Plans	161
TAB. 6:	Aktuelle und künftige Eigenkapitalanforderungen – Teil 1	170
TAB. 7:	Aktuelle und künftige Eigenkapitalanforderungen – Teil 2	171
TAB. 8:	Finanzierungsalternativen	174
TAB. 9:	Überblick Verbesserungsmaßnahmen	196

1. Ziele und Aufgaben des Liquiditätsmanagements

Das wichtigste Ziel des Liquiditätsmanagements ist es, die kurz- und langfristige Zahlungsfähigkeit eines Unternehmens möglichst genau zu planen und später im Tagesgeschäft zu steuern, um sie so dauerhaft zu sichern. Dazu muss man sich zunächst einen möglichst genauen Überblick über alle zahlungsrelevanten Vorgänge eines Unternehmens verschaffen. Anschließend ist es notwendig, zu analysieren, wann welche Zahlungen erfolgen bzw. voraussichtlich erfolgen werden.

Voraussetzung für eine funktionierende Liquiditätsplanung und -steuerung ist daher zunächst, dass eine fundierte Planung der erwarteten Ein- und Auszahlungen existiert bzw. erstellt wird; deren tatsächliche Entwicklung muss kontinuierlich überwacht werden. Überwachung oder Kontrolle bedeutet, dass Plan- und Istwerte einander regelmäßig gegenübergestellt werden. Regelmäßig heißt: Mindestens monatlich, im Bedarfsfall auch kürzer, etwa wöchentlich oder sogar täglich. Welche Intervalle in einem Unternehmen gewählt bzw. benötigt werden, hängt u. a. von der Anzahl der zahlungsrelevanten Vorgänge und der Unsicherheit vor allem bei den Einzahlungen ab.

Bei Abweichungen zwischen Plan und Ist von mehr als ca. 5 % oder einer wiederholten Abweichung bei einzelnen Positionen ist es i. d. R. unabdingbar, Steuerungsmaßnahmen umzusetzen. In erster Linie muss ein Versuch unternommen werden, die Einzahlungen zu erhöhen. Es ist zu überprüfen, ob Auszahlungen verzögert oder verringert werden können.

MERKE

Zahlungsprobleme sind der Auslöser, nicht die Ursachen von Insolvenzen.

Mangelnde Zahlungsfähigkeit oder Liquidität ist eine der häufigsten Ursachen für Unternehmenspleiten. Allerdings ist die mangelnde Zahlungsfähigkeit an sich meist nur der Auslöser einer Insolvenz. Die wirklichen Ursachen für die Zahlungsprobleme liegen häufig in der Vergangenheit. Beispielsweise wurden falsche Entscheidungen getroffen, es wurden vor allem strategische Entscheidungen und sinnvolle Positionierungen unterlassen oder es wurden erkennbare und ernste Warnsignale lange ignoriert oder unterschätzt. Die Zusammenhänge von Strategie, Krisenentwicklung und Liquidität(sproblemen) werden im nächsten Abschnitt ausführlicher behandelt.

Auch allgemein mangelnde betriebswirtschaftliche Kenntnisse und ein fehlendes Bewusstsein von Unternehmern und Führungskräften in Sachen Entscheidungen spielen eine wichtige Rolle im Vorfeld möglicher Unternehmenspleiten. Denn nahezu jede be-

KAPITEL 1 — Ziele und Aufgaben des Liquiditätsmanagements

triebliche Entscheidung löst zahlungsrelevante Vorgänge aus: Gehälter, Waren, Mieten, Versicherungen usw. müssen zu bestimmten, meist festen, Zeitpunkten bezahlt werden. Durch Verkäufe kommen Gelder über die Umsätze wieder hierein. Zudem gibt es eine Reihe weiterer zahlungsrelevanter Geschäftsfälle, etwa Tilgungszahlungen, Steuernachzahlungen, Einlagen, Entnahmen oder Investitionen. Diese und weitere Positionen führen dazu, dass sich außerhalb von Umsätzen und Kosten oft hohe Ein- und Auszahlungen ergeben. Fatal ist oft, dass keine unmittelbaren Zusammenhänge zwischen getroffenen Entscheidungen und den Auswirkungen auf die Zahlungsströme im Unternehmen bestehen. Häufig liegen zwischen einer Entscheidung und den Ein- oder Auszahlungen längere Zeiträume und auch nicht immer sind alle Zusammenhänge und Folgen sofort klar.

BEISPIEL: Trifft ein Unternehmer z. B. die Entscheidung, sein Produktportfolio auszubauen, ist er sich bestimmt der Tatsache bewusst, dass er Entwicklung, Produktion und Vertrieb vorfinanzieren muss. Es entstehen also zunächst Auszahlungen und erst mit mehr oder weniger großer Verzögerung Einzahlungen. Dass es aber zusätzlich dazu kommen kann, dass vor allem vor und während der Produkteinführung in erheblichem Ausmaß Lagerbestände aufgebaut werden müssen, die Kapital und Liquidität binden, ist vielen Unternehmern im Moment der Entscheidung sehr oft nicht bewusst. Oder der Umfang der Kapitalbindung durch Lagerbestände wird schlichtweg unterschätzt. Zunehmende Sortimentstiefe und -breite stellen viele Unternehmen immer wieder vor besondere Schwierigkeiten. Einerseits ist es notwendig, bei Aufträgen jederzeit liefern zu können, andererseits ist im Lager dadurch oft überproportional Liquidität gebunden.

MERKE

Unternehmen müssen ihre individuelle finanzielle Balance finden.

Jedes Unternehmen muss hier Tag für Tag seine persönliche finanzielle Balance finden: Es muss stets über so viel liquide Mittel verfügen, dass es jederzeit allen Zahlungsverpflichtungen nachkommen kann. Drohende Deckungslücken (Auszahlungen sind größer als Einzahlungen) müssen frühzeitig aufgedeckt werden, um rechtzeitig gegensteuern und zusätzliche Gelder bereitstellen zu können. Umgekehrt muss vermieden werden, dass es ein Zuviel an flüssigen Mitteln auf den Konten gibt (Überdeckung), da die Mittel so nicht rentabel sind.

Wie anspruchsvoll die Planung und Steuerung der Liquidität in der Praxis ist, verdeutlicht allein die schiere Anzahl liquiditätswirksamer Buchungen, die Monat für Monat anfallen: Selbst in kleineren Betrieben mit nur wenigen Mitarbeitern kommen hier schnell einige hundert Geschäftsfälle zusammen. In Großunternehmen sind es tausende. Hier ohne geeignete Instrumente den Überblick zu behalten, ist selbst geschulten Mitarbeitern nicht möglich.

1.1 Wesentliche Ziele und Aufgaben

Grundsätzlich gilt: Unternehmerisches Handeln sollte auf vorher festgelegten Unternehmenszielen basieren, die in Form entsprechender Planungen, sowohl in Form von inhaltlichen Beschreibungen, z. B. Produkte, Zielkundengruppen, Märkte, als auch von Zahlen dargestellt werden, z. B. Umsätze, Kosten, Investitionen. Dies stellt eine wesentliche Voraussetzung für eine funktionierende Unternehmensentwicklung und -steuerung, einschließlich des Liquiditätsmanagements, dar.

Ein Liquiditäts- oder Finanzplan ist das zentrale Werkzeug, um die Zahlungsströme, also die tatsächlichen Ein- und Auszahlungen eines Unternehmens, planen, überwachen und steuern zu können. Ist die Zahlungsfähigkeit erst einmal gefährdet, droht u. U. schon kurzfristig die Insolvenz. Folgende Gründe und Zielsetzungen sprechen für den konsequenten Einsatz einer Finanz- und Liquiditätsplanung im Unternehmen:

- Ein Unternehmen muss zu jedem Zeitpunkt in der Lage sein, seinen Zahlungsverpflichtungen, etwa gegenüber Lieferanten, Banken, Mitarbeitern oder Behörden nachkommen zu können. Dazu muss es einen ständigen Überblick über aktuelle sowie voraussichtliche, künftige Ein- und Auszahlungen haben.
- Es muss Transparenz herrschen in Bezug auf *alle* Einnahme- und Ausgabequellen, ebenso wie die voraussichtlichen Zeitpunkte, zu denen mit welchen Zahlungen zu rechnen ist. Auch die Höhe der Zahlungen muss zumindest in etwa bekannt sein.
- Mithilfe einer Liquiditäts- und Finanzplanung lassen sich Risiken transparent darstellen; es ist so möglich, frühzeitig Steuerungsmöglichkeiten einzuleiten.
- Eine gute Liquiditätsplanung deckt auch sich anbahnende Finanzengpässe frühzeitig auf, und bietet dem Unternehmer die Chance, entsprechend reagieren zu können.
- Die Finanz- und Liquiditätsplanung soll das Risiko der Insolvenz (Zahlungsunfähigkeit) verringern.
- Eine Liquiditätsplanung hilft, den Geldfluss im Unternehmen so zu steuern, dass vermeidbare Überziehungszinsen anfallen oder hohe Liquiditätsreserven unverzinst auf den Geschäftskonten vorgehalten werden.
- Eine umfassende und vollständige Liquiditätsplanung zeigt, ob und in welchem Umfang ein Unternehmen selbst in der Lage ist, z. B. eine größere Expansion oder Investitionen zu finanzieren und ob viele Gelder von Dritten benötigt werden und wenn ja, wie viele.
- Banken und große Geschäftspartner (Lieferanten, Kunden) verlangen mindestens eine kurzfristige und mittelfristige Liquiditätsplanung, wenn sie die wirtschaftliche Lage eines Betriebes beurteilen, um z. B. eine Zusammenarbeit oder die Kreditwürdigkeit zu prüfen.
- In die Bonitätsbeurteilung fließt immer auch die Liquidität mit ein. Dieses Instrument wird vor dem Hintergrund der sich verschärfenden Kapital- und Liquiditätsvor-

schriften (BASEL II und ab 2013 BASEL III) in den kommenden Jahren weiter an Bedeutung gewinnen.

1.2 Selbsttest: Wie gut weiß man über die Liquiditätslage des Unternehmens Bescheid?

Der folgende Selbsttest mit ausgewählten Fragen zeigt, ob und wie gut man als Führungskraft und Unternehmer über die Liquiditätslage sowohl im privaten als auch im betrieblichen Umfeld Bescheid weiß.

Faustregel: Wer mehr als zwei oder drei Fragen nicht beantworten kann, sollte sich möglichst umgehend mit dem Thema Liquiditätsmanagement befassen.

Wichtig: Absolut genaue Antworten sind nicht erforderlich; im Zweifel helfen auch fundierte Schätzungen, diese sollten aber unbedingt möglich sein.

Frage	Antwort	Ergänzungen/ Bemerkungen
Wie viele zahlungsrelevante Vorfälle pro Monat gibt es in etwa im Privathaushalt?		
Sind die Zeitpunkte (Ein- und Auszahlung) zumindest der größeren Beträge in etwa bekannt?		
Wie viele zahlungsrelevante Vorfälle pro Monat gibt es in etwa in der Firma?		
Wird sich mindestens einmal pro Woche ein Überblick über die Liquiditätslage verschafft?		
Wird sich dabei auch ein Überblick über die Entwicklung der kommenden ca. 4-8 Wochen verschafft?		
Wie hoch ist der aktuelle Kontosaldo in etwa (Alternative: Befindet sich das Konto im Plus oder im Minus)?		
Welche 5 größeren Aus- bzw. Einzahlungspositionen stehen in den kommenden 2/4/6/8 Wochen an?		
Wie verändert sich die Liquiditätslage durch die Zahlungen?		

Selbsttest

KAPITEL 1

Ist bekannt, was bei einem Engpass konkret getan werden kann?		
Kann gesagt werden, welche die 5 größten Liquiditätsrisiken derzeit sind?		
Wird versucht, diese Risiken auszuschalten oder zumindest zu verringern?		
Bei Einzel- und Personenunternehmen sowie Selbstständigen und Freiberuflern: Wie hoch müssen die monatlichen Einnahmen im Schnitt sein, um alle Privatausgaben zu decken?		
Ist bekannt, welche Entscheidungen in welchem Umfang Auswirkungen auf die Liquidität haben, z. B. Personaleinstellungen im Vertrieb oder in der Forschung, Entscheidungen zur Sortimentspolitik, zur Expansion ins Ausland etc.?		
Kann der Zeitrahmen, in dem mit den Auswirkungen zu rechnen ist, einigermaßen verlässlich bestimmt werden?		
Ist es schon ein- oder mehrmals vorgekommen, dass man von größeren Zahlungen „überrascht" worden ist?		
Wie konnte ein evtl. bzw. sich anbahnender Liquiditätsengpass gelöst werden?		
Ist bekannt, wie viele frei verfügbare Mittel dem Unternehmen in den nächsten ca. 3-6 Monaten zur Verfügung stehen?		
Liegt der Eigenkapitalanteil im Unternehmen bei weniger als 20 % (erhöhtes Risiko, Zahlungsschwierigkeiten zu bekommen)?		
Wird versucht, aus laufenden Aufträgen einen Liquiditätspuffer mit einer Reichweite von ca. 2 Monaten aufzubauen?		

2. Liquiditätsmanagement und Strategie

Langfristig, also auf Sicht von rund drei bis fünf (in Einzelfällen auch mehr) Jahren, ist es die Aufgabe eines Unternehmens und seiner Führungskräfte, bestehende Erfolgspotenziale zu sichern und auszuschöpfen bzw. neue Erfolgspotenziale zu identifizieren, zu bewerten und zu erschließen.

2.1 Ziele der strategischen Unternehmensentwicklung

Hauptziel der strategischen Unternehmensentwicklung ist demnach die langfristige Existenzsicherung des Betriebs. Im Normalfall wird im strategischen Bereich nicht mit konkreten Zahlen oder Budgets gearbeitet, sondern vor allem versucht festzustellen, welche Rahmenbedingungen erforderlich sind, um das Unternehmen auf die Zukunft vorzubereiten und auszurichten. Dabei muss sowohl die Unternehmens- als auch die Umweltentwicklung regelmäßig analysiert und bewertet werden.

Die Fragen, die man sich hier stellen und beantworten muss, sind vor allem:

1. Wie kann die (langfristige) Existenz des Unternehmens grundsätzlich gesichert werden, mit welchen Produkten und Kunden und auf welchen Märkten?
2. Sind die aktuellen Produkte, Kunden und Märkte auch für das Geschäft von Morgen geeignet?
3. Welche zentralen Größen beeinflussen die Unternehmensentwicklung mit welcher Intensität, z. B. Technologie, Innovationen, Internationale Märkte, gesellschaftliche Trends und Entwicklungen?
4. Welche Chancen und Risiken ergeben sich hieraus für den eigenen Betrieb?
5. Wie will sich das Unternehmen künftig strategisch am Markt positionieren, z. B. als Technologieführer oder Innovator, als Qualitätsanbieter, als Billig- oder Nischenanbieter?
6. Mit welchen Produkten bzw. Dienstleistungen und Kunden will (und kann) das Unternehmen künftig Erfolg haben?
7. Wie kann sich das Unternehmen vom Wettbewerb differenzieren und wie kann diese Differenzierung langfristig erhalten werden?
8. Welche Expansionsmöglichkeiten gibt es und welche kommen in Betracht?
9. Welche Stärken werden hierfür benötigt und welche sind vorhanden?
10. Welche Schwächen hindern einen daran, die strategischen Ziele zu erreichen?
11. Wie können die Schwächen reduziert oder beseitigt werden?
12. Wie wird sich voraussichtlich die Umwelt entwickeln und welche Einflüsse ergeben sich daraus für den eigenen Betrieb?

2.2 Auswirkungen der strategischen Unternehmensentwicklung auf die Liquidität

Auf den ersten Blick hat die strategische Entwicklung mit der Liquiditätslage eines Unternehmens im Grunde nur wenig zu tun. Allenfalls können z. B. notwendige Untersuchungen oder Marktanalysen verursachen, dass Geld aus dem Betrieb abfließt. Dennoch führen Versäumnisse, Fehlentscheidungen oder Unterlassungen im strategischen Bereich sehr oft dazu, dass ein Unternehmen in Liquiditätsprobleme gerät. Das Tückische dabei ist, dass es schwierig oder sogar unmöglich sein kann, einen direkten Zusammenhang zwischen eigentlich langfristig wirkenden Entscheidungen sicher herzustellen.

2.3 Strategische Versäumnisse und Fehler führen zu Liquiditätsproblemen

Theorie und Praxis zeigen, dass es solche Zusammenhänge sehr wohl gibt und einem Unternehmen gefährlich werden können, wenn man nicht rechtzeitig gegensteuert. Besonders deutlich wird dies anhand der Entstehung und Entwicklung von Unternehmenskrisen. Die folgende Abbildung zeigt dies exemplarisch.

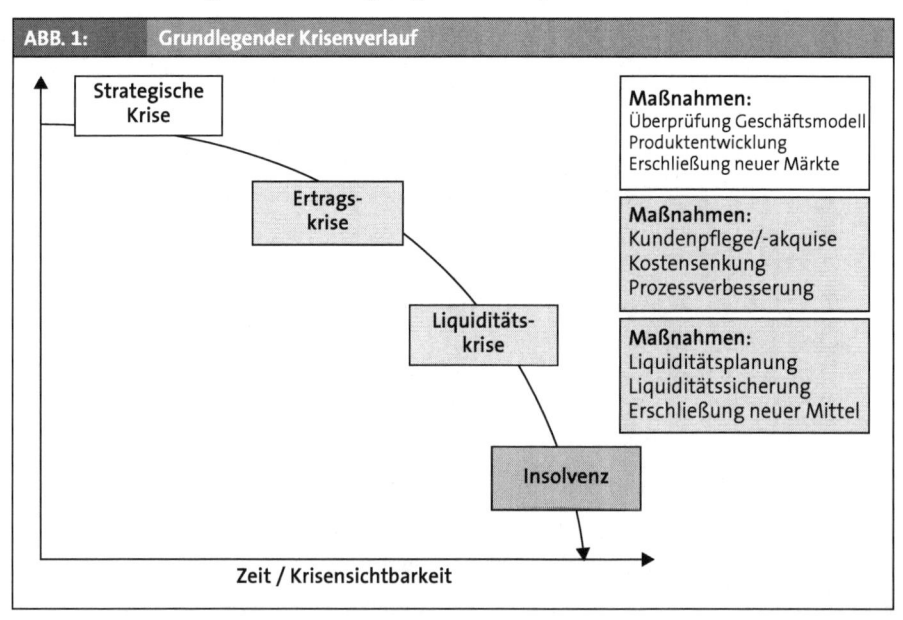

ABB. 1: Grundlegender Krisenverlauf

Strategische Krise
— Maßnahmen:
Überprüfung Geschäftsmodell
Produktentwicklung
Erschließung neuer Märkte

Ertragskrise
— Maßnahmen:
Kundenpflege/-akquise
Kostensenkung
Prozessverbesserung

Liquiditätskrise
— Maßnahmen:
Liquiditätsplanung
Liquiditätssicherung
Erschließung neuer Mittel

Insolvenz

Zeit / Krisensichtbarkeit

Strategische Versäumnisse und Fehler — KAPITEL 2

MERKE

Am Anfang entsteht oft unbemerkt eine strategische Krise ...

Zunächst entsteht eine strategische Krise, die aber in den meisten Fällen nicht bemerkt wird oder nicht bemerkt werden kann, weil es schlichtweg unmöglich ist, heute wirklich verlässlich zu beurteilen, wie sich die wirtschaftliche und gesellschaftliche Lage in einigen Jahren entwickeln wird. Dennoch muss jedes Unternehmen versuchen, zu erkennen, ob es von einer strategischen Krise bedroht wird. Das ist nur möglich, wenn es regelmäßig prüft, ob das aktuelle Geschäftsmodell noch zukunftstauglich ist. Vereinfacht ausgedrückt beschreibt das Geschäftsmodell, wie und womit ein Unternehmen sein Geld verdient: welche Produkte es anbietet, welches Alleinstellungsmerkmal es hat, welche Kunden angesprochen werden, welchen Nutzen diese Kunden haben, wenn sie beim Unternehmen kaufen, welche Märkte bedient werden, welche Wettbewerber es gibt und wie das Geld konkret verdient wird (Wertschöpfungskette, Mitarbeiter und Organisation). Im Grunde genommen ist es notwendig, einen vollständigen Businessplan zu erstellen, der auf alle genannten Punkte sowie später auch auf die konkrete Planung von Umsätzen, Kosten und Liquidität eingeht. Zur Überprüfung des Geschäftsmodells gehört auch die Beantwortung der Fragen, ob und welche neuen Märkte erschlossen werden sollen, z. B. Ausweitung der Regionen und Länder, Branchen oder Kunden. Nicht zuletzt ist es notwendig, sich um die Entwicklung neuer Produkte und Dienstleistungen oder wenigstens um signifikante Verbesserungen des Sortiments zu kümmern. Sind noch keine Krisenzeichen erkennbar und kümmert sich ein Unternehmen regelmäßig um eine Verbesserung seiner strategischen Position, sind die Chancen außerordentlich groß, langfristig erfolgreich zu sein. Zudem kann in den meisten Fällen ohne größeren Zeitdruck an der Entwicklung und Umsetzung von Konzepten gearbeitet werden. Fast immer ist ausreichend Zeit vorhanden, um mögliche Fehler, etwa bei der Entwicklung neuer Produkte, zu korrigieren, ohne größere Folgeschäden befürchten zu müssen.

MERKE

... die nach einiger Zeit zu Ertragsproblemen ...

Wird eine sich anbahnende strategische Krise häufig nicht bemerkt, auch weil noch keine unmittelbaren Auswirkungen auf Umsatz, Ergebnis und Liquidität festzustellen sind, ändert sich das oft schlagartig, wenn ein Unternehmen in die Phase der Ertragskrise eintritt. Hier machen sich Kunden- und Umsatzverluste und bzw. oder Kostensteigerungen erstmals über das Maß üblicher Schwankungen hinaus bemerkbar. Beispielsweise können Umsatzeinbrüche zwei- oder dreimal höher ausfallen, als dies in wirtschaftlich schwierigen Zeiten der Fall ist, auch ohne dass eine ernsthafte allgemeine konjunkturelle Schieflage gegeben wäre. Mögliche Maßnahmen zur Stabilisierung des Unternehmens in dieser Phase sind: kurzfristig verstärkte Aktivitäten in der Kundenakquise und vor allem Pflege von Stammkunden, sowie die Umsetzung von Kostensenkungsmaßnahmen und Prozessverbesserungen. Allerdings genügen derartige Aktivitäten mittel- und langfristig nicht. Denn wenn ein Unternehmen feststellt, dass es übermäßig große Schwankungen in den genannten Bereichen gibt, muss es sich zeitnah um eine Verbesserung der strategischen Position, also um ein neues oder überarbeitetes Geschäftsmodell kümmern. Meist ist auch während einer Ertragskrise hierfür noch ausreichend Zeit vorhanden. Allerdings steigt der Erfolgsdruck und man hat kaum Raum, um z. B. mögliche Fehlentwicklungen zu korrigieren.

> **MERKE**
>
> ... und die bei weiterer Inaktivität in die Insolvenz münden kann.

Wird eine Ertragskrise nicht erkannt bzw. reagiert ein Unternehmen nicht spätestens jetzt, droht im nächsten Schritt eine ernst zu nehmende Liquiditätskrise und am Ende eine mögliche Insolvenz. Steht eine Liquiditätskrise bevor, ist so gut wie nie Zeit vorhanden, um sich um strukturelle Entwicklungen im Unternehmen zu bemühen. Es kann immer nur der Versuch unternommen werden, weitere Gewinn- und Liquiditätseinbrüche zu verhindern und die Lage zu stabilisieren. Zeit und Geld für eine systematische Unternehmensentwicklung ist nicht vorhanden. Erst wenn es z. B. mit der Umsetzung von Rettungs- und Notmaßnahmen gelingt, eine drohende Insolvenz abzuwenden, ist es möglich, sich wieder um den langfristigen Unternehmenserfolg zu kümmern.

Abschließend kann gesagt werden, dass Unternehmen, die sich regelmäßig mit der langfristigen Positionierung des Betriebs und einer Steigerung der Ertragslage beschäftigen, sehr viel größere Chancen haben, eine Liquiditätskrise und Insolvenz zu vermeiden, als Unternehmen, die das nur sporadisch oder unsystematisch tun.

In allen Planungsphasen ist es unabdingbar, stets auch originäre Werkzeuge des Liquiditätsmanagements einzusetzen. Für die mittel- und langfristige Planung und Steuerung ist dies vor allem der Finanzplan, der in erster Linie einen Überblick über die größten kommenden Zahlungsströme des Unternehmens geben soll. Meist wird hier auf Basis von Jahreszahlen geplant. Für die kurzfristige Planung und Steuerung wird der

Liquiditätsplan erstellt. Hier werden die Zahlen in konkrete Budgets gefasst und auf Monate herunter gebrochen.

Neben den reinen Finanzdaten sind immer auch inhaltliche Arbeiten und Planungen notwendig (vgl. auch Liquiditätsmanagement und Strategie sowie Grundbegriff der Finanz- und Liquiditätsplanung). Umgekehrt bedeutet dies, dass jedes Unternehmen nicht nur versuchen muss, Krisen zu vermeiden. Vielmehr muss es in erster Linie das Ziel sein, nach Chancen z. B. für neue Märkte, Kunden und Produkte zu suchen, diese zu analysieren und auf eine mögliche Eignung für künftige Geschäfte und Gewinne zu bewerten. Kommt eine Eignung grundsätzlich in Betracht, muss geprüft werden, ob und wie sich erkannte Potenziale ausbauen und nutzen lassen. Die regelmäßige Analyse von Potenzialen kann und soll aber auch dazu genutzt werden, zu prüfen, ob sich mit dem aktuellen Tun weiter unverändert Geld verdienen lässt oder ob es möglich ist, statt z. B. vollständig neue Märkte zu erschließen, mit mehr oder weniger umfassenden Anpassungen und Veränderungen des bestehenden Geschäftsmodells das eigene Unternehmen dennoch langfristig profitabel und liquide zu halten.

Jede Expansion ist immer auch mit zum Teil erheblichen Risiken und zusätzlichen Kosten verbunden, die schon viele Pläne und aussichtsreiche Projekte haben scheitern lassen. Es müssen beispielsweise Marktuntersuchungen vorgenommen, Entwicklungen finanziert, Mitarbeiter eingestellt und geschult sowie neue Strukturen geschaffen werden.

2.4 Langfristige Wechselwirkungen von Strategie und Liquidität kennen und nutzen

Auf den ersten Blick haben Liquiditätsentwicklung und Strategieformulierung zwar wenig miteinander zu tun. Auf den zweiten Blick zeigt sich aber, dass es sehr wohl Zusammenhänge gibt. Denn nur dann, wenn ein Unternehmen die Weichen langfristig richtig stellt und auf die richtigen Märkte, Produkte und Kunden setzt und regelmäßig prüft, ob es mit seinem aktuellen Angebot noch richtig aufgestellt ist, lassen sich Liquiditätsprobleme vermeiden. Langfristiges Gewinnwachstum und Liquiditätssicherung können nur erreicht werden, wenn das Unternehmen als Ganzes sowohl auf lange Sicht (mehrere Jahre) als auch im laufenden Jahr richtig aufgestellt ist (s. ABB. 2).

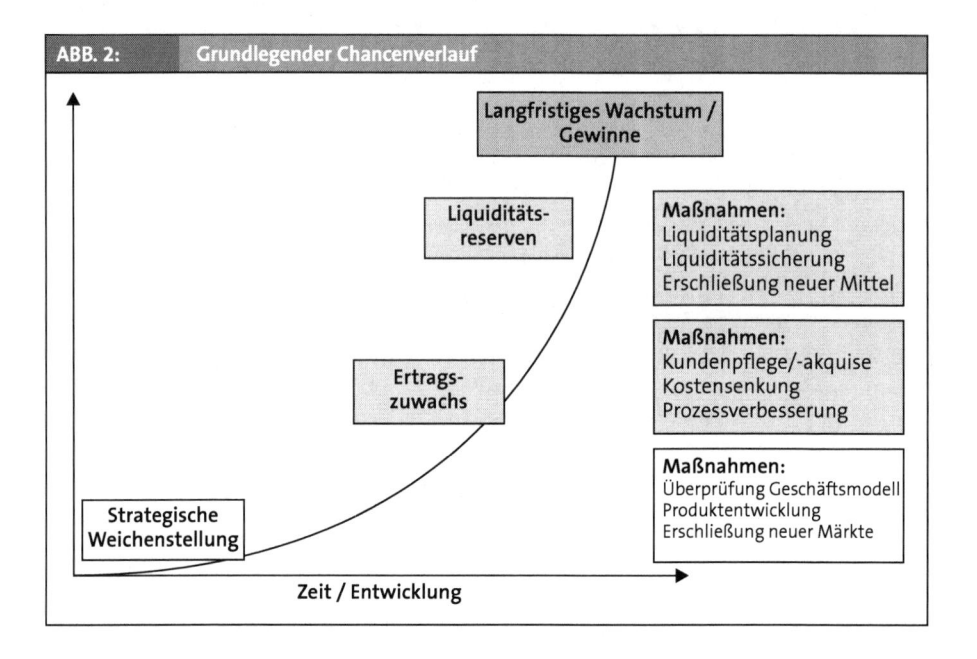

KAPITEL 2 — Liquiditätsmanagement und Strategie

ABB. 2: Grundlegender Chancenverlauf

- Langfristiges Wachstum / Gewinne
- Liquiditätsreserven
- Ertragszuwachs
- Strategische Weichenstellung

Achse: Zeit / Entwicklung

Maßnahmen:
Liquiditätsplanung
Liquiditätssicherung
Erschließung neuer Mittel

Maßnahmen:
Kundenpflege/-akquise
Kostensenkung
Prozessverbesserung

Maßnahmen:
Überprüfung Geschäftsmodell
Produktentwicklung
Erschließung neuer Märkte

3. Grundbegriffe der Finanz- und Liquiditätsplanung

Um ein gleiches Verständnis herzustellen und um Missverständnisse zu vermeiden, werden im Folgenden die wichtigsten Begriffe rund um das Thema Liquiditätsmanagement kurz erläutert:

3.1 Strategische Unternehmensplanung

Bei der strategischen Planung handelt es sich um die langfristige Planung eines Unternehmens. Es geht dabei in erster Linie um die Entwicklung strategischer Perspektiven, die Erschließung und den Ausbau von Erfolgspotenzialen und damit um die Sicherung der Überlebensfähigkeit des Betriebs. Es werden grundsätzliche Annahmen getroffen und Ziele formuliert, die ein Unternehmen langfristig erreichen möchte. Es wird z. B. entschieden, ob ein Unternehmen als Qualitäts- oder Billiganbieter auftreten oder ob es sich mit seinen Produkten und Leistungen in einer Nische platzieren möchte. Darüber hinaus werden Veränderungen in der Unternehmensumwelt analysiert und in Bezug auf die Relevanz für den eigenen Betrieb untersucht. Die strategische Planung hat im Normalfall einen Zeithorizont von drei bis fünf Jahren, in Großunternehmen und Konzernen wird auch mit einem Zeitraum von bis zu zehn Jahre geplant. Charakteristisch für die strategische Planung ist, dass i. d. R. nicht mit konkreten Zahlen und Budgets gearbeitet wird.

3.2 Operative Unternehmensplanung

Aus der strategischen Planung entsteht die operative, also die kurzfristige Planung eines Unternehmens. Sie umfasst i. d. R. einen Zeitraum von einem Jahr, seltener auch zwei Jahre. Im kurzfristigen Bereich wird sehr detailliert und mit konkreten Zahlen und Budgets gearbeitet. Meist werden in einem ersten Schritt Jahreszahlen geplant, die dann, unter Berücksichtigung z. B. saisonaler oder branchentypischer Besonderheiten, auf Monate verteilt werden. Geplant werden u. a.

- Absatzmengen,
- Preise,
- Umsatz (Menge · Preis),
- Kapazitäten (z. B. Produktions- und Mitarbeiterkapazitäten),
- Ressourcenbedarf (Personal, Material, Sachmittel, Investitionen),
- Kosten (abgeleitet aus dem Ressourcenbedarf · Preise),

- Betriebsergebnis sowie
- Liquidität.

Ziel der operativen Planung ist die Sicherung und Steigerung von Betriebsergebnis und Liquidität.

3.3 Liquidität

Als Liquidität wird die Fähigkeit eines Unternehmens bezeichnet, zu jedem Zeitpunkt allen seinen Zahlungsverpflichtungen uneingeschränkt und fristgerecht nachkommen zu können. Ziel eines Unternehmens muss es sein, immer etwas mehr flüssige Mittel zur Verfügung zu haben als Zahlungsverpflichtungen bestehen. Im Idealfall, der in der Realität aber höchst selten eintritt, entsprechen Ein- und Auszahlungen einander vollständig. In einem solchen Fall spricht man von optimaler Liquidität. Von Überliquidität spricht man, wenn es mehr flüssige Mittel und Einzahlungen als Auszahlungen gibt. Unterliquidität hingegen bedeutet, dass ein Unternehmen seine fälligen Zahlungen nicht, nur teilweise oder mit Verzögerungen begleichen kann.

3.4 Einzahlungen und Auszahlungen

- Einzahlungen

Als Einzahlungen werden die tatsächlichen Zugänge an liquiden Mitteln bezeichnet, die einem Unternehmen zugehen, z. B. durch den Verkauf von Waren gegen Bargeld oder Überweisung auf das Bankkonto. Dem Unternehmen fließt „physikalisch" Geld zu.

- Auszahlungen

Als Auszahlungen werden die tatsächlichen Abgänge von liquiden Mitteln bezeichnet, z. B. durch die Bezahlung von Rechnungen oder die Zahlung von Gehältern. In diesem Fall fließt „physikalisch" Geld aus dem Unternehmen ab.

3.5 Einnahmen und Ausgaben

- Einnahmen

Einnahmen und Einzahlungen können einander entsprechen, müssen es aber nicht. Eine Einzahlung ist keine Einnahme, wenn es sich lediglich um einen Zahlungsmittelzugang ohne Güterveräußerung handelt, etwa die Anzahlung eines Kunden. Einzahlung und Einnahme entsprechen einander, wenn es bei der Güterveräußerung zu einem Zahlungsmittelzugang kommt, z. B. beim Verkauf von Waren gegen Bargeld. Eine Einnahme, aber keine Einzahlung liegt vor, wenn es eine Güterveräußerung gibt, aber keinen Zahlungsmittelzugang, was z. B. beim Verkauf von Waren auf Ziel der Fall ist. Eine Einnahme ist vereinfacht ausgedrückt die Erweiterung von Zahlungen um kreditorische Vorgänge, also Forderungen.

Bei Forderungen entsteht der Unterschied zu Barverkäufen dadurch, dass der Geldeingang meist erst mehrere Wochen später erfolgt und für das Unternehmen das Risiko besteht, dass Forderungen nicht, nicht vollständig oder zu spät beglichen werden. Bereits geringe Zahlungsausfälle und -verschiebungen können zur Folge haben, dass in hohem Maße Umsatzsteigerungen erforderlich sind, um den Schaden auszugleichen. Insofern ist der richtige Umgang mit Forderungen und Kunden, denen Zahlungsziele gewährt werden, für jedes Unternehmen eine besondere Herausforderung; vor allem auch deshalb, weil ein bestimmtes „Restrisiko" selbst bei sehr guter Organisation und richtigem Umgang nie ausgeschlossen werden kann.

▶ **Ausgaben**
Ausgaben und Auszahlungen können einander entsprechen, müssen es aber nicht. Eine Auszahlung ist keine Ausgabe, wenn es sich lediglich um einen Zahlungsmittelabgang handelt, nicht aber um einen Güterzugang, was z. B. bei einer Anzahlung an einen Lieferanten der Fall ist. Ausgabe und Auszahlung entsprechen einander, wenn mit einem Zahlungsmittelabgang ein Güterzugang verbunden ist. Das ist u. a. der Fall, wenn ein Unternehmen Rohstoffe bar einkauft. Eine reine Ausgabe ohne gleichzeitige Auszahlung liegt vor, wenn es einen Güterzugang, aber keinen Zahlungsmittelabgang gibt, z. B. wenn Waren auf Rechnung gekauft werden. Eine Ausgabe ist – vereinfacht ausgedrückt – die Erweiterung von Zahlungen um debitorische Vorgänge, also (kurzfristige) Verbindlichkeiten.

3.6 Nettogeldvermögen

Durch Einzahlungen und Auszahlungen sowie Einnahmen und Ausgaben wird das sog. Nettogeldvermögen eines Unternehmens verändert. Einzahlungen und Einnahmen erhöhen das Nettogeldvermögen, Auszahlungen und Ausgaben verringern es.

ABB. 3: Veränderungen des Netto-Geldvermögens

```
                    Nettogeldvermögen
                           =

                    ┌─────────────┐
                    │             │  ←──── Einzahlung
                    │  Flüssige   │
                    │   Mittel    │
                    │             │  ────→ Auszahlung
                    └─────────────┘

                           +
Einnahme  ──────→     Forderungen
                           -
Ausgabe   ←──────      Schulden
```

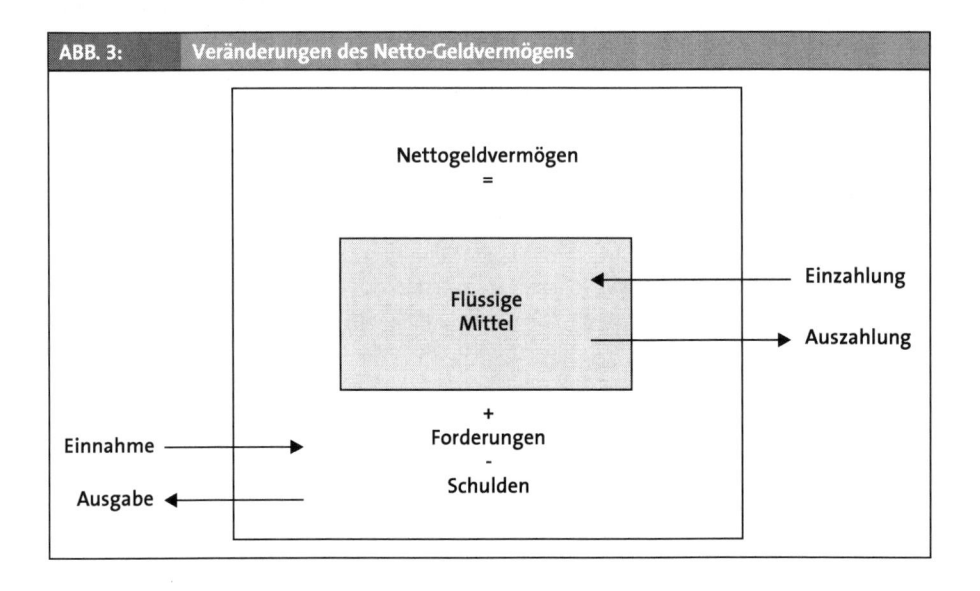

3.7 Finanzplanung

Als Finanzplanung wird die mittel- und langfristige Planung, Überwachung und Steuerung der Zahlungsfähigkeit bezeichnet. Sie umfasst einen Zeithorizont von drei bis fünf Jahren, anders als bei der operativen oder Liquiditätsplanung kann man auf eine detaillierte Monatsplanung verzichten, da es vor allem darum geht, sich einen Überblick über die größeren Zahlungsströme oder -blöcke zu verschaffen. Es geht u. a. darum, den Trend bei den Umsatzerlösen und anderen größeren Einzahlungen sowie bei relevanten Auszahlungspositionen, etwa Material- und Personalkosten, Investitionen, Tilgungen, Steuerzahlungen, zu erkennen. Kleinere Positionen werden bei der Finanzplanung häufig nur mit einem pauschalen Wert angesetzt. Ziel der Finanzplanung ist es, abzuschätzen, ob ein Unternehmen auf mittlere Sicht grundsätzlich dazu in der Lage sein wird, seinen Zahlungsverpflichtungen nachkommen zu können, oder ob und wann sich durch größere Veränderungen, z. B. hohe Investitionen, größere Deckungslücken ergeben. Durch den Blick in die etwas entferntere Zukunft ist dann fast immer noch ausreichend Zeit, sich um die Beschaffung neuer Darlehen oder eine Veränderung der Zahlungsströme zu kümmern.

3.8 Liquiditätsplanung

Bei der Liquiditätsplanung handelt es sich um die kurzfristige Planung, Überwachung und Steuerung der Zahlungsfähigkeit. Der Planungszeitraum beträgt i. d. R. ein Jahr, wobei die Jahreszahlen auf Monate oder Wochen, ggf. auch auf Tage herunter gebrochen werden. Operative Planung und Liquiditätsplanung müssen den gleichen Planungszeitraum umfassen, da sie aufeinander aufbauen.

3.9 Rentabilitätsplanung

Unter Rentabilitätsplanung versteht man die Planung des Betriebsergebnisses nach § 275 HGB, Planung der Gewinn- und Verlustrechnung (GuV). Da die GuV ohnehin in jedem Unternehmen benötigt und erstellt wird, kann sie als Ausgangspunkt für die (kurzfristige) Finanzplanung verwendet werden.

4. Notwendige Daten und Informationen

Um eine vollständige und verlässliche Liquiditätsplanung erstellen zu können, müssen verschiedenste Daten- und Informationsquellen genutzt und ausgewertet werden. Zentraler Datenlieferant in jedem Unternehmen ist zunächst immer die Finanzbuchhaltung und ggf. vor- bzw. nachgelagerte Bereiche oder „Nebenbuchhaltungen" wie z. B. Debitoren- oder Kreditorenbuchhaltung.

4.1 Datenquellen für mittlere und große Unternehmen

Wesentliche Zahlen und Daten, die die Buchhaltung bereitstellt, sind:

- ▶ Umsatzerlöse (Wichtig: möglichst bzw. zusätzlich nach voraussichtlichen Zahlungseingängen aufbereiten);
- ▶ Sämtliche Kosten (Wichtig: möglichst nach Auszahlungsterminen bzw. Zahlungsrelevanz (Abschreibungen) gliedern);
- ▶ Sonstige zahlungsrelevanten Positionen, etwa Steuernachzahlungen oder -erstattungen, Umsatzsteuerzahllast, Tilgungszahlungen, Kreditzinsen (unterteilt nach Hypotheken- bzw. Darlehenszinsen und Kontokorrentzinsen, Investitionen (soweit die Zahlen nicht von den Fachabteilungen bereitgestellt werden), Gesellschafterentnahmen oder -einzahlungen, Spendenein- und -ausgänge, Erlöse aus dem Verkauf von Vermögensgegenständen.

PRAXISTIPP

Die Buchhaltungsdaten sollten möglichst so aufbereitet werden, dass klar ist, zu welchen Zeitpunkten es voraussichtlich zu Ein- oder Auszahlungen kommt. Das ist insbesondere bei den Umsätzen entscheidend, wenn Unternehmen vor allem nur gegen Rechnung verkaufen können. Dann müssen z. B. auch Zahlungsfristen, -ausfälle oder -verzögerungen zumindest in etwa abgeschätzt werden. Falls keine verlässlichen Daten vorliegen, etwa darum, weil es (noch) kein Forderungsmanagement gibt, sollte versucht werden, mithilfe von Schätzungen oder Stichproben eine erste Näherungslösung zu erarbeiten. Die Praxis zeigt, dass es meist gelingt, eine 80-90 %ige Genauigkeit zu erreichen. Das ist im ersten Moment zwar nicht wirklich zufriedenstellend, aber immerhin besser als ein vollständiger Verzicht auf Liquiditätsinformationen. Ausgehend von den Schätzwerten muss dann versucht werden, die Werte immer besser vorherzusagen und den Genauigkeitsgrad mit jeder Aktualisierung zu erhöhen. Auch hier zeigt die Praxis, dass dies möglich ist, vor allem dann, wenn ein Unternehmen den Nutzen einer funktionierenden Liquiditätsplanung in vollem Umfang erkennt.

4.2 Datenquellen für kleine Unternehmen, Selbstständige und Freiberufler

In kleinen Betrieben ohne eigene Buchhaltung müssen die genannten Daten vom Steuerberater oder vom Buchführungshelfer zur Verfügung gestellt werden, soweit der Unternehmer sich nicht selbst mit der Datenerfassung und -zusammenstellung befasst. Für den Unternehmer ist es in einem solchen Fall von besonderer Bedeutung, dass er mit dem Steuerberater oder Buchführungshelfer Punkt für Punkt bespricht, welche Daten und Zahlen er wann und in welcher Form zur Verfügung gestellt bekommt. Um hier zu einem guten Ergebnis zu gelangen, ist es i. d. R. notwendig, dass sich beide Seiten die Zeit nehmen und in einem Gespräch genau festlegen, welche Information wann in welcher Form vorliegen soll.

Wichtig gerade in Sachen Liquiditätsplanung und -steuerung ist, dass jeder Unternehmer auf eine mindestens monatliche Bereitstellung der Zahlen drängt. Bei längeren Intervallen, etwa quartalsweise, ist es kaum möglich, aufkommende Liquiditätsprobleme frühzeitig zu erkennen und gegenzusteuern. Wöchentliche bzw. tägliche Intervalle sind bei kleinen Betrieben meist nicht notwendig, zumindest dann nicht, wenn es eine überschaubare Anzahl von zahlungsrelevanten Geschäftsfällen gibt.

Werden die Daten bisher nicht lediglich in Abständen von sechs oder gar zwölf Monaten zur Verfügung gestellt, bedeutet das oft einen höheren Arbeitsaufwand für den Steuerberater oder Buchführungshelfer, der vom Unternehmen bezahlt werden muss. Der Aufwand lässt sich begrenzen, wenn monatlich lediglich gebuchte Werte ohne evtl. Abgrenzungen bereitgestellt werden. Zur Aufstellung der Liquiditätslage genügen diese in vielen Fällen. Pro Quartal kann dann ergänzend eine qualifizierte BWA mit Abgrenzungen und weiteren Analysen bereitgestellt werden. Allerdings sollte man darauf achten, dass die Werte etwa drei bis fünf Arbeitstage nach Monatsende vorliegen, um im dann laufenden Monat noch ausreichend Zeit zum Handeln zu haben.

4.3 Weitere Daten- und Informationsquellen

Neben der Buchhaltung stehen einem Unternehmen regelmäßig weitere Datenquellen für die Liquiditätsplanung und -steuerung zur Verfügung.

Weitere Daten- und Informationsquellen — KAPITEL 4

▶ **Kostenrechnung und Controlling**

Diese Bereiche liefern i. d. R. mit den Fachabteilungen abgestimmte Informationen und Zahlen für die Zukunft (Planwerte, s. oben), helfen bei der Auswertung und Analyse der tatsächlichen Lage und erarbeiten mit den Abteilungen Maßnahmen, um die Liquiditätslage und die allgemeine wirtschaftliche Leistungsfähigkeit eines Unternehmens kurz- und langfristig zu verbessern.

▶ **Vertrieb, Service und Einkauf**

Außer den Daten der Nebenbuchhaltungen können die genannten Bereiche z. B. ebenfalls Daten für Prognose und Planung liefern. Durch die zahlreichen Kontakte zur Außenwelt erhalten sie regelmäßig wichtige Informationen darüber, wie sich die Bedingungen rund um den Betrieb mit hoher Wahrscheinlichkeit entwickeln werden: Wie werden sich Absatzmengen, Preise, Kundenverhalten, Wettbewerber (wichtig u. a. für die Preisentwicklung bei Produkten und Leistungen) Materialangebot und -kosten, Währungen usw. voraussichtlich entwickeln?

▶ **Andere Fachabteilungen**

Auch andere Abteilungen können Daten für bessere Planung und Steuerung der Liquidität eines Unternehmens liefern. Der Personalbereich kann z. B. abschätzen, wie sich die Tariflandschaft entwickelt, der Forschungs- und Entwicklungsbereich kann Aussagen zu den Kosten und Auszahlungen von entsprechenden Projekten machen. Jede Fachabteilung muss dazu in der Lage sein zu beziffern, welche Investitionen oder Anlagenverkäufe vorgesehen sind.

▶ **Banken und andere Kreditinstitute**

Von Banken und Sparkassen kommen u. a. Informationen zu Kreditlinien, Darlehen, Konditionen, Zinsbelastungen und Tilgungen. Bei bestehenden Verträgen liegen der Buchhaltung i. d. R. die grundlegenden Informationen z. B. zur Zinshöhe und den Tilgungsraten bereits vor, so dass in diesen Fällen ein direkter Kontakt oder Austausch mit der Bank nicht zwingend notwendig ist. Es sollte mit dem oder den Instituten gesprochen werden, um anstehende Veränderungen, z. B. bei den Zinsen, in Erfahrung zu bringen.

▶ **Gesellschafter**

Die Liquiditätslage wird vor allem bei Personenunternehmen, auch durch Unternehmer oder Gesellschafter oft nachhaltig beeinflusst. Für eine verlässliche Liquiditätsplanung und -steuerung werden daher verbindliche Angaben zu anstehenden Privatentnahmen oder -einzahlungen benötigt. Wenn es klare Vereinbarungen und Verträge bezüglich der monatlichen „Gehaltsäquivalente" gibt, lassen sich diese Entnahmen gut planen. Ist vorgesehen, dass es auch aperiodische oder Einmalzahlungen geben soll, etwa variable oder erfolgsabhängige Entgelte, sind auch diese in die Liquiditätsplanung einzubeziehen.

PRAXISTIPP

Gibt es im Unternehmen noch keine Planung, genügt es auch hier, im ersten Schritt mit fundierten Schätzungen zu arbeiten. Dazu können z. B. die Ist-Daten der Vorjahre herangezogen und auf das laufende bzw. kommende Jahr hochgerechnet werden. Zu jeder Position sollte konkret gefragt werden, ob und in welchem Umfang es zu Veränderungen kommen kann: Wie hat sich der Umsatz in den letzten Jahren entwickelt? Ist er gestiegen, gleich geblieben, gesunken? Wie hat sich die Kundenzahl entwickelt? Wie die Forderungsausfälle? Wie hat sich der Materialverbrauch entwickelt? Wie die Beschaffungspreise? Womit ist im Planjahr zu rechnen? Welche Tariflohnsteigerungen hat es gegeben? Auch hier gilt, dass es zwar Ungenauigkeiten geben wird, und vor allem die erste „Planversion" in vielen Punkten noch nicht vollkommen stimmig ist. Aber mit jeder Überarbeitung bzw. nach Ablauf jedes weiteren Monats erhöht sich der Genauigkeitsgrad, sodass spätestens für die Planung des nächsten Jahres fundierte und verlässliche Daten vorliegen.

4.4 Mit Plan- oder Ist-Daten arbeiten?

Die Frage ist leicht zu beantworten: In der Praxis werden sowohl Ist- als auch Plan-Daten benötigt.

Die Ist-Daten zeigen, wie sich die Vergangenheit entwickelt hat; somit lassen sich häufig auch Rückschlüsse auf die Zukunft ableiten: Zahlen bestimmte Kunden bisher nur mit größerer Verzögerung, wird sich hieran voraussichtlich nichts ändern, wenn nicht versucht wird, die Kunden zu einem anderen Verhalten zu bewegen (z. B. Kreditlinien begrenzen, Aufträge nur noch gegen Vorkasse). Welche regelmäßig wiederkehrenden Zahlungen gibt es, z. B. Gehälter, Mieten, Energien? In welchen Monaten fallen bestimmte Zahlungen in welcher Höhe typischerweise an (z. B. Steuern, Tilgungen, Zinsen)?

Die Plan-Daten werden benötigt, um eine Vorstellung davon zu bekommen, wie sich die Liquiditätslage in Zukunft voraussichtlich entwickeln wird: Werden sich Zahlungen in Höhe und Zeitpunkt verändern (z. B. Tariferhöhungen, Mieterhöhungen, Preissteigerungen beim Material, Änderungen der Steuervorauszahlungen oder der Umsatzsteuer-Zahllast, Umsatzerhöhungen, neue Aufträge)? Kommen Zahlungen hinzu oder entfallen sie (z. B. Lizenzaufwendungen oder -erlöse, Umsatzausfälle durch Kundenverluste oder drohende Umsatzrückgänge aufgrund zunehmenden Wettbewerbsdrucks)?

5. Kurzfristige Liquiditätsplanung

Die kurzfristige Liquiditätsplanung und -sicherung wird monatlich oder wöchentlich durchgeführt, ggf. auch tagesgenau, z. B. im Handel und in Unternehmen, in denen täglich sehr viele zahlungsrelevante Vorgänge zu verzeichnen sind. Welche Intervalle im Einzelfall gewählt werden, hängt von den Gegebenheiten in einem Unternehmen und den Vorstellungen der Inhaber und Geschäftsführer ab. Eine allgemeine Aussage oder Empfehlung für alle Unternehmen kann schlecht getroffen werden. Grundsätzlich gilt jedoch: Je kürzer die Planungs- und Analyseintervalle, desto größer ist tendenziell natürlich der Arbeitsaufwand. Umgekehrt hat man aber bei kurzen Intervallen stets einen guten und vor allem zeitnahen Überblick über die Entwicklung der Liquiditätslage. Wichtig ist außerdem, dass man den Blick mithilfe dieses Instruments immer auch in die etwas nähere Zukunft richtet. Die kurzfristige Liquiditätsplanung sollte daher mindestens einen Zeitraum von einem Jahr umfassen. Nur so lässt sich erkennen, welche größeren Ein- und Auszahlungen in dieser Betrachtungsperiode voraussichtlich zu welchen Zeitpunkten anfallen und wie sich diese Sachverhalte voraussichtlich auf die Liquiditätslage auswirken werden. Mit diesem Blick in die Zukunft wird möglicher Handlungsbedarf frühzeitig erkannt und es besteht die Möglichkeit, sich frühzeitig um Deckungs- oder Ausgleichsmöglichkeiten zu kümmern. Beispielsweise kann mit der Bank frühzeitig um eine Ausweitung des Kreditrahmens verhandelt oder geprüft werden, wie sich der Forderungseingang beschleunigen lässt.

5.1 Grundschema der kurzfristigen Liquiditätsplanung

Das Grundschema einer kurzfristigen Liquiditätsplanung und -steuerung ist in der nachstehenden Abbildung zu sehen. Das Grundschema wird auch für die Strukturierung und Darstellung der langfristigen Finanzplanung verwendet, wobei ggf. mehrere Positionen zu Blöcken zusammengefasst werden (s. auch Kapitel 11 „Langfristige Finanzplanung").

Ausgehend vom aktuellen Bestand an flüssigen Mitteln wie Bargeld oder Bankguthaben werden die voraussichtlichen Einzahlungen geplant. Hier sind insbesondere Umsätze, Lizen- oder Pachteinnahmen zu nennen sowie weitere Positionen wie z. B. Einzahlungen aus dem Verkauf von Vermögensgegenständen oder Gesellschaftereinlagen. Andere mögliche Geschäftsfälle müssen jedoch auch berücksichtigt werden, z. B. Dividenden- oder Zinszahlungen oder eingehende Spenden.

Anschließend werden die Auszahlungen geplant. Dabei werden zunächst die Aufwendungen ohne die Abschreibungen angesetzt; Letztere sind nicht zahlungsrelevant. Auf der Auszahlungsseite kommen aber i. d. R. zahlreiche weitere Positionen hinzu, die die Liquiditätslage eines Unternehmens nachhaltig beeinflussen. In erster Linie sind hier

KAPITEL 5 — Kurzfristige Liquiditätsplanung

mögliche Steuerzahlungen zu nennen, z. B. Nachzahlungen aus den Vorjahren, Vorauszahlungen für das laufende Jahr oder die Umsatzsteuer-Zahllast. Gerade Letztere wird speziell in kleinen Unternehmen gerne übersehen. Außerdem müssen Investitionen bezahlt, Tilgungen geleistet oder Gesellschafterentnahmen finanziert werden. Daneben entstehen oft weitere Auszahlungen z. B. für Lizenzen oder Spenden.

Aus dem Saldo der Ein- und Auszahlungen ergibt sich entweder eine Über- oder eine Unterdeckung. Bei einer Überdeckung übersteigen die Ein- die Auszahlungen. Damit verfügt das Unternehmen grundsätzlich über eine ausreichende Liquidität und hat zumindest kurzfristig keine Zahlungsprobleme. Bei einer Unterdeckung übersteigen die Aus- die Einzahlungen und das Unternehmen muss für einen Ausgleich sorgen. Zunächst ist hier der Kontokorrentkredit zu nennen. Dieser soll vor allem kurzfristig und nur temporär auftretende Lücken schließen. Ist absehbar, dass es zu längeren Zahlungsengpässen kommen kann, ist es günstiger, wenn ein Unternehmen versucht, die Lücke mit einem Darlehen zu schließen. Genügen diese Maßnahmen nicht, muss darüber nachgedacht werden, wie die Auszahlungen zu begrenzen und die Einzahlungen zu erhöhen sind. Außerdem sollte geprüft werden, welche alternativen Finanzierungsmöglichkeiten neben Bankkrediten noch bestehen (vgl. auch Kapitel 14.9 „Ausgewählte Maßnahmen zur Liquiditätsverbesserung").

ABB. 4: Grundschema einer Liquiditäts- und Finanzplanung

Grundschema Liquiditäts- und Finanzplan

Mittelzuflüsse
    Flüssige Mittel (Bankguthaben)
+ Umsätze
+ Verkauf von Vermögen
+ Gesellschaftereinlagen
+ Sonstige Einzahlungen, z. B. Spenden, Dividenden
= **Summe Mittelzuflüsse**

Mittelabflüsse
    Materialaufwand
+ Personalaufwand
+ Sachaufwand (Mieten, Werbung, Kfz, Energie usw.)
+ Steuern
+ Investitionen
+ Kredittilgungen (Kapitaldienst)
+ Gesellschafterentnahmen
+ Sonstige Auszahlungen, z. B. Spenden
= **Summe Mittelabflüsse**

Liquiditätsüberschuss/-unterdeckung
Deckungsmöglichkeiten
Kontokorrentkredite
Sonstige Kredite

PRAXISTIPP

Damit man wirklich alle zahlungsrelevanten Vorgänge eines Unternehmens erfasst, empfiehlt es sich, sämtliche Konten und Geschäftsfälle der letzten zwei bis drei Jahre durchzusehen und zu prüfen, welche davon zahlungsrelevant sind. Somit wird vermieden, dass man Geschäftsfälle übersieht, die zwar zu Zahlungen führen, aber möglicherweise nur einmal pro Jahr anfallen.

5.2 Ausgangsstruktur einer monatlichen Liquiditätsplanung

Wie die monatliche Liquiditätsplanung und -steuerung konkret gestaltet werden kann, wird beispielhaft in den folgenden Abbildungen dargestellt. Der Liquiditätsplan zeigt zunächst, über welche liquiden Mittel das Unternehmen im Beispiel verfügt. Dann folgen aufgelistet Punkt für Punkt die Positionen, bei denen das Unternehmen mit Einzahlungen rechnet, z. B. Schecks, Bankeinzüge oder sonstige Einzahlungen. Forderungen werden unter der Überschrift „voraussichtliche Zahlungseingänge Kunden" erfasst, weil man hier nicht sicher sein kann, dass alle Forderungen vollständig und pünktlich bezahlt werden. Sie sollten also separat dargestellt und der Zahlungseingang konsequent überwacht werden. Zahlt ein Kunde zum vereinbarten Zeitpunkt nicht, muss er ggf. angemahnt und im schlechtesten Fall eine Forderung auch eingeklagt werden (s. auch Maßnahmen zur Liquiditätsverbesserung). Am Ende der Übersicht stehen die voraussichtlichen Zahlungseingänge inkl. der verfügbaren Barmittel. Dieses Geld steht dem Unternehmen zur Verfügung, um seine anstehenden Zahlungsverpflichtungen begleichen zu können.

KAPITEL 5 — Kurzfristige Liquiditätsplanung

ABB. 5: Beispiel eines einfachen Liquiditätsplans – Einzahlungsplanung

	Liquiditätsplan		Einzelbeträge	Summen
A	Einzahlungsplanung			
I.	**Liquide Mittel**			
	1.	Sparkasse	30.000,00	
	2.	Deutsche Bank	15.000,00	
	3.	Raiffeisenbank	0,00	
	4.	Kasse	0,00	
		Liquide Mittel		45.000,00
II.	**Eingereichte Schecks**			
	1.	Meier	3.500,00	
	2.	Hermanns	6.200,00	
	3.		0,00	
	4.		0,00	
	5.		0,00	
		Eingereichte Schecks		9.700,00
III.	**Bankeinzüge**			
		Bankeinzüge	35.000,00	35.000,00
IV.	**Sonstige Einzahlungen**			
	1.	Einlagen Gesellschafter	0,00	
	2.	Auflösung Festgelder	10.000,00	
	3.	Zinsen	2.500,00	
	4.	Vermögensverkäufe	0,00	
	5.	Steuererstattungen	0,00	
	6.		0,00	
	7.		0,00	
		Sonstige Einzahlungen		12.500,00
V.	**Voraussichtliche Zahlungseingänge Kunden (Forderungen)**			
	1.	Fa. Gabriel	3.200,00	
	2.	Fa. Mücke	6.400,00	

Ausgangsstruktur einer monatlichen Liquiditätsplanung   KAPITEL 5

3.	Fa. Engels	1.800,00
4.	Fa. Peters	2.900,00
5.	Fa. Oheim	600,00
6.		0,00
7.		0,00
8.		0,00
9.		0,00
10.		0,00
	Summe Zahlungseingänge	**14.900,00**
	Summe Einzahlungen	**117.100,00**

Die Zahlungsverpflichtungen oder Auszahlungen folgen dann auf einer weiteren Seite. Hier werden alle Positionen erfasst, die zu Auszahlungen führen. Wichtig ist, dass bei Ein- und Auszahlungen stets der gleiche Zeitraum, z. B. der Monat April, betrachtet wird.

In der Abbildung ist zu sehen, dass auch hier zunächst die unterwegs befindlichen Schecks, dann die manuell und maschinell ausgestellten Auszahlungspositionen dargestellt werden. Es folgen gut planbare Zahlungen, z. B. Daueraufträge und der voraussichtliche Finanzbedarf, etwa Gehälter, Steuern, Abgaben oder Tilgungen. Am Ende steht die Gesamtsumme der in diesem Monat fälligen Auszahlungen.

ABB. 6: Beispiel eines einfachen Liquiditätsplans – Auszahlungsplanung

Liquiditätsplan		
B. Auszahlungsplanung		
VI.	**Schecks unterwegs (an Lieferer)**	
1.	Fa. Hecht	9.100,00
2.	Fa. Siebert	4.300,00
3.	Fa. Zander	2.150,00
4.	Fa. Jansen	1.470,00
5.		0,00
	Schecks unterwegs	**17.020,00**

KAPITEL 5 — Kurzfristige Liquiditätsplanung

VII.	**Ausgestellte Überweisungen** (manuell)			
	1.	Umsatzsteuer	8.420,00	
	2.	Einkommensteuer	12.800,00	
	3.		0,00	
	4.		0,00	
	5.		0,00	
		Ausgestellte Überweisungen		**21.220,00**
VIII.	**Sammelüberweisungen Datenträgeraustausch**			
		42 Einzelüberweisungen	22.800,00	**22.800,00**
IX.	**Online Banking**			
		26 Einzelüberweisungen	14.500,00	**14.500,00**
X.	**Daueraufträge/Einzugsermächtigung**			
	1.	Mieten	4.200,00	
	2.	Energieversorgung	1.400,00	
	3.	PKW-Leasing	600,00	
	4.		0,00	
	5.		0,00	
		Daueraufträge/Einzugsermächtigungen		**6.200,00**
XI.	**Voraussichtlicher Finanzbedarf**			
	1.	Lohn und Gehalt	29.000,00	
	2.	Sozialabgaben	10.600,00	
	3.	Lohnsteuer	11.200,00	
	4.	Tilgungsraten	5.000,00	
	5.	Entnahme Gesellschafter	6.000,00	
	6.	Investitionen	0,00	
	7.	Spenden	0,00	
	8.	Zinsen	1.200,00	
	9.	Werbung	9.000,00	
	10.	Sonstige Auszahlungen	4.000,00	
		Voraussichtlicher Finanzbedarf		**72.000,00**
		Summe Auszahlungen		**153.740,00**
		Über-/Unterdeckung		**-36.640,00**

Was tun, wenn man den Zahlungsverpflichtungen nicht nachkommen kann?

Ein- und Auszahlungen werden gegenübergestellt und es verbleibt ein Saldo, der entweder positiv (Überdeckung = Einzahlungen übersteigen Auszahlungen) oder negativ ist (Unterdeckung = Auszahlungen übersteigen Einzahlungen). Bei einer Überdeckung kann das Unternehmen die Liquidität ggf. anlegen. Im Fall einer Unterdeckung muss für einen Ausgleich gesorgt werden. Im ersten Schritt versucht man i. d. R., einen Ausgleich durch die Inanspruchnahme der Kontokorrentkredite (Kreditlinien) herbeizuführen. Im Beispiel hat das Unternehmen bei drei Banken diese Möglichkeit. Insgesamt können 180.000 € an kurzfristigen Krediten in Anspruch genommen werden. Die Linien sind aber bereits zu 145.000 € ausgeschöpft, sodass nur noch 35.000 € zur Verfügung stehen. Es fehlen also noch etwa 1.600 €, um allen Zahlungsverpflichtungen in der betrachteten Periode nachkommen zu können.

ABB. 7: Beispiel eines einfachen Liquiditätsplans – Ausgleichsmöglichkeiten

Liquiditätsplan			
C.	Ausgleichsmöglichkeiten		
XII.	Kreditzusagen/Kreditlinien		
	1.	Sparkasse	50.000,00
	2.	Deutsche Bank	100.000,00
	3.	Raiffeisenbank	30.000,00
	4.		0,00
	5.		0,00
		Kreditzusagen/Kreditlinien	180.000,00
XIII.	Inanspruchnahmen		
	1.	Sparkasse	50.000,00
	2.	Deutsche Bank	80.000,00
	3..	Raiffeisenbank	15.000,00
	4.		0,00
	5.		0,00
		Inanspruchnahmen	145.000,00
		Verbleibende Über-/Unterdeckung	-1.640,00

Sicher ist die Höhe der Unterdeckung an sich nicht kritisch, und es ist leicht möglich, hier für Deckung zu sorgen. Beispielsweise können bestimmte Auszahlungen ausgesetzt, verschoben oder in der Summe reduziert werden (u. a. Werbung oder die Entnahmen der Gesellschafter). Es muss ggf. geprüft werden, ob man mit einer Bank über eine Ausweitung der Kreditlinie verhandeln kann.

Wichtiger als die Information, dass am Ende der Betrachtungsperiode voraussichtlich rund 1.600 € fehlen werden, ist die Beantwortung der Frage, die sich dem Unternehmer sofort stellt bzw. stellen sollte: Wie geht es im nächsten Monat bzw. in den kommenden Monaten weiter? Wird sich der Fehlbetrag wieder ausgleichen? Wird er sich erhöhen oder bleibt er gleich?

Damit man diese und andere Fragen in Zusammenhang mit der Liquiditätsplanung und -steuerung beantworten kann, ist es notwendig, eine Planung zu erstellen, die nicht nur eine Periode (Monat), sondern mehrere Monate umfasst. Wie eine solche Planung aussehen kann, wird in den nächsten Abbildungen veranschaulicht.

5.3 Monatliche Liquiditätsplanung mit Plan-Ist-Vergleich

Bei dem folgenden Beispiel handelt es sich um eine exemplarische monatliche Liquiditätsplanung. Der zentrale Unterschied gegenüber der zuvor besprochenen Darstellung ist, dass hier sowohl Plan- als auch Ist-Werte gezeigt werden und es Zusammenfassungen je Quartal gibt. Eine Gegenüberstellung von Plan- und Ist-Daten ist unbedingt sinnvoll, weil man nur so erkennen kann, ob man seine Ziele (Plan) erreicht oder übertroffen hat oder ob es negative Abweichungen (z. B. weniger Einzahlungen und mehr Auszahlungen als gedacht) gegeben hat. Werden die Abweichungen in den kommenden Monaten so groß, dass eine Unterdeckung droht, die mit der Kreditlinie nicht mehr ausgeglichen werden kann, muss man im Unternehmen weitere Maßnahmen ergreifen (vgl. Kapitel 15 „Das erfolgreiche Bankgespräch").

Außerdem werden, um die Übersichtlichkeit zu bewahren, bei einer Darstellung, die mehrere Wochen oder Monate umfasst, meist keine Einzelpositionen, z. B. Forderungen gegenüber bestimmten Kunden, berücksichtigt. Vielmehr werden diese Positionen zu einer Gesamtposition zusammengefasst, z. B. unter den Forderungen. Am Ende der Tabelle finden sich zudem flüssige Mittel und Kreditlinien.

Monatliche Liquiditätsplanung mit Plan-Ist-Vergleich — KAPITEL 5

ABB. 8: Beispiel einer monatlichen Liquiditätsplanung

Liquiditätsplanung	Jan Plan	Jan Ist	Jan Abw.	Feb Plan	Feb Ist	Feb Abw.	März Plan	März Ist	März Abw.	1. Quartal Plan	1. Quartal Ist	1. Quartal Abw.
A. Einzahlungen												
Summe Umsatzerlöse	32.000,0	31.000,0	-1.000,0	30.000,0	29.500,0	-500,0	33.000,0	33.400,0	400,0	95.000,0	93.900,0	-1.100,0
Zinsen/Dividenden	1.000,0	900,0	-100,0	500,0	520,0	20,0	500,0	520,0	20,0	2.000,0	1.940,0	-60,0
Einzahlungen Gesellschafter	500,0	600,0	100,0	0,0	0,0	0,0	0,0	0,0	0,0	500,0	600,0	100,0
Vermögensverkäufe	5.000,0	5.500,0	500,0	0,0	0,0	0,0	2.000,0	1.800,0	-200,0	7.000,0	7.300,0	300,0
Darlehen, Hypothek	0,0	0,0	0,0	0,0	0,0	0,0	0,0	0,0	0,0	0,0	0,0	0,0
Andere Einzahlungen	200,0	100,0	-100,0	200,0	250,0	50,0	100,0	70,0	-30,0	500,0	420,0	-80,0
Summe Einzahlungen	38.700,0	38.100,0	-600,0	30.700,0	30.270,0	-430,0	35.600,0	35.790,0	190,0	105.000,0	104.160,0	-840,0
B. Auszahlungen												
Summe Aufw. (ohne AfA)	22.500,0	23.300,0	-800,0	22.100,0	23.400,0	-1.300,0	26.000,0	26.900,0	-900,0	70.600,0	73.600,0	-3.000,0
Investitionen	10.000,0	12.000,0	-2.000,0	2.000,0	1.700,0	300,0	0,0	500,0	-500,0	12.000,0	14.200,0	-2.200,0
Schuldentilgung	1.000,0	800,0	200,0	1.000,0	1.100,0	-100,0	1.000,0	1.140,0	-140,0	3.000,0	3.040,0	-40,0
Entnahmen Gesellschafter	4.000,0	3.500,0	500,0	4.000,0	4.000,0	0,0	4.000,0	4.000,0	0,0	12.000,0	11.500,0	500,0
Zinszahlungen	500,0	600,0	-100,0	500,0	540,0	-40,0	500,0	500,0	0,0	1.500,0	1.640,0	-140,0
Umsatzsteuer Zahllast	2.500,0	2.310,0	190,0	2.100,0	1.920,0	180,0	2.250,0	2.090,0	160,0	6.850,0	6.320,0	530,0
	0,0	0,0	0,0	0,0	0,0	0,0	0,0	0,0	0,0	0,0	0,0	0,0
	0,0	0,0	0,0	0,0	0,0	0,0	0,0	0,0	0,0	0,0	0,0	0,0
	0,0	0,0	0,0	0,0	0,0	0,0	0,0	0,0	0,0	0,0	0,0	0,0
Andere Auszahlungen	200,0	150,0	50,0	200,0	120,0	80,0	200,0	220,0	-20,0	600,0	490,0	110,0
Summe Auszahlungen	40.700,0	42.660,0	-1.960,0	31.900,0	32.780,0	-880,0	33.950,0	35.350,0	-1.400,0	106.550,0	110.790,0	-4.240,0
Überdeckung/ Unterdeckung/Selektiv	-2.000,0	-4.560,0	-2.560,0	-1.200,0	-2.510,0	-1.310,0	1.650,0	440,0	-1.210,0	1.650,0	440,0	-1.210,0
Überdeckung/ Unterdeckung/Kumulativ	-1.000,0	-3.690,0	-2.690,0	-2.200,0	-6.200,0	-4.000,0	-550,0	-5.760,0	-5.210,0	-550,0	-5.760,0	-5.210,0
C. Flüssige Mittel												
Flüssige Mittel	1.000,0	870,0	-130,0	-1.000,0	-3.690,0	-2.690,0	-2.200,0	-6.200,0	-4.000,0	-2.200,0	-6.200,0	-4.000,0
Kreditlinie (immer als Limit eingeben)	15.000,0	15.000,0	0,0	15.000,0	15.000,0	0,0	15.000,0	15.000,0	0,0	15.000,0	15.000,0	0,0
Summe Deckungsmöglichkeiten	16.000,0	15.870,0	-130,0	14.000,0	11.310,0	-2.690,0	12.800,0	8.800,0	-4.000,0	12.800,0	8.800,0	-4.000,0
D. Ihre Liquidität (Über-/Unterd. sel., fl. Mittel, K.linie)	14.000,0	11.310,0	-2.690,0	12.800,0	8.800,0	-4.000,0	14.450,0	9.240,0	-5.210,0	14.450,0	9.240,0	-5.210,0

KAPITEL 5: Kurzfristige Liquiditätsplanung

ABB. 9: Beispiel einer wöchentlichen Liquiditätsplanung

Wöchentliche Liquiditätsplanung Positionen	KW 40	KW 41	KW 42	KW 43	KW 44	KW 45	KW 46	KW 47	KW 48	KW 49	KW 50	KW 51	KW 52
I. Einzahlungen													
Umsätze	207,8	255,0	206,0	157,0	197,0	143,0	201,0	170,0	183,7	191,4	192,8	178,5	210,0
Zinserträge	0,0	0,0	0,0	0,0	9,0	0,0	0,0	0,0	9,0	0,0	0,0	0,0	9,0
Einlagen	0,0	0,0	0,0	0,0	0,0	0,0	0,0	0,0	0,0	0,0	0,0	0,0	0,0
Vermögensverkäufe	0,0	0,0	0,0	0,0	0,0	0,0	0,0	0,0	0,0	0,0	0,0	0,0	0,0
Sonstige	0,0	0,0	0,0	0,0	0,0	0,0	0,0	0,0	0,0	0,0	0,0	0,0	0,0
Summe Einzahlungen	207,8	255,0	206,0	157,0	206,0	143,0	201,0	170,0	192,7	191,4	192,8	178,5	219,0
II. Auszahlungen													
Material	100,4	138,1	146,2	134,1	94,0	95,0	89,0	91,0	96,0	92,5	96,0	140,0	90,0
Bezogene Leistungen	32,0	0,0	0,0	0,0	0,0	0,0	0,0	0,0	0,0	0,0	0,0	0,0	0,0
Löhne/Gehälter	0,0	0,0	0,0	0,0	120,0	0,0	0,0	0,0	190,0	0,0	0,0	0,0	120,0
Sozialabgaben	12,0	0,0	0,0	0,0	60,0	0,0	0,0	0,0	95,0	0,0	0,0	0,0	60,0
Raumkosten	0,0	0,0	0,0	0,0	12,0	0,0	0,0	0,0	12,0	0,0	0,0	0,0	12,0
Versicherungen/Beiträge	0,0	0,0	0,0	0,0	0,0	0,0	0,0	0,0	0,0	0,0	0,0	8,0	0,0
Reparaturen/Instandhaltung	6,0	5,0	3,0	2,0	4,0	5,0	6,0	5,0	5,0	5,0	4,0	4,0	8,0
Fahrzeugkosten	1,0	1,5	1,0	1,5	2,0	1,0	1,0	1,0	2,0	3,0	1,5	2,0	1,0
Werbung/Reise	4,0	1,0	1,0	2,0	3,5	0,0	0,0	5,0	5,0	5,0	4,0	3,0	1,0
Warenabgabe	5,1	3,9	8,1	16,0	4,0	2,0	21,0	4,0	4,0	4,0	4,0	4,0	4,0
Sonstige betriebliche Aufwendungen	26,0	39,1	20,4	24,8	13,0	19,8	20,0	20,0	20,0	18,9	19,5	19,8	20,0
Zinsen und ähnliche Aufwendungen	0,0	0,0	0,0	0,0	5,0	0,0	0,0	0,0	5,0	0,0	0,0	0,0	5,0
Steuern vom Einkommen und Ertrag	0,0	0,0	0,0	0,0	0,0	0,0	30,0	0,0	0,0	0,0	0,0	0,0	0,0
Sonstige Steuern	0,0	0,0	0,0	0,0	0,0	0,0	0,0	1,0	0,0	0,0	0,0	0,0	0,0
Umsatzsteuer-Zahllast	0,0	20,0	0,0	0,0	0,0	22,0	0,0	0,0	0,0	23,0	0,0	0,0	0,0
Investitionen	18,0	0,0	0,0	0,0	0,0	0,0	0,0	0,0	0,0	0,0	0,0	0,0	12,0
Tilgungen	0,0	0,0	0,0	0,0	12,0	0,0	0,0	0,0	12,0	0,0	0,0	0,0	0,0
Entnahmen	0,0	8,0	0,0	0,0	8,0	0,0	0,0	0,0	8,0	0,0	0,0	12,0	8,0
Sonstige Auszahlungen	1,8	2,0	2,0	2,0	2,4	1,4	1,4	2,0	2,0	1,0	2,0	1,0	1,0
Summe Auszahlungen	206,3	218,6	181,7	182,4	339,9	146,2	168,4	129,0	456,0	152,4	131,0	181,8	342,0
III. Über-/Unterdeckungen													
Über-/Unterdeckungen von Maßnahmen	1,5	36,4	24,3	-25,4	-133,9	-3,2	32,6	41,0	-263,3	39,0	61,8	-3,3	-123,0
Banksalden Wochenanfang	-57,0	-55,5	-19,1	5,2	-20,2	-154,1	-157,3	-124,7	-83,7	-347,0	-308,0	-246,2	-249,5
Banksalden Wochenende	-55,5	-19,1	5,2	-20,2	-154,1	-157,3	-124,7	-83,7	-347,0	-308,0	-246,2	-249,5	-372,5
Eingeräumte Kreditlinien	250,0	250,0	250,0	250,0	250,0	250,0	250,0	250,0	250,0	250,0	250,0	250,0	250,0
IV. Endgültige Über-/Unterdeckungen	194,5	230,9	255,2	229,8	95,9	92,7	125,3	166,3	-97,0	-58,0	3,8	0,5	-122,5

Angaben in T€ | KW 40–52 2008 Oktober – Dezember

5.4 Wöchentliche Liquiditätsplanung

In ABB. 9 auf S. 32 ist ein Beispiel für eine Liquiditätsplanung auf Wochenbasis zu sehen. Es gelten grundsätzlich die bisher getätigten Aussagen, etwa in Bezug auf Ein- und Auszahlungen sowie Deckungsmöglichkeiten. Aus Platzgründen wurde auf eine Gegenüberstellung mit Ist-Daten verzichtet.

5.5 Tägliche Liquiditätsplanung und -steuerung

In einigen Unternehmen mit besonders vielen zahlungsrelevanten Vorgängen ist es sogar Fall, dass die Liquiditätsplanung und -steuerung täglich vorgenommen wird. Dabei wird vor allem die Einzahlungs- bzw. Umsatzseite betrachtet, wenn diese größeren Schwankungen unterliegen. Soweit es auf der Auszahlungsseite nur eine geringe Anzahl von Positionen bzw. weniger Schwankungen gibt, wird hier abweichend häufig eine Wochen- oder sogar Monatsplanung erstellt. Eine Ausnahme gilt ggf. für die Planung der Auszahlungen im Material- oder Warenbereich, weil diese sich i. d. R. parallel zu den Umsätzen entwickelt.

Eine tägliche Liquiditätsplanung und -steuerung findet sich häufig im Handel. Hier werden auch die aktuelle Entwicklung mit den Daten des Vorjahres oder Filialen untereinander vergleichen.

6. Operative Planung als Voraussetzung für die Erstellung einer Finanz- und Liquiditätsplanung

6.1 Ausgangsbasis für operative Planung

Das Erstellen einer Liquiditäts- und Finanzplanung setzt grundsätzlich voraus, dass es im Unternehmen eine operative Planung gibt oder diese eingeführt wird. Mithilfe der operativen Planung wird das Betriebsergebnis eines Unternehmens geplant, also vor allem Umsätze, Kosten und Investitionen.

Um diese Zahlen zu erhalten, sind mehrere Teilpläne zu erstellen, die sich auch mit inhaltlichen Punkten befassen, z. B. der Planung von Kapazitäten, der Anzahl der Mitarbeiter oder der benötigten Sachmittel.

6.2 Teilpläne der operativen Planung

Die wichtigsten Teilpläne, die im Rahmen einer operativen Planung erstellt werden können:

- Absatzmengen- und Preisplanung,
- Kapazitätsplanung,
- (Make-or-Buy),
- Materialaufwand,
- (Produktionsplan/Beschaffungsplan),
- Personalaufwand (Personalplanung),
- Abschreibungen (Abschreibungsplan/Investitionsplan),
- Sachmittelplanung (inkl. Marketing),
- Kostenplanung und Budgets,
- Zinsaufwand/Finanzergebnis (Finanz- und Kapitalplanung),
- Steuern (Steuerplanung).

6.3 Grundlegender Ablauf der operativen Planung

Kern- und Ausgangspunkt jeder operativen Planung ist die Umsatzplanung, und hier vor allem die Planung der Absatzmengen. Die möglichst genaue Planung der Absatz- bzw. Verkaufsmengen ist eine Herausforderung für nahezu jedes Unternehmen. Denn auf diese Teilplanung bauen alle anderen Teilpläne auf. Schafft man es nicht, eine realistische Absatzmengenplanung zu erstellen, kann dies zu unnötigen Kapazitäten füh-

KAPITEL 6 — Operative Planung als Voraussetzungen

ren, die aber dennoch bezahlt werden müssen. Dies ist der Fall, wenn man deutlich mehr Absatz plant als tatsächlich erzielt werden kann. Umgekehrt führt eine zu knappe oder konservative Planung der Absatzmengen dazu, dass man u. U. nicht alle Kundenwünsche kurzfristig erfüllen kann, weil z. B. noch Kapazitäten aufgebaut oder Produkte bei Sublieferanten bestellt werden müssen. In der Folge kann es vorkommen, dass man als Unternehmen Aufträge und Kunden dauerhaft verliert. Bei der Absatzmengenplanung muss jedes Unternehmen also besondere Sorgfalt walten lassen. Einige Beispiele und Anregungen, wie die Absatzmengenplanung relativ genau vorgenommen werden kann:

- Durchführung von Kundenbefragungen,
- Analyse der Entwicklung der Verkaufszahlen aus den Vorjahren,
- Analyse des aktuellen Auftragsbestands,
- Versuch, mit Kunden langfristige Verträge mit festen Absatzmengen auszuhandeln.

Steht die voraussichtliche Absatzmenge für das Planjahr mit hoher Wahrscheinlichkeit fest, gilt es, die Ressourcen (das Mengengerüst) zu planen, z. B. die Kapazitäten (wie viele Produkte können oder sollen selbst produziert bzw. von Dritten bezogen werden), die Anzahl der Mitarbeiter, den Materialbedarf (in Stück, Meter, Kilo o. ä.) den Sachmittelbedarf (etwa Mietflächen, Büromaterialmengen) oder den Investitionsbedarf. Aus den Ressourcen werden dann in einem nächsten Schritt die Kosten abgeleitet. Dann werden mit dem im Unternehmen eingesetzten Kalkulationsverfahren, z. B. Zuschlags- oder Maschinenstundensatzkalkulation, die Preise für alle Produkte berechnet und zur Umsatzplanung hoch verdichtet. Aus den Daten wird die Plan-Gewinn- und Verlustrechnung sowie ggf. eine Planbilanz erstellt. Die Liquiditäts- und Cashflowplanung rundet die operative Planung ab (vgl. auch folgendes Kapitel).

Bei der Erstellung der operativen Planung müssen zwingend die strategischen Rahmenbedingungen und Ziele beachtet werden (z. B. Produkte, Innovationen, Kundenwünsche, Wettbewerbslage und langfristige Ziele, etwa Marktführerschaft oder Nischenanbieter).

HINWEIS

Natürlich wird kein Unternehmen die Pläne exakt so wie beschrieben hintereinander erstellen. In der Praxis ist es üblich, viele Arbeitsschritte parallel durchzuführen. Die vorgestellte Erklärung soll vielmehr den grundsätzlichen Ablauf verdeutlichen und auf mögliche Fallstricke und Schwierigkeiten hinweisen sowie Lösungsansätze anbieten. Allerdings gehören die genannten Teilpläne zu jeder guten operativen Planung. Welche

Teilpläne schließlich in welcher Reihenfolge erstellt werden, muss jeder Betrieb für sich entscheiden.

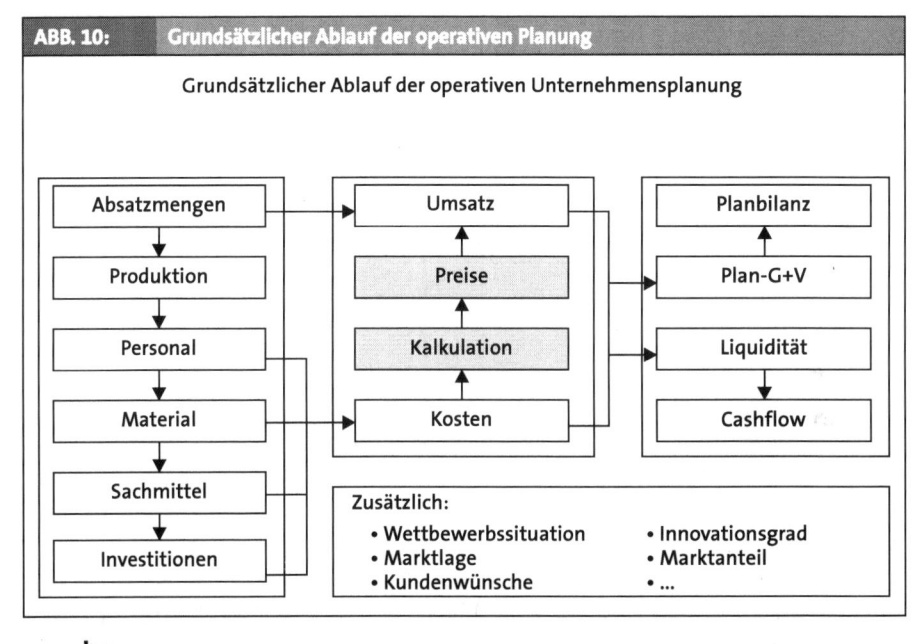

ABB. 10: Grundsätzlicher Ablauf der operativen Planung

Grundsätzlicher Ablauf der operativen Unternehmensplanung

```
Absatzmengen  →  Umsatz        →  Planbilanz
     ↓               ↑                ↑
Produktion          Preise     →  Plan-G+V
     ↓               ↑                ↑
Personal         Kalkulation   →  Liquidität
     ↓               ↑                ↑
Material    →    Kosten        →  Cashflow
     ↓
Sachmittel       Zusätzlich:
     ↓           • Wettbewerbssituation   • Innovationsgrad
Investitionen    • Marktlage              • Marktanteil
                 • Kundenwünsche          • ...
```

PRAXISTIPP

Die operative Planung kann separat oder aufbauend auf der ohnehin in einem Unternehmen vorhandenen Gewinn- und Verlustrechnung erstellt werden.

6.4 Wichtige Aspekte zur Unternehmensplanung

▶ **Planen** bedeutet das Formulieren von Zielen, die man im Unternehmen in einem bestimmten Zeitraum (ein Jahr, fünf Jahre) erreichen möchte. Jede Planung sollte schriftlich fixiert werden, da nur so allen Beteiligten klar ist, was bis wann erreicht werden soll. Nur auf diese Art und Weise kann regelmäßig überprüft werden, ob die gesetzten Ziele erreicht wurden. Planung ist ein zentraler Bestandteil des Controllings und einer seriösen und guten Unternehmensführung.

▶ Bei der **strategischen Planung** wird i. d. R. nicht mit konkreten Zahlen gearbeitet. Vielmehr wird formuliert, welche grundlegenden Strategien ein Unternehmen ver-

- folgt oder verfolgen will (z. B. Qualitätsführerschaft, Innovationsführer, Billig- oder Nischenanbieter).
- ▶ Bei der **kurzfristigen Planung** wird versucht, gewünschte zukünftige Entwicklungen in konkrete Zahlen zu fassen, z. B. Umsatz, Kosten, Gewinn, Liquidität. Darüber hinaus sind die Zeitpunkte der Geldbewegungen möglichst genau zu bestimmen. Allerdings ist jede Planung mit mehr oder weniger großen Unsicherheiten behaftet, und es kommt in der Praxis (fast) immer zu mehr oder weniger großen Abweichungen.
- ▶ Daraus resultiert, dass gerade in **kleinen Betrieben** auf eine **Planung verzichtet** wird (Tenor: „Es kommt eh anders als gedacht."). Ein Verzicht auf eine schriftliche Planung führt aber regelmäßig dazu, dass man sich „verzettelt" und seine Ziele nicht entschlossen verfolgen kann. Planung und Ziele bieten Orientierung und zeigen auf, wie verlässlich man geplant hat sowie ob und wo es Ansätze für Verbesserungen gibt.
- ▶ Planen bedeutet, sich ein **Ziel, eine Messlatte** zu setzen. Ob man das Ziel erreichen konnte, wird bei der operativen Planung im Rahmen kontinuierlicher Soll-Ist-Vergleiche und Abweichungsanalysen überprüft, um evtl. Fehlentwicklungen frühzeitig erkennen und rechtzeitig reagieren zu können.
- ▶ Die Planung dient nicht nur dazu, den Beteiligten im Unternehmen selbst eine bessere **Handlungsbasis** zu geben. Auch wichtige **Geschäftspartner**, etwa Banken (BASEL II), Lieferanten und Kunden verlangen immer häufiger detaillierte Unterlagen und Nachweise darüber, dass ein Unternehmen dazu in der Lage ist, auf lange Sicht wirtschaftlich erfolgreich agieren zu können. Das Vorhandensein von Planungsunterlagen ist hierfür *ein* wichtiges Indiz.

HINWEIS

Jede Planung muss auf möglichst realistischen Annahmen basieren. Dennoch ist es in der Realität nur selten der Fall, dass Plan und Ist vollkommen übereinstimmen. Speziell für die Liquiditätsplanung bedeutet dies, dass mit Reserven geplant werden sollte. Einzahlungen sollten tendenziell niedriger, Auszahlungen tendenziell höher angesetzt werden.

6.5 Planung mit Szenarien absichern und plausibilisieren

Sind in der Branche hohe Schwankungen üblich oder wahrscheinlich, sollten außerdem mehrere **Szenarien** oder mögliche Planungsverläufe erstellt werden („Best-/Worst-Case"). Um Missverständnisse und Fehlinterpretationen zu vermeiden, ist für interne Zwecke zu **dokumentieren**, an welchen Stellen welche **Reserven** berücksichtigt worden sind. Dass und wo derartige Reserven eingebaut wurden, sollte gegenüber Dritten (z. B. der Bank) nicht offen angesprochen werden, da diese dann davon ausgehen, dass die Gesamtplanung unrealistisch ist. Die Arbeit mit Puffern dient vor allem der eigenen Absicherung und kann dabei helfen, sich an einen Punkt heran zu tasten, an dem es zu einer kritischen Entwicklung kommen könnte. Die Planung mit Szenarien oder Reserven zeigt, ab welchen Einbrüchen bei den Einzahlungen und welchen Erhöhungen der Auszahlungen (oder eine Kombination von beiden Fällen) eine Liquiditätslücke droht.

7. Ausbau der operativen Planung zur Finanz- und Liquiditätsplanung

Die operative Planung alleine genügt aber nicht, um eine wirklich umfassende Liquiditätsplanung zu erstellen. Denn die operative Planung oder die GuV-Planung beschäftigt sich nahezu ausschließlich mit betrieblichen Sachverhalten. In jedem Unternehmen gibt es jedoch zahlreiche weitere Geschäftsfälle, die die Liquidität oft mindestens ebenso nachhaltig verändern wie Umsätze oder Kosten.

Neben den genannten Teilplänen muss daher in einem nächsten Schritt durch Ergänzungen und Streichungen die operative Planung zur Liquiditäts- und Finanzplanung weiterentwickelt und ausgebaut werden. Dazu ist es notwendig, möglichst **alle Ein- und Auszahlungen** zu erfassen und an die operative Planung „anzuhängen".

7.1 Ergänzung um weitere wichtige Zahlungsvorgänge

Insbesondere sind folgende Fälle zu nennen, die in nahezu jedem Unternehmen vorkommen:

- Investitionen und Desinvestitionen,
- Gesellschaftereinlagen und -entnahmen,
- Kapitaldienste (Darlehenstilgungen),
- Verkauf/Kauf von Umlauf-/Anlagevermögen,
- Zinsen, Dividenden,
- Lizenzen, Pachten (sowohl Aus- als auch Einzahlung möglich),
- Umsatzsteuer-Zahllast, Steuernachzahlungen,
- Sonstige, z. B. Spenden, Steuererstattungen.

MERKE

Der Aufbau von Aktivpositionen und/oder der Abbau von Passivpositionen in der Bilanz wirken sich **negativ** auf die Liquidität aus, z. B. Aufbau von Vorratsvermögen und Forderungen, Abbau von Verbindlichkeiten. Grund dafür ist, dass hierdurch Gelder gebunden werden, die dem Unternehmen nicht für andere Zwecke zur Verfügung stehen.

Der Abbau von Aktivpositionen und/oder der Aufbau von Passivpositionen wirkt sich **positiv** auf die Liquidität aus, z. B. Abbau von Vorratsvermögen und Forderungen, Aufbau von Verbindlichkeiten (vgl. auch Kapitel 10 „Berechnung von Kapitaldienstfähigkeit und Cashflow" und Kapitel 13 „Working-Capital-Management").

7.2 Streichung wichtiger nicht zahlungsrelevanter Vorgänge

Außerdem gibt es Geschäftsfälle und Vorgänge, die zwar in der GuV oder Bilanz enthalten sind, die aber keinen Einfluss auf die Liquiditätslage haben. Diese müssen entsprechend aus der Liquiditätsplanung herausgerechnet werden. Dazu gehören insbesondere:

- Abschreibungen (Kostenposition, die nicht ausgabewirksam ist),
- Kalkulatorische Kosten, z. B. kalkulatorischer Unternehmerlohn, Mieten oder Wagnisse,
- Sonstige nicht ausgabewirksame Aufwandspositionen, z. B. Zuführung zu Rückstellungen,
- Sonstige nicht einnahmewirksame Ertragspositionen, z. B. Auflösung von Rückstellungen,
- Gewinn- oder Verlustvortrag.

PRAXISTIPP

Damit keine wesentlichen Zahlungsvorgänge vergessen oder übersehen werden, sollte man sich im Unternehmen die Arbeit machen, und sich die vergangenen zwei bis drei Geschäftsjahre genau ansehen: Hat es Ein- oder Auszahlungen gegeben, die man vergessen hat? Gibt es größere zahlungsrelevante Positionen, die u. U. in Abständen von einem Jahr oder länger vorkommen? Umgekehrt sollte auch der Versuch unternommen werden, in die Zukunft zu schauen und zu prüfen, ob zahlungswirksame Geschäftsfälle existieren, die bisher noch nicht relevant waren, z. B. Schadenersatzzahlungen oder Zahlungen für Konventionalstrafen.

Die genaue Analyse der Vorjahre und die kritische Auseinandersetzung mit der voraussichtlichen künftigen Entwicklung stellt sicher, dass es zu keinen „bösen liquiditätswirksamen Überraschungen" kommen kann.

8. Planung der Ein- und Auszahlungen

Im Zuge der Liquiditätsplanung und -steuerung müssen alle Ein- und Auszahlungen möglichst vollständig erfasst und für einen Zeitraum von mindestens einem Jahr realistisch geplant werden.

8.1 Einzahlungsplanung

Die Planung Einzahlungen, und hier vor allem die Umsätze, ist der Teil der Liquiditätsplanung, der regelmäßig mit den größten Unsicherheiten behaftet ist. Schließlich kann man nie mit absoluter Sicherheit vorhersagen, wie sich die Kunden wirklich verhalten werden – ob sie so viel kaufen werden, wie man annimmt. Wird vorwiegend auf Rechnung verkauft, entstehen Forderungen bevor tatsächlich Geld auf dem Konto eingeht. Forderungen sind für ein Unternehmen stets problematisch. Sie zeugen zwar zum einen davon, dass ein Unternehmen erfolgreich ist, und Umsätze generiert. Gleichzeitig bergen Forderungen erhebliche Risiken, weil man als Unternehmer nicht weiß, ob Kunden ihre Forderungen vollständig oder nur teilweise begleichen und ob diejenigen Kunden, die zahlen, dies auch pünktlich tun.

Die Einzahlungsplanung muss daher von jedem Unternehmen mit besonderer Sorgfalt vorgenommen und möglichst umfassend abgesichert werden. Absolut im Vordergrund stehen dabei die Umsätze.

8.1.1 Umsatzplanung

8.1.1.1 Planung der Umsatzhöhe

Um die Umsätze zunächst in ihrer Höhe realistisch planen zu können, stehen Unternehmen u. a. folgende Möglichkeiten zur Verfügung:

1. **Analyse der Gesamt-Umsatzentwicklung der Vorjahre**, z. B. tendenziell steigend, fallend oder stagnierend, und Fortschreibung auf das oder die Planjahre;
2. **Analyse der Reichweite** bereits vorliegender Aufträge;
3. **Analyse des Auftragseingangs**: Entwickelt sich dieser besser, schlechter oder ähnlich wie in der Vergangenheit?;
4. **Befragung wichtiger Kunden** zum geplanten Kaufverhalten;
5. **Analyse der Entwicklung der Branche** (z. B. Wachstumsprognose des Branchenverbands) und **Spiegelung mit der Entwicklung des eigenen Unternehmens** (war es bis-

her dazu in der Lage, die Branchenzahlen zu übertreffen oder ist man dahinter zurück geblieben; in welchem Umfang?);
6. Versuch, von **großen Kunden** möglichst frühzeitig **Kaufzusagen** zu erhalten, z. B. über frühzeitige Verkaufsgespräche und Gewährung von **Frühbuchernachlässen** (Wichtig: Nachlässe unbedingt in Kalkulation aufnehmen, da diese sonst überproportional den Gewinn aufzehren);
7. **Analyse der Produktlebenszyklen** wichtiger Artikel und Vergleich mit der Umsatzentwicklung anderer Produkte in den jeweiligen Lebenszyklus-Phasen;

> **BEISPIEL:** Ein Produkt ist seit ca. 5 Jahren auf dem Markt. Die Lebensdauer vergleichbarer Produkte des Unternehmens beträgt 10 Jahre. In der Phase von 5 bis 7 Lebensjahren konnten in der Vergangenheit Zuwächse von im Schnitt 3 % erreicht werden. Dieser Wert kann dann auch beim untersuchten Produkt unterstellt werden.

8. **Analyse und Auswertung der Geschäftsentwicklung wichtiger Wettbewerber**, z. B. Datenbeschaffung durch Internet-Seiten wie www.firmextra.de oder Wirtschaftsauskunfteien wie Creditreform oder Bürgel, sowie anschließende Hochrechnung auf den eigenen Betrieb. Dabei ist natürlich zu berücksichtigen, wie ein Wettbewerber in der Vergangenheit im Vergleich zum eigenen Betrieb abgeschnitten hat;
9. **Befragung anderer Geschäftspartner** zur voraussichtlichen Entwicklung der Branche und von Verkaufszahlen, z. B. Lieferanten, Kooperationspartner oder die Bank;
10. Bei **Neuprodukten**: Analyse der Entwicklung der Verkaufs- und Umsatzzahlen bei ähnlichen Artikeln bzw. Produktneueinführungen in der Vergangenheit.

8.1.1.2 Planung der Zeitpunkte der Einzahlungen

Liegen verlässliche Aussagen zur wahrscheinlichen Umsatzentwicklung für das oder die Planjahre vor, gilt es, die voraussichtlichen Zahlungszeitpunkte zu bestimmen. Das ist insbesondere für alle Unternehmen von zentraler Bedeutung, die überwiegend gegen Rechnung verkaufen, also Forderungen generieren. Dieser Punkt wird in der Praxis gerade von mittelständischen Unternehmen massiv unterschätzt. Wenn Produkte verkauft worden sind, wird der Umsatz gleich Zahlungseingang gesetzt. Dabei wird übersehen, dass zwischen Verkauf und Rechnungsstellung sowie Zahlungseingang u. U. Wochen oder sogar Monate vergehen können. Unternehmen, die auf Rechnung verkaufen, gewähren Ihren Kunden im Grunde einen kostenlosen Kredit, den sie entweder durch eigenes Geld oder durch Kredite der Bank finanzieren müssen. Und auf die Zeitpunkte der Einzahlungen haben Unternehmen, auch wenn sie gezielt Maßnahmen zur Verbesserung umsetzen (vgl. auch Kapitel 14.9 „Ausgewählte Maßnahmen..."), nur mittelbaren Einfluss.

Mit langen Fristen zwischen Verkauf und Zahlungseingang rechnen

In Deutschland sind bei einem Verkauf auf Rechnung Zahlungsziele von 30 Tagen üblich; im Auslandsgeschäft können auch längere Zahlungsziele zum Tragen kommen.

Bei 30 Tagen Zahlungsziel müssen Unternehmen damit rechnen, dass die tatsächliche Zahlung im Schnitt erst nach rund 48 Tagen, also sieben Wochen, erfolgt. In der Zwischenzeit müssen die offenen Forderungen (vor-)finanziert werden. Wird das nicht mit besonderer Sorgfalt umgesetzt, kann ein Unternehmen schnell in eine finanzielle Schieflage geraten, weil das gebundene Geld für andere Zwecke nicht zur Verfügung steht. Es ist also geboten, zunächst die Zahlungszeitpunkte möglichst genau zu bestimmen. Hierfür stehen einem Unternehmen zwei grundlegende Möglichkeiten offen: die Planung nach durchschnittlicher Debitorenlaufzeit und die Berechnung der Forderungsdauer einzelner Kunden.

Zahlungseingang nach durchschnittlicher Debitorenlaufzeit planen

Die durchschnittliche Debitorenlaufzeit gibt an, wie viel Zeit im Schnitt zwischen Lieferungs- oder Leistungszeitraum bzw. eigentlich der Fakturierung und dem Zahlungseingang vergeht. Sie lässt sich mit folgender Formel berechnen:

$$\text{Durchschnittliche Debitorenlaufzeit} = \frac{\text{Kundenforderungen netto (Zeitpunkt)} \cdot \text{Beobachtungszeitraum (Tage)}}{\text{Umsatz (im Beobachtungszeitraum)}}$$

BEISPIEL: Datum: 31. Dezember 20xx Forderungsbestand netto: 3.000.000 €, Jahresumsatz 20xx netto: 18.000.000 €

Berechnung:

$$\frac{3.000.000 \, € \cdot 360 \, \text{Tage}}{18.000.000 \, €}$$

= 60 Tage, d. h. zwei Monate

Im Beispiel kann das Unternehmen im Schnitt erst nach zwei Monaten mit einem Zahlungseingang rechnen, wenn es heute eine Rechnung an einen Kunden stellt. Mit anderen Worten: Für jeden Verkauf auf Rechnung muss das Unternehmen im Schnitt für einen Zeitraum von 60 Tagen den Forderungsbetrag vorfinanzieren. Es erbringt somit nicht nur die eigentliche Leistung, also z. B. die Herstellung eines Produkts, sondern hilft dem Kunden zudem bei der Finanzierung des Kaufs.

Wie teuer das sein kann, zeigt das folgende stark vereinfachte Rechenbeispiel. Ein Unternehmen verkauft monatlich im Schnitt für 100.000 €. Dieser Betrag muss vorfinanziert werden. Das Unternehmen zahlt der Bank 10 % Zinsen, für 60 Tage also stolze 1.667 € (gerundet). Da es sich um einen fortlaufenden Prozess handelt, kann man vereinfachend davon ausgehen, dass permanent 100.000 € finanziert werden; die Zinskosten zur Finanzierung des Umsatzes belaufen sich demnach auf 20.000 € pro Jahr!

KAPITEL 8 — Planung der Ein- und Auszahlungen

Wenn man betriebswirtschaftlich korrekt vorgeht, spielt es übrigens keine Rolle, ob der offene Forderungsbetrag durch Kredite oder eigenes Geld finanziert wird. Bei Kreditfinanzierung müssen zwar echte Zinsen an die Bank gezahlt werden und die Liquidität des Unternehmens wird (weiter) belastet. Es kann jedoch auch für ein Unternehmen teuer werden, wenn auf dem Konto Geld vorhanden ist und kein Kredit in Anspruch genommen werden muss. Denn das Kapital ist in den Forderungen gebunden und kann nicht z. B. für Schuldentilgung, Investitionen oder Produktentwicklungen, verwendet werden. Diese sog. Opportunitätskosten (Kosten der entgangenen Gelegenheit) müssen daher aus betriebswirtschaftlicher Sicht auch berücksichtigt werden.

Das bedeutet, dass sich jedes Unternehmen zunächst intensiv darum bemühen muss, den Forderungsbestand so niedrig wie möglich zu halten. Zusätzlich muss es sich um eine Verkürzung der Zahlungsfristen der Kunden und eine Beschleunigung der Zahlungseingänge kümmern (zu konkreten Möglichkeiten s. u. a. Kapitel 13 „Working-Capital-Management" und Kapitel 14.9 „Ausgewählte Maßnahmen...").

Die Arbeit mit der durchschnittlichen Debitorenlaufzeit hat den Vorteil, dass diese schnell und einfach zu berechnen ist und dass ein Unternehmen sich kurzfristig einen ersten Überblick über die Lage verschaffen kann. Besonders informativ ist die Angabe, ob ein Unternehmen einen relativ homogenen Kundenstamm hat, d. h., die Kunden haben nicht nur ein ähnliches Kaufvolumen, sondern weisen auch ein ähnliches Zahlungsverhalten auf. Allerdings hat die Arbeit mit Durchschnittswerten immer auch Nachteile, etwa die

- pauschale Ermittlung ohne Differenzierungen;
- Stichtagsbezogenheit;
- überwiegende Vergangenheitsorientierung;
- häufig erhebliche zeitliche Verzögerung bei der Bereitstellung der Daten;
- Auswahl eines oft zu langen Beobachtungszeitraums, z. B. nur einmal pro Jahr. Verlässliche Aussagen zur unterjährigen Entwicklung und zum Verhalten einzelner Kunden sind so nur bedingt möglich;
- Tatsache, dass es kaum möglich ist, einen sehr heterogenen Kundenstamm mit deutlich unterschiedlichem Bestell- und Zahlverhalten zu analysieren.

Zahlungseingang detailliert und Kundenbezogen planen

Genauer als eine Planung mit Durchschnittswerten ist eine genaue Analyse der Kundenstruktur im Unternehmen sowie des Verhaltens einzelner Kunden.

Unternehmen mit einer geringen Kundenzahl (Faustregel: bis ca. 200 Kunden), können durchaus für den gesamten Kundenstamm eine Einzelanalyse vornehmen. Der Arbeitsaufwand hierfür hält sich, wenn moderne Buchhaltungs- und Controllingsoftware genutzt wird, in vertretbaren Grenzen. Für jeden Kunden wird dabei untersucht, ob er in der Vergangenheit die Zahlungsfristen eingehalten hat oder ob, wie häufig und wie lange er ggf. „überzogen" hat. Mit diesen Informationen kann eine wesentlich verlässlichere Aussage zu den wahrscheinlichen Einzahlungszeitpunkten und somit zur Entwicklung der Gesamt-Liquiditätslage getroffen werden.

Unternehmen mit deutlich mehr Kunden sollten sich zunächst die Arbeit machen, eine ABC-Klassifzierung vorzunehmen. Dazu wird eine Aufstellung der Kunden durchgeführt und diesen die Umsätze eines möglichst repräsentativen Zeitraums zugeordnet. Meist genügt hier ein Jahr. Die Wahl eines solch langen Zeitraums stellt sicher, dass Zufallsschwankungen weitgehend ausgeschlossen werden können und dass Kunden, die nur ein oder zwei Mal pro Jahr bestellen, ebenfalls erfasst werden.

Die Auswertung gibt einem Unternehmen auch die Möglichkeit, eine genaue Analyse des Zahlungsverhaltens einzelner Kunden vorzunehmen und entsprechend zu reagieren. Beispielsweise können zuverlässige Kunden weiter ohne Grenzen bestellen und mit Rechnung zahlen. Bei Kunden, die weniger zuverlässig sind, können z. B. die Kreditlinien begrenzt werden (vgl. auch Kapitel 13 „Working-Capital-Management" und Kapitel 14.9 „Ausgewählte Maßnahmen...").

Alternativ kann das Zahlungsverhalten größerer Kunden auch stichprobenweise überprüft werden, um zumindest verlässliche Trendaussagen zum künftigen Zahlungsverhalten zu bekommen.

Zwar sind Einzelanalysen und -planungen mit einem höheren Arbeitsaufwand verbunden als Durchschnittsberechnungen. Der Aufwand lohnt sich aber fast immer, weil man die Zahlungseingänge sehr viel genauer planen, sich anbahnende Zahlungsengpässe frühzeitig erkennen und entsprechend Verbesserungsmaßnahmen einleiten kann. Wichtig ist aber, dass man im Unternehmen stets „am Thema dranbleibt", und die Analysen regelmäßig wiederholt, um auf Veränderungen beim Zahlungsverhalten einzelner Kunden schnell reagieren zu können. In der Praxis haben sich Abstände von 3-6 Monaten bewährt.

Bei einem sehr großen Kundenstamm sollten nur die A- und die großen B-Kunden detailliert auf ihr Zahlungsverhalten hin untersucht werden. Für die Masse der restlichen Kunden genügt es dann i. d. R., mit der durchschnittlichen Debitorenlaufzeit zu planen.

8.1.1.3 Besonderheit Forderungen

Neben den bereits genannten Nachteilen von Forderungen besteht zudem immer auch das Risiko, dass diese vollständig oder teilweise ausfallen. Ein Forderungsausfall kommt ein Unternehmen in mehrfacher Hinsicht teuer zu stehen. Zunächst entgehen ihm Umsätze und Einzahlungen. Hinzu kommen Kosten, wenn man überfällige Forderungen einzutreiben oder Restforderungen noch zu retten versucht, z. B. für Mahnwesen, Inkassobüros oder Gericht. Nicht zuletzt muss der Forderungsausfall durch Zusatzumsätze möglichst kompensiert werden. Das folgende vereinfachte Beispiel zeigt, welche Umsatzsteigerungen notwendig sind, um dieses Ziel zu erreichen.

BEISPIEL: ▶ Ein Unternehmen erwirtschaftet eine Umsatzrendite (Gewinn · 100 / Umsatzerlöse) von 3,5 % oder 490.000 €. Es rechnet mit Forderungsausfällen von „nur" einem Prozent des Umsatzes oder 140.000 €. Um diese Forderungsausfälle ausgleichen zu können, muss es bei ansonsten unveränderten Bedingungen einen Mehrumsatz von immerhin rund 29 % oder 4 Mio. € erreichen – ein Unterfangen, das selbst in wirtschaftlich exzellenten Zeiten nahezu unmöglich sein dürfte.

TAB. 1:	Ergebniswirkung von Forderungsausfällen	
Situation *vor* Forderungsausfällen		
Bilanzsumme		6.500.000
– davon Eigenkapital 30 %		1.950.000
Umsatz		14.000.000
Gewinn		490.000
Umsatzrendite		3,50 %
Eigenkapitalrentabilität/-rendite		25,13 %
Situation *nach* Forderungsausfällen		
Forderungsausfall 1 % vom Umsatz		140.000
Gewinn nach Forderungsausfall		350.000
Umsatzrendite		2,50 %
Eigenkapitalrentabilität/-rendite		17,95 %
Kompensation des Gewinnausfalls durch Mehrumsatz		
Forderungsausfall / Umsatzrendite =	Notwendiger Mehrumsatz	
140.000 / 3,50 % =	4.000.000	
Notw. Umsatzsteigerung =	28,57 %	

Je höher die Umsatzrendite, die ein Unternehmen erwirtschaftet, desto geringer fällt der notwendige Mehrumsatz natürlich aus. Mit dem nachstehenden Forderungsausfallrechner kann ermittelt werden, wie viel Mehrumsatz man erreichen muss, um z. B. 1 % Forderungsausfälle auszugleichen.

In der Tabelle werden Ergebnisse für unterschiedliche Umsatzrenditen dargestellt. Die erste Rendite von 5,2 % ist der Durchschnittswert, der nach Angaben der Bundesbank im bisherigen Rekordjahr 2007 von alle börsennotierten Unternehmen in Deutschland erreicht worden ist.

TAB. 2:	Auswirkung von 1 % Forderungsausfall bei unterschiedlichen Umsatzrenditen
Betriebsergebnis *vor* Forderungsausfall	
Umsatz	1.000.000 €
Umsatzrendite	5,20 %
Gewinn	52.000 €
Betriebsergebnis *nach* Forderungsausfall	
Forderungsausfall	1,00 %
Ausfallsumme	10.000 €
Gewinn nach Forderungsausfall	42.000 €
Benötigter Mehrumsatz	**192.308 €**
Notwendige Umsatzsteigerung	**19,23 %**
Betriebsergebnis *vor* Forderungsausfall	
Umsatz	1.000.000 €
Umsatzrendite	8,00 %
Gewinn	80.000 €
Betriebsergebnis *nach* Forderungsausfall	
Forderungsausfall	1,00 %
Ausfallsumme	10.000 €
Gewinn nach Forderungsausfall	70.000 €
Benötigter Mehrumsatz	**125.000 €**
Notwendige Umsatzsteigerung	**12,50 %**
Betriebsergebnis *vor* Forderungsausfall	
Umsatz	1.000.000 €
Umsatzrendite	10,00 %
Gewinn	100.000 €
Betriebsergebnis *nach* Forderungsausfall	
Forderungsausfall	1,00 %
Ausfallsumme	10.000 €
Gewinn nach Forderungsausfall	90.000 €
Benötigter Mehrumsatz	**100.000 €**
Notwendige Umsatzsteigerung	**10,00 %**

Betriebsergebnis *vor* Forderungsausfall	
Umsatz	1.000.000 €
Umsatzrendite	12,00 %
Gewinn	120.000 €
Betriebsergebnis *nach* Forderungsausfall	
Forderungsausfall	1,00 %
Ausfallsumme	10.000 €
Gewinn nach Forderungsausfall	110.000 €
Benötigter Mehrumsatz	83.333 €
Notwendige Umsatzsteigerung	8,33 %

Anmerkungen:

Gewährte Rabatte, Boni, Skonti müssen bei der Umsatzplanung ebenfalls berücksichtigt werden. Die Umsatzerlöse müssen entsprechend gekürzt werden, was in der Praxis leider häufig vergessen wird.

Angaben und Informationen zur Einzahlungsplanung kommen zudem nicht nur aus der Buchhaltung oder dem Controlling. Auch andere Bereiche, wie Vertrieb, Einkauf, Forschung oder Service, können aktiv Einfluss auf die Zahlungsströme nehmen, etwa über eine zielgerichtete Vertragsgestaltung oder direkte Kontakte und Gespräche mit Kunden oder Lieferern (u. a. Nachfrage nach ausbleibenden Zahlungen oder Aushandeln neuer Zahlungsziele).

8.1.1.4 Hinweise zur Verbesserung der Planungsqualität

Die Planung der Einzahlungen unterliegt fast immer besonderen Unsicherheiten. Daher sollte in diesem Bereich mit besonderer Sorgfalt gearbeitet und möglichst viele Informationsquellen genutzt werden. Die eigenen Mitarbeiter kennen die Zusammenhänge meist besonders gut, wissen, bei welchen Kunden oder Lieferanten sie mit Problemen rechnen müssen und können wichtige Angaben zur Verbesserung der Planung liefern, aber auch aktiv zur Verbesserung des Zahlungsstroms beitragen, etwa, indem sie Geschäftspartner bei sich abzeichnenden Schwierigkeiten direkt ansprechen.

8.1.2 Sonstige Einzahlungen

Die Umsätze machen in einem Unternehmen oft 80, 90 oder mehr Prozent der Einzahlungen aus. Dennoch sollte man sich die Mühe machen und prüfen, welche weiteren Einzahlungen in welcher Höhe anstehen oder anstehen können. Zu nennen sind vor allem

- Einzahlungen aus Bank- oder anderen Krediten,
- Einzahlungen aus dem Verkauf von Vermögensgegenständen,
- Einlagen von Gesellschaftern,
- Zins- und Dividendenerträgen,
- Lizenz- oder Pachtzahlungen,
- Spenden und andere kleinere Einzahlungen.

Alle genannten Positionen können entweder relativ genau geplant werden oder sind in der Summe oft so gering, dass eine detaillierte Planung zu aufwendig ist. Um die Zahlungen dennoch einigermaßen genau abschätzen zu können, sollte man sich, wie bei den Umsätzen, an der Entwicklung der Vergangenheit orientieren und an den Vorhaben der Unternehmensleitung. Diese kann z. B. Auskunft geben zu geplanten Vermögensverkäufen, zu Einlagen oder auch zur Höhe möglicher Zinseinzahlungen. Oft genügt auch ein pauschaler Ansatz bzw. eine entsprechende überschlägige Schätzung, wenn neben den Umsatzzahlungen nur mit geringen sonstigen Zahlungen gerechnet wird.

8.2 Auszahlungsplanung

Auszahlungen sind grundsätzlich deutlich einfacher und auch verlässlicher zu planen, da es hier häufig Verträge mit konkreten Beträgen und Zahlungszeitpunkten oder fundierte Schätzwerte gibt. Bei bestimmten Auszahlungen und Kosten können zudem sowohl Zahlungshöhe und -zeitpunkte zumindest bedingt selbst bestimmt werden, z. B. bei der Werbung oder Investitionen.

Zudem hat man u. U. auch die Möglichkeit, die dem eigenen Betrieb gewährten Zahlungsziele ausnahmsweise etwas „großzügiger" auszulegen. Allerdings hat dann der Partner auf der Forderungsseite die gleichen Probleme wie zuvor geschildert. Insofern sollte eine großzügige Auslegung alleine aus Gründen der Fairness und dem Erhalt guter Geschäftsbeziehungen nur im äußersten Notfall angewendet werden.

8.2.1 Materialauszahlungen

Problematisch oder zumindest schwierig und mit größeren Unsicherheiten behaftet ist in vielen Fällen die Planung der Auszahlungen für Roh-, Hilfs- und Betriebsstoffe (Material), Komponenten und andere wichtige Halb- oder Fertigerzeugnisse, die bei der Herstellung von Produkten benötigt werden. Grund hierfür ist die starke Korrelation der Bestellmengen und Zahlungen mit den Umsätzen. Die Planung der Materialauszahlungen können daher analog der Planung der Umsatzerlöse vorgenommen werden.

8.2.1.1 Zahlungsausgang nach durchschnittlicher Kreditorenlaufzeit planen

Die durchschnittliche Kreditorenlaufzeit gibt an, wie viel Zeit im Schnitt zwischen Lieferungs-/Leistungszeitraum (Zeitpunkt Rechnungseingang) und dem Zahlungsausgang vergeht. Die durchschnittliche Kreditorenlaufzeit kann mit folgender Formel berechnet werden:

$$\text{Durchschnittliche Kreditorenlaufzeit} = \frac{\text{Lieferantenverbindl. netto (Zeitpunkt)} \cdot \text{Beobachtungszeitraum (Tage)}}{\text{Einkaufsvolumen (im Beobachtungszeitraum)}}$$

BEISPIEL: Datum: 31. Dezember 20xx Summe Verbindlichkeiten netto: 800.000 €, Einkaufsvolumen 20xx 9.000.000 €

Berechnung:

Durchschnittliche Kreditorenlaufzeit = 800.000 € · 360 Tagen / 9.000.000 €

= 32 Tage, d. h. ein guter Monat

Im Beispiel zahlt das Unternehmen im Schnitt nach gut einem Monat seine Rechnungen. Die Vor- und die Nachteile dieser Kennzahl entsprechen denen der durchschnittlichen Debitorenlaufzeit, natürlich nur mit anderen Vorzeichen. Hinzu kommt noch der Nachteil, dass auch Verbindlichkeiten aus Nichtmaterialeinkäufen ebenfalls kreditorisch ausgewiesen werden und die Kreditorenlaufzeit beeinflussen, obwohl dort ggf. mit abweichenden Fristen gezahlt wird.

8.2.1.2 Zahlungsausgang detailliert und materialbezogen planen

Auch beim Material sollte, wie bei den Umsätzen, überlegt werden, ob es möglich und sinnvoll ist, eine genaue Analyse des Materialbestands vorzunehmen, um die Auszahlungen besser planen zu können. Unternehmen mit einer geringen Anzahl unterschiedlicher Materialien (Faustregel: bis ca. 200 Material- und Stoffarten), können durchaus für den gesamten Materialbestand eine Einzelanalyse durchführen. Der Arbeitsaufwand hierfür hält sich, wenn moderne EDV-Programme (Warenwirtschaftssysteme) genutzt werden, in vertretbaren Grenzen. Für jede Materialart bzw. jeden Lieferanten wird untersucht, welche Zahlfristen und sonstigen Zahlungskonditionen (z. B. Skonto) eingehalten werden müssen. Mit diesen Informationen kann eine wesentlich verlässlichere Aussage zu den Auszahlungszeitpunkten und somit zur Entwicklung der Gesamt-Liquiditätslage getroffen werden.

Unternehmen mit deutlich mehr Materialarten sollten zunächst eine ABC-Klassifzierung vornehmen. Dazu werden Materialien und Stoffe aufgelistet und diesen die Einkaufsvolumina eines möglichst repräsentativen Zeitraums, etwa eines Jahres, zugeordnet. Die Wahl eines solch langen Zeitraums stellt sicher, dass Zufallsschwankungen weitgehend ausgeschlossen werden können und dass Bestellungen, die nur ein oder zwei Mal pro Jahr erfolgen, ebenfalls erfasst werden.

Die Auswertung gibt einem Unternehmen auch die Möglichkeit, den Materialverbrauch vor allem bei wichtigen Stoffen genau zu analysieren und entsprechend zu reagieren. Beispielsweise können die Bestellintervalle oder -volumina verändert werden, damit weniger Geld das Unternehmen verlässt bzw. die Beträge geringer sind, und die Liquidität so geschont wird (weitere Maßnahmen vgl. Kapitel 13 „Working-Capital-Management" und Kapitel 13.9 „Ausgewählte Maßnahmen...").

Zwar sind auch im Materialbereich Einzelanalysen und -planungen mit einem höheren Arbeitsaufwand verbunden als Durchschnittsberechnungen. Der Aufwand lohnt sich aber fast immer, weil man die Zahlungsausgänge sehr viel genauer planen, sich anbahnende Zahlungsengpässe frühzeitig erkennen und entsprechend Verbesserungsmaßnahmen einleiten kann. Wichtig ist auch beim Material, dass man stets „am Ball bleibt", und die Analysen regelmäßig wiederholt, um auf Veränderungen schnell reagieren zu können. In der Praxis haben sich auch hier Abstände von 3-6 Monaten bewährt.

Bei einem sehr großen Materialbestand sollten nur die A- und die großen B-Materialien detailliert auf die Auszahlungszeitpunkte hin untersucht werden. Für die Masse des restlichen Materials genügt es dann fast immer, mit der durchschnittlichen Kreditorenlaufzeit zu planen.

Auch beim Material gilt, dass erhaltende Rabatte, Boni, Skonti usw. berücksichtigt werden müssen. Zudem sollte man auf das Wissen der Mitarbeiter und ggf. Dritter zurückgreifen, um eine exaktere Planung erstellen zu können. Dies trifft besonders auf den Materialbereich zu, bei dem die Höhe der Auszahlungen eng an den zu erzielenden bzw. geplanten Umsatz gekoppelt ist. Daher ist auch die Rohertragsplanung eine sinnvolle Methode zur Verbesserung der Ergebnisse. Alle anderen Kosten bzw. Auszahlungspositionen lassen sich i. d. R. relativ exakt planen, da z. B. Verträge vorliegen.

8.2.2 Personalauszahlungen

Basis bzw. Ausgangspunkt für die Planung der Auszahlung im Personalbereich ist die bestehende Personalplanung bzw. der aktuelle Personalbestand inklusive möglicher bekannter anstehender Veränderungen (z. B. Personaleinstellungen, Entlassungen, Versetzungen). Im Personalbereich gibt es in vielen Fällen überwiegend **gleichmäßige Auszahlungen**, jedoch müssen meist reguläre **Sonderzahlungen** wie Weihnachtsgeld, Urlaubsgeld, Prämien, in unterschiedlichen Monaten in jedem Fall berücksichtigt werden.

Außerdem ist zu prüfen, ob und wann ggf. mit **atypischen Personalzahlungen** gerechnet werden muss (z. B. Prämien, Tantiemen, Abfindungen, Sozialplanleistungen, Pensionsleistungen).

Darüber hinaus müssen **Lohnsteuerzahlungen** (Folgemonat), Zahlungen für **Sozialabgaben** (gleicher Monat) und Zahlungen an die Berufsgenossenschaft eingeplant werden.

Zu einer vollständigen Planung der Personalauszahlungen gehört auch eine Prognose und die Berücksichtigung möglicher **Tariferhöhungen** und von **Erhöhungen außertariflicher Zahlungen** (z. B. außertariflich bezahlte Angestellte und Führungskräfte) ab dem Zeitpunkt der Gültigkeit (Achtung: ggf. müssen auch tariflich zu leistende Einmalzahlungen ansetzt werden).

Rückstellungen (z. B. Pensions- und Zeitguthaben) dürfen bei der Liquiditätsplanung nicht berücksichtigt werden, da sie nicht zahlungsrelevant sind.

8.2.3 Sonstige Auszahlungen

Hier kommen vor allem in Betracht: Auszahlungen für Raumkosten, Versicherungen, Beiträge, Reparaturen und Instandhaltungen, KFZ-Kosten, Werbe- und Reisekosten, Kosten der Warenabgabe, sonstige betriebliche Aufwendungen und sonstige Steuern. Diese Zahlungen können fast immer mit exakten Werten und Terminen geplant werden, da diese in bestehenden oder noch abzuschließenden Verträgen festgelegt sind. Zudem müssen auch unregelmäßig anfallende Zahlungen beachtet werden, z. B. Versicherungen, Steuern und Abgaben.

8.2.4 Zinsen und Tilgungsdienste

Darlehenszinsen sind auf Basis bestehender Verträge und vorliegender Zins- und Tilgungspläne zu den vereinbarten Terminen anzusetzen. Sie können in Höhe und Fälligkeit exakt prognostiziert werden.

Anders sieht die Situation u.U. bei der Planung von Kontokorrent- und Überziehungszinsen aus. Diese können, soweit die Kreditlinie nur in geringem Umfang genutzt wird, auf Basis von Schätzungen oder Durchschnittswerten der Vorjahre und aktueller Zinssätze geplant werden. Wird mit Schätzwerten gearbeitet, sollte man tendenziell höhere Zinsen ansetzen, um etwas Luft bei Kosten und Auszahlungen zu haben.

Besser ist es jedoch, wenn ein Unternehmen die voraussichtlichen Zinskosten genauer ermittelt. Stimmen die bisherigen Annahmen der Liquiditätsplanung, lässt sich die

Höhe der Zinsbelastung durch Kontokorrentkredite auf Basis der erwarteten Überziehungen relativ genau planen.

8.2.5 Steuern

Steuern sollten hinsichtlich Höhe und Zahlungszeitpunkten in enger Abstimmung mit dem im Betrieb Verantwortlichen (Buchhaltung, Geschäftsführung) bzw. dem Steuerberater ermittelt werden. Bei geringen Schwankungen in der Vergangenheit genügen ggf. auch hier Schätzungen.

Vorauszahlungen, deren Höhe bekannt ist, werden ggf. unter Hinzuziehung des Steuerkalenders im Finanzplan zu den festgesetzten Zeitpunkten eingeplant. Die Umsatzsteuer-Zahllast kann auf Basis der geplanten oder der Ist-Daten zumindest relativ genau geschätzt werden. Stimmt das Finanzamt dem Jahresabschluss zu, lassen sich auch evtl. Nachzahlungen oder Erstattungen zumindest in der Höhe verlässlich planen. Anders häufig bei den Zahlungszeitpunkten: Hier ist man davon abhängig, wie schnell das Wohnort-Finanzamt arbeitet. Vorsichtshalber sollte ca. 6-8 Wochen nach Abgabe der Jahresabschlussdaten bei einer erwarteten Nachzahlung eine ausreichend hohe Liquiditätsreserve aufgebaut werden. Bei Erstattungen sollte man davon ausgehen, dass diese frühestens nach 3-6 Monaten auf dem Konto eingehen. Innerhalb welcher Zeiträume das Finanzamt seine Bescheide verschickt, kann z. B. überschlagen werden, indem man sich ansieht, wie es in der Vergangenheit gearbeitet hat. Aber Vorsicht: In Zeiten zunehmender Finanzmittelknappheit muss damit gerechnet werden, dass das Finanzamt künftig zumindest bei Nachforderungen schneller arbeitet als dies bisher der Fall war.

8.2.6 Investitionen

In welchem Umfang welche Investitionen oder Desinvestitionen getätigt werden sollen, kann mithilfe eines Investitionsplans relativ exakt berechnet werden. Lassen sich die erforderlichen Auszahlungen nicht genau bestimmen, weil es z. B. noch viele Arbeiten gibt, deren Umfang geklärt werden muss, sind auch hier Schätzungen notwendig.

8.2.7 Gesellschafterentnahmen

Gesellschafterentnahmen sind vor allem bei Personengesellschaften und Einzelunternehmen üblich und werden in der GuV oft nicht berücksichtigt. Sie müssen daher gesondert ausgewiesen werden. Höhe und Zahlungszeitpunkte lassen sich aber exakt bestimmen.

8.2.8 Tilgungen (Kapitaldienste)

Auch Tilgungszahlungen lassen sich aufgrund der meist bekannten Höhe und Zeitpunkte gut planen (oft auch durch Vorgaben von der Bank).

8.2.9 Sonstige

Hierunter fallen z. B. Lizenzzahlungen oder Spenden. Größere Zahlungen, wie zumeist bei Lizenzen, sollten auf Basis von Verträgen einzeln geplant und mit exakten Werten und Zahlungszeitpunkten angesetzt werden. Bei kleineren Positionen genügen i. d. R. pauschale Angaben. Hier muss jedes Unternehmen von Fall zu Fall entscheiden, wie es vorgehen möchte.

PRAXISTIPP

Um sicherzustellen, dass man auch wirklich keine zahlungsrelevanten Geschäftsfälle vergessen hat, sollte man sich sämtliche Konten sowie die Ein- und Auszahlungen der vergangenen 2-3 Jahre ansehen, um die Planungen abzuschließen. In der Praxis kommt es häufiger vor, dass atypische oder seltene Zahlungen gerne vergessen werden. Hierzu zählen z. B. Einlagen, Kapitalerhöhungen oder Auflösungen von Kapitalanlagen. Je nach Umfang können vor allem nicht erkannte und im Liquiditätsplan daher nicht berücksichtigte Auszahlungen die Zahlungsfähigkeit eines Unternehmens deutlich belasten.

9. Zahlenbeispiel und praktische Umsetzung

Wie sich eine Liquiditätsplanung vor allem in kleinen und mittelständischen Betrieben vergleichsweise einfach aus vorhandenen Instrumenten und Werkzeugen erstellen lässt, wird im Folgenden erläutert.

9.1 Gewinn- und Verlustrechnung als Basis für die Planungen

Ausgangspunkt für das Beispiel ist die ohnehin in jedem Unternehmen vorhandene Gewinn- und Verlustrechnung (GuV) bzw. die Betriebswirtschaftliche Auswertung (BWA). Durch die Nutzung bereits vorhandener Werkzeuge lässt sich der Arbeitsaufwand in den meisten Fällen deutlich reduzieren und man muss sich im Unternehmen nicht mit der Funktionsweise neuer Instrumente vertraut machen.

9.2 Planung von Gesamtleistung und Rohertrag

Im Rahmen der operativen Planung werden, wie bereits dargelegt, die Planzahlen für das kommende Geschäftsjahr festgelegt. Besonders sorgfältig müssen wegen der großen Unsicherheiten der Umsatz und der Materialaufwand geplant werden. Dazu kann z. B. das Schema, wie es in der nachstehenden Abbildung zu sehen ist, verwendet werden. Für große Kunden (A-Kunden) kann monatlich eine separate Planung von Umsätzen und Materialaufwand erfolgen. Der Umsatz muss geschätzt werden, z. B. anhand der Auftragseingänge, der Entwicklung der Vorjahre oder der Zusagen von Kunden. Die restlichen Kunden (B- und C-Kunden) werden z. B. zu „Sonstigen Kunden" zusammengefasst und pauschal geplant. Analog wird mit der Planung des Materialaufwands verfahren. Die Materialaufwandsquote kann in den meisten Fällen z. B. anhand von Aufschreibungen, Schätzungen, Rezepturen oder Stücklisten zumindest näherungsweise ermittelt werden. Liegen keine Werte vor, können über einen längeren Zeitraum oder an verschiedenen Tagen bzw. bei verschiedenen Aufträgen Stichproben erhoben werden. Am Ende entsteht so eine relativ genaue Rohertragsplanung.

HINWEIS

Aus Vereinfachungsgründen wurden Bestandsveränderungen nicht berücksichtigt. Gibt es in einem Betrieb Bestandsveränderungen, müssen Erhöhungen der Gesamtleistung zugerechnet und Minderungen abgezogen werden.

ABB. 11:	Planungsschema für Umsätze und Materialaufwand (Auszug)						
Umsatz-/Materialaufwandsplanung (Rohertrag)							
Bereich	Materialquote	Jan	Feb	Mrz	Apr	Mai	Jun
Kunde I	Umsatz						
	Materialaufwand						
Kunde II	Umsatz						
	Materialaufwand						
Kunde III	Umsatz						
	Materialaufwand						
Kunde IV	Umsatz						
	Materialaufwand						
Kunde V	Umsatz						
	Materialaufwand						
Kunde VI	Umsatz						
	Materialaufwand						
Kunde VII	Umsatz						
	Materialaufwand						
Sonstige Kunden	Umsatz						
	Materialaufwand						
...	Umsatz						
	Materialaufwand						
Summen	Umsatz	0,0	0,0	0,0	0,0	0,0	0,0
	Materialaufwand	0,0	0,0	0,0	0,0	0,0	0,0

Die folgende Abbildung 12 zeigt eine mit Umsatz- und Materialdaten ausgefüllte monatliche Rohertragsplanung. Im Beispiel ist zu erkennen, dass der Materialaufwand bei Kunde I 60 % beträgt, bei Kunde II 53 % usw. Der durchschnittliche Materialaufwand liegt bei knapp 52 %.

Planung von Gesamtleistung und Rohertrag — KAPITEL 9

ABB. 12: Übernahme der Umsatz- und Materialdaten in die GuV

Umsatz-/Materialaufwandsplanung (Rohertrag)															Jahr 2011 (Angaben in T€)	
Bereich/Kunden Sparte/Produkte		Geld-fluss	Material-quote	Jan	Feb	Mrz	Apr	Mai	Jun	Jul	Aug	Sep	Okt	Nov	Dez	Gesamt-jahr
Kunde I	Umsatz			140,0	130,0	160,0	170,0	160,0	165,0	142,0	140,0	157,0	162,0	163,0	178,0	1.867,0
	Materialaufwand		60,00 %	84,0	78,0	96,0	102,0	96,0	99,0	85,2	84,0	94,2	97,2	97,8	106,8	1.120,2
Kunde II	Umsatz			16,0	12,0	4,0	6,0	5,0	2,0	2,0	4,0	12,0	15,0	16,0	18,0	112,0
	Materialaufwand		53,00 %	8,5	6,4	2,1	3,2	2,7	1,1	1,1	2,1	6,4	8,0	8,5	9,5	59,4
Kunde III	Umsatz			4,0	4,0	4,0	6,0	6,0	6,0	8,0	8,0	8,0	12,0	12,0	12,0	90,0
	Materialaufwand		48,00 %	1,9	1,9	1,9	2,9	2,9	2,9	3,8	3,8	3,8	5,8	5,8	5,8	43,2
Kunde IV	Umsatz			0,0	0,0	0,0	0,0	25,0	0,0	0,0	25,0	0,0	30,0	0,0	0,0	80,0
	Materialaufwand		67,00 %	0,0	0,0	0,0	0,0	16,8	0,0	0,0	16,8	0,0	20,1	0,0	0,0	53,6
Kunde V	Umsatz			15,0	18,0	10,0	42,0	0,0	0,0	0,0	0,0	0,0	0,0	0,0	0,0	85,0
	Materialaufwand		50,00 %	7,5	9,0	5,0	21,0	0,0	0,0	0,0	0,0	0,0	0,0	0,0	0,0	42,5
Kunde VI	Umsatz			150,0	140,0	180,0	190,0	200,0	190,0	180,0	170,0	190,0	170,0	180,0	200,0	2.140,0
	Materialaufwand		44,00 %	66,0	61,6	79,2	83,6	88,0	83,6	79,2	74,8	83,6	74,8	79,2	88,0	941,6
Kunde VII	Umsatz			30,0	28,0	25,0	32,0	40,0	35,0	30,0	28,0	33,0	38,0	42,0	50,0	411,0
	Materialaufwand		55,00 %	16,5	15,4	13,8	17,6	22,0	19,3	16,5	15,4	18,2	20,9	23,1	27,5	226,1
Sonstige Kunden	Umsatz			4,0	5,0	8,0	9,0	12,0	10,0	12,0	10,0	9,0	12,0	14,0	15,0	120,0
	Materialaufwand		52,00 %	2,1	2,6	4,2	4,7	6,2	5,2	6,2	5,2	4,7	6,2	7,3	7,8	62,4
	Umsatz			0,0	0,0	0,0	0,0	0,0	0,0	0,0	0,0	0,0	0,0	0,0	0,0	0,0
	Materialaufwand		0,00 %	0,0	0,0	0,0	0,0	0,0	0,0	0,0	0,0	0,0	0,0	0,0	0,0	0,0
	Umsatz			0,0	0,0	0,0	0,0	0,0	0,0	0,0	0,0	0,0	0,0	0,0	0,0	0,0
	Materialaufwand		0,00 %	0,0	0,0	0,0	0,0	0,0	0,0	0,0	0,0	0,0	0,0	0,0	0,0	0,0
	Umsatz			0,0	0,0	0,0	0,0	0,0	0,0	0,0	0,0	0,0	0,0	0,0	0,0	0,0
	Materialaufwand		0,00 %	0,0	0,0	0,0	0,0	0,0	0,0	0,0	0,0	0,0	0,0	0,0	0,0	0,0
Summen	Umsatz			359,0	337,0	391,0	455,0	448,0	408,0	374,0	385,0	409,0	439,0	427,0	473,0	4.905,0
	Materialaufwand		51,97 %	186,5	174,9	202,2	234,9	234,5	211,0	192,0	202,1	210,8	233,0	221,6	245,4	2.548,9

9.3 Planung von Kosten- und Betriebsergebnis

Die folgende Abbildung zeigt, dass die Daten der Rohertragsplanung in die Plan-GuV übernommen worden sind. Außerdem ist zu erkennen, dass die weiteren Kostenpositionen in die GuV aufgenommen wurden. Am Ende wird ein monatliches Betriebsergebnis und ein Gesamtbetriebsergebnis von 115,50 € ausgewiesen (evtl. Abweichungen im Nachkommabereich sind durch Rundungsdifferenzen begründet).

ABB. 13: Monatliche GuV-Planung

Plan-Gewinn- und Verlustrechnung

		Jan	Feb	Mrz	Apr	Mai	Jun	Jul	Aug	Sep	Okt	Nov	Dez	Gesamt	
1.	Umsatzerlöse														
	Kunde I	140	130	160	170	160	165	142	140	157	162	163	178	1.867	
	Kunde II	16	12	4	6	5	2	2	4	12	15	16	18	112	
	Kunde III	4	4	4	6	6	6	8	8	8	12	12	12	90	
	Kunde IV	0	0	0	0	25	0	0	25	0	30	0	0	80	
	Kunde V	15	18	10	42	0	0	0	0	0	0	0	0	85	
	Kunde VI	150	140	180	190	200	190	180	170	190	170	180	200	2.140	
	Kunde VII	30	28	25	32	40	35	30	28	33	38	42	50	441	
	Sonstige Kunden	4	5	8	9	12	10	12	10	9	12	14	15	120	
	Umsatzerlöse	359	337	391	455	448	408	374	385	409	439	427	473	4.905	
2.	Bestandsveränderungen														
	(fertige und unfertige Erzeugnisse)	0	0	0	0	0	0	0	0	0	0	0	0	0	
3.	Gesamtleistung														
		359	337	391	455	448	408	374	385	409	439	427	473	4.905	100,00 %
4.	Materialaufwand														
	Kunde I	84	78	96	102	96	99	85,2	84	94,2	97,2	97,8	106,8	1.102,2	
	Kunde II	8,5	6,4	2,1	3,2	2,7	1,1	1,1	2,1	6,4	8	8,5	9,5	59,4	
	Kunde III	1,9	1,9	1,9	2,9	2,9	2,9	3,8	3,8	3,8	5,8	5,8	5,8	43,2	
	Kunde IV	0	0	0	0	16,8	0	0	16,8	0	20,1	0	0	53,6	
	Kunde V	7,5	9	5	21	0	0	0	0	0	0	0	0	42,5	
	Kunde VI	66	61,6	79,2	83,6	88	83,6	79,2	74,8	83,6	74,8	79,2	88	941,6	
	Kunde VII	16,5	15,4	13,8	17,6	22	19,3	16,5	15,4	18,2	20,9	23,1	27,5	226,1	
	Sonstige Kunden	2	2,6	4,2	4,7	6,2	5,2	6,2	5,2	4,7	6,2	7,3	7,8	62,4	
	Materialaufwand	186,5	174,9	202,2	234,9	234,5	211	192	202,1	210,8	233	211,6	245,4	2.548,9	51,97 %
5.	Löhne und Gehälter														
	Löhne (brutto)	60,5	56	65,2	67,1	64,4	61,6	58,8	57,4	58,3	60,7	61	69	740	
	Gehälter (brutto)	42	42	42	42	42	42	42	42	42	42	42	42	504	
	Weihnachtsgeld (brutto)	4	4	4	4	4	4	4	4	4	4	4	4	48	
	Aushilfslöhne	1,8	1,3	2	1,8	1,6	1,5	1,5	1,4	1,8	2	2,2	2,5	21,4	
	Löhne und Gehälter	108,3	103,3	113,2	114,9	112	109,1	106,3	104,8	106,1	106,7	109,2	117,5	1.313,4	26,78 %

Planung von Kosten- und Betriebsergebnis — KAPITEL 9

Plan-Gewinn- und Verlustrechnung

		Jan	Feb	Mrz	Apr	Mai	Jun	Jul	Aug	Sep	Okt	Nov	Dez	Gesamt	
6.	Soz. Abgaben u. Aufw. f. Altersv.														
	AG-Anteil gesetzliche Sozialabgaben Lohn	7,3	6,7	7,8	8,1	7,7	7,4	7,1	6,9	7	7,3	7,3	8,3	88,9	
	AG-Anteil gesetzliche Sozialabgaben Gehalt	5	5	5	5	5	5	5	5	5	5	5	5	60	
	AG-Anteil gesetzliche Sozialabgaben WG	0,5	0,5	0,5	0,5	0,5	0,5	0,5	0,5	0,5	0,5	0,5	0,5	6,0	
	Ges. Sozialaufw. Aushilfen	0,2	0,2	0,2	0,2	0,2	0,2	0,2	0,2	0,2	0,2	0,3	0,3	2,6	
	Beiträge Berufsgenossenschaften	13	12,4	13,6	13,8	13,4	13,1	12,8	12,6	12,7	13	13,1	14,1	157,6	
	Weiterbildung	0	0	3	0	2	2	3	1	0	2	2	3	18	
	Freiwillige Sozialaufwendungen	0,2	0,2	0,2	0,2	0,2	0,2	0,2	0,2	0,2	0,2	0,2	0,2	2,4	
	Sozialabgaben	26,2	25	30,4	27,8	29,0	28,4	28,8	26,4	25,6	28,2	28,4	31,4	335,5	6,84 %
7.	Abschreibungen														
	Sachanlagen	5,3	5,3	5,3	5,3	5,3	5,3	5,3	5,3	5,3	5,3	5,3	5,3	63,6	
	Geringwertige Wirtschaftsgüter	0,6	0,6	0,6	0,6	0,6	0,6	0,6	0,6	0,6	0,6	0,6	0,6	7,2	
	Abschreibungen	5,9	5,9	5,9	5,9	5,9	5,9	5,9	5,9	5,9	5,9	5,9	5,9	70,8	1,44 %
8.	Raumkosten														
	Gas, Strom, Wasser	1,5	1,5	1,5	1,5	1,5	1,5	1,5	1,5	1,5	1,5	1,5	1,5	18,0	
	Reinigung	0,3	0,3	0,8	0,3	0,3	0,8	0,3	0,3	0,8	0,3	0,3	0,8	5,6	
	Instandhaltung Räume	0,2	0,2	0,6	0,2	0,2	0,6	0,2	0,2	0,6	0,2	0,2	0,6	4,0	
	Raumkosten	2,0	2,0	2,9	2,0	2,0	2,9	2,0	2,0	2,9	2,0	2,0	2,9	27,6	0,56 %
9.	Versicherungen, Beiträge, Abgaben														
	Versicherungen	0,5	0,5	0,5	0,5	0,5	0,5	0,5	0,5	0,5	0,5	0,5	0,5	6,0	
	Beiträge	0,3	0,3	0,3	0,3	0,3	0,3	0,3	0,3	0,3	0,3	0,3	0,3	3,6	
	Abgaben	0,2	0,2	0,2	0,2	0,2	0,2	0,2	0,2	0,2	0,2	0,2	0,2	2,4	
	Versicherungen, Beiträge, Abgaben	1,0	1,0	1,0	1,0	1,0	1,0	1,0	1,0	1,0	1,0	1,0	1,0	12,0	0,24 %
10.	Reparaturen und Instandhaltungen														
	Anlagen	1,5	1,5	1,5	1,5	1,5	1,5	1,5	1,5	1,5	1,5	1,5	1,5	18,0	
	EDV	1,0	1,0	1,0	1,0	1,0	1,0	1,0	1,0	1,0	1,0	1,0	1,0	12,0	
	Reparaturen und Instandhaltungen	2,5	2,5	2,5	2,5	2,5	2,5	2,5	2,5	2,5	2,5	2,5	2,5	30,0	0,61 %
11.	Fahrzeugkosten														
	Versicherungen	0,4	0,4	0,4	0,4	0,4	0,4	0,4	0,4	0,4	0,4	0,4	0,4	4,8	
	Laufende Kosten	3,6	3,0	3,6	3,3	3,1	3,1	3,0	3,3	3,3	3,8	4,2	5,0	42,3	
	Reparaturen	0,6	0,6	0,6	0,6	0,6	0,6	0,6	0,6	0,6	0,6	0,6	0,6	7,2	
	Sonstige KFZ-Kosten	0,3	0,3	0,3	0,3	0,3	0,3	0,3	0,3	0,3	0,3	0,3	0,3	3,6	
	Fahrzeugkosten	4,9	4,3	4,9	4,6	4,4	4,4	4,3	4,6	4,6	5,1	5,5	6,3	57,9	1,18 %

KAPITEL 9 — Zahlenbeispiel und praktische Umsetzung

Plan-Gewinn- und Verlustrechnung	Jan	Feb	Mrz	Apr	Mai	Jun	Jul	Aug	Sep	Okt	Nov	Dez	Gesamt	
12. Werbe- und Reisekosten														
Werbekosten	8,0	5,0	10,0	8,0	5,0	6,0	6,0	6,0	8,0	10,0	12,0	12,0	96,0	
Messekosten	0,0	0,0	0,0	0,0	0,0	0,0	25,0	0,0	0,0	0,0	0,0	0,0	25,0	
Geschenke -40 €	0,2	0,2	0,2	0,2	0,2	0,2	0,2	0,2	0,2	0,2	0,2	0,1	2,3	
Bewirtungen	0,4	0,4	0,4	0,4	0,4	0,4	0,4	0,4	0,4	0,4	0,4	0,4	4,8	
Werbe- und Reisekosten	8,6	5,6	10,6	8,6	5,6	6,6	31,6	6,6	8,6	10,6	12,6	12,5	128,1	2,61 %
13. Kosten und Warenabgaben														
Ausgangsfrachten	3,2	3,0	3,5	4,1	4,0	3,7	3,4	3,5	3,7	4,0	3,8	4,3	44,2	
Verpackungen	1,4	1,3	1,6	1,8	1,8	1,6	1,5	1,5	1,6	1,8	1,7	1,9	19,5	
Verkaufsprovisionen	3,9	3,7	4,3	5,0	4,9	4,5	4,1	4,2	4,5	4,8	4,7	5,2	53,8	
Warenabgaben	8,5	8,0	9,4	10,9	10,7	9,8	9,0	9,2	9,8	10,6	10,2	11,4	117,5	2,40 %
14. Sonstige betriebliche Aufwendungen														
Porto	0,1	0,1	0,1	0,1	0,1	0,1	0,1	0,1	0,1	0,1	0,1	0,1	1,2	
Telefon	0,7	0,7	0,7	0,7	0,7	0,7	0,7	0,7	0,7	0,7	0,7	0,7	8,4	
Bürobedarf	0,6	0,6	0,6	0,6	0,6	0,6	0,6	0,6	0,6	0,6	0,6	0,6	7,2	
Fachliteratur	0,2	0,2	0,2	0,2	0,2	0,2	0,2	0,2	0,2	0,2	0,2	0,2	2,4	
Mieten für Einrichtungen	2,2	2,2	2,2	2,2	2,2	2,2	2,2	2,2	2,2	2,2	2,2	2,2	26,4	
Nebenkosten des Geldverkehrs	0,3	0,3	0,3	0,3	0,3	0,3	0,3	0,3	0,3	0,3	0,3	0,3	3,6	
Werkzeuge	0,9	0,8	1,2	1,2	0,8	0,8	0,8	1,2	1,2	1,2	1,2	1,2	12,5	
Sonstige betriebliche Aufwendungen	2,6	2,3	2,6	2,6	2,3	2,3	2,3	2,8	2,8	3,3	3,3	3,8	33,0	
Sonstige betriebliche Aufwendungen	7,6	7,2	7,9	7,9	7,2	7,2	7,2	8,1	8,1	8,6	8,6	9,1	94,7	1,93 %
15. Zinsen und ähnliche Aufwendungen														
Zinsen für kurzfristige Verbindlichkeiten	1,9	1,9	1,9	1,9	1,9	1,9	1,9	1,9	1,9	1,9	1,9	1,9	22,8	
Zinsen für langfristige Verbindlichekeiten	1,4	1,4	1,4	1,4	1,4	1,4	1,4	1,4	1,4	1,4	1,4	1,4	16,8	
Zinsen und ähnliche Anwendungen	3,3	3,3	3,3	3,3	3,3	3,3	3,3	3,3	3,3	3,3	3,3	3,3	39,6	0,81 %
16. Sonstige Steuern														
Grundsteuern	0,4	0,4	0,4	0,4	0,4	0,4	0,4	0,4	0,4	0,4	0,4	0,4	4,8	
KFZ-Steuern	0,7	0,7	0,7	0,7	0,7	0,7	0,7	0,7	0,7	0,7	0,7	0,7	8,4	
Sonstige Steuern	1,1	1,1	1,1	1,1	1,1	1,1	1,1	1,1	1,1	1,1	1,1	1,1	13,2	0,27 %
17. Betriebsergebnis	-7,5	-7,2	-4,2	29,6	28,6	14,8	-20,9	7,4	18,6	18,4	15,0	22,7	115,5	2,35 %

Mithilfe der GuV lässt sich also mit relativ geringem Arbeitsaufwand ein aussagekräftiges Betriebsergebnis planen und übersichtlich darstellen.

9.4 Überleitung von der Plan-GuV zur Liquiditätsplanung

Mit der Umsatz- und Kostenplanung kann zwar das Betriebsergebnis berechnet und dargestellt werden; es lässt sich jedoch nicht erkennen, wann die Zahlungen erfolgen und wie sich mögliche Abweichungen zwischen z. B. Umsatz (Forderungen) und tatsächlichem Zahlungseingang sowie zwischen Kosten und tatsächlichen Auszahlungen auf die Liquidität auswirken.

9.4.1 Überleitung der Rohertragsplanung

Daher ist es notwendig, sich jede Position noch einmal genauer anzusehen und auf die (voraussichtlichen) Zahlungszeitpunkte bzw. Fälligkeiten hin zu untersuchen. Auch diese Planung lässt sich mit einer ergänzten bzw. erweiterten GuV durchführen. Und zwar, indem man vor allem bei Umsätzen jeden A-Kunden separat auf sein Zahlungsverhalten untersucht und den Zahlungseingang entsprechend plant. Bei den sonstigen Kunden kann diese Planung z. B. mithilfe der durchschnittlichen Debitorenlaufzeit erfolgen. Beim Material sollte vor allem bei Rohstoffen und Komponenten mit hohem Wertanteil (A-Materialen) analog verfahren und eine Analyse der Fälligkeiten von Zahlungen vorgenommen werden. Bei Materialien mit geringem Volumen hingegen kann z. B. die durchschnittliche Kreditdauer zu Hilfe genommen werden.

Die Daten mit den Zahlungszeitpunkten können jetzt zusätzlich in die in ABB. 12 dargestellte GuV aufgenommen werden. Für jeden A-Kunden können dann monatlich sowohl Umsätze und Materialaufwand als auch die Zahlungszeitpunkte relativ verlässlich geplant werden. Für die kleineren Kunden erfolgt wie bisher auch eine pauschale Planung und Überleitung (vgl. Abb. 14).

> **BEISPIEL:** ▶ Mit Kunde I soll im Januar ein Umsatz von 140 T€ erzielt werden. Es fällt im Schnitt ein Materialaufwand von 84 T€ bzw. 60 % an. Die Analyse des Zahlungsverhaltens von Kunde A ergibt, dass er durchschnittlich einen Monat später zahlt als der Umsatz in der GuV entsteht. Der Umsatz im Januar geht also im Beispiel im Februar ein, der des Februar im März usw. Umgekehrt erhält das Unternehmen noch aus dem Vormonat Dezember eine Zahlung des Kunden i. H. von 171 T€.

Beim Materialaufwand hat die Analyse ergeben, dass die Auszahlungen bei diesem Kunden im Schnitt im gleichen Monat erfolgen. Die 84 T€ Materialaufwand führen also noch im Januar zu Auszahlungen usw.

Im Beispiel sind mögliche Zahlungsausfälle sowie ggf. Kürzungen aufgrund von gewährten Nachlässen oder Skontozahlungen nicht berücksichtigt.

KAPITEL 9 — Zahlenbeispiel und praktische Umsetzung

ABB. 14: Überleitung von der GuV- zur Liquiditätsplanung beim Rohertrag

Angaben in T€

Umsatz-/Materialaufwandsplanung (Rohertrag)

Bereich/Kunden/Sparte/Produkte		Geldfluss	Material-quote	Jan	Feb	Mrz	Apr	Mai	Jun	Jul	Aug	Sep	Okt	Nov	Dez	Gesamtjahr
Kunde I	Umsatz			140,0	130,0	160,0	170,0	160,0	165,0	142,0	140,0	157,0	162,0	163,0	178,0	1.867,0
	Materialaufwand		60,00 %	84,0	78,0	96,0	102,0	96,0	99,0	85,2	84,0	94,2	97,2	97,8	106,8	1.120,2
	Geldfluss/Umsatz	1 Monat		171,0	140,0	130,0	160,0	170,0	160,0	165,0	142,0	140,0	157,0	162,0	163,0	1.860,0
	Geldfluss/Material	gl. Monat		84,0	78,0	96,0	102,0	96,0	99,0	85,2	84,0	94,2	97,2	97,8	106,8	1.120,2
Kunde II	Umsatz			16,0	12,0	4,0	6,0	5,0	2,0	2,0	4,0	12,0	15,0	16,0	18,0	112,0
	Materialaufwand		53,00 %	8,5	6,4	2,1	3,2	2,7	1,1	1,1	2,1	6,4	8,0	8,5	9,5	59,4
	Geldfluss/Umsatz	1 Monat		19,0	16,0	12,0	4,0	6,0	5,0	2,0	2,0	4,0	12,0	15,0	16,0	113,0
	Geldfluss/Material	gl. Monat		8,5	6,4	2,1	3,2	2,7	1,1	1,1	2,1	6,4	8,0	8,5	9,5	59,4
Kunde III	Umsatz			4,0	4,0	4,0	6,0	6,0	6,0	8,0	8,0	8,0	12,0	12,0	12,0	90,0
	Materialaufwand		48,00 %	1,9	1,9	1,9	2,9	2,9	2,9	3,8	3,8	3,8	5,8	5,8	5,8	43,2
	Geldfluss/Umsatz	2 Monate		11,0	13,0	4,0	4,0	4,0	6,0	6,0	6,0	8,0	8,0	8,0	12,0	90,0
	Geldfluss/Material	gl. Monat		1,9	1,9	1,9	2,9	2,9	2,9	3,8	3,8	3,8	5,8	5,8	5,8	43,2
Kunde IV	Umsatz			0,0	0,0	0,0	0,0	25,0	0,0	0,0	25,0	0,0	30,0	0,0	0,0	80,0
	Materialaufwand		67,00 %	0,0	0,0	0,0	0,0	16,8	0,0	0,0	16,8	0,0	20,1	0,0	0,0	53,6
	Geldfluss/Umsatz	gl. Monat		0,0	0,0	0,0	0,0	25,0	0,0	0,0	25,0	0,0	30,0	0,0	0,0	80,0
	Geldfluss/Material	gl. Monat		0,0	0,0	0,0	0,0	16,8	0,0	0,0	16,8	0,0	20,1	0,0	0,0	53,6
Kunde V	Umsatz			15,0	18,0	10,0	42,0	0,0	0,0	0,0	0,0	0,0	0,0	0,0	0,0	85,0
	Materialaufwand		50,00 %	7,5	9,0	5,0	21,0	0,0	0,0	0,0	0,0	0,0	0,0	0,0	0,0	42,5
	Geldfluss/Umsatz	1 Monat		0,0	15,0	18,0	10,0	42,0	0,0	0,0	0,0	0,0	0,0	0,0	0,0	85,0
	Geldfluss/Material	gl. Monat		7,5	9,0	5,0	21,0	0,0	0,0	0,0	0,0	0,0	0,0	0,0	0,0	42,5
Kunde VI	Umsatz			150,0	140,0	180,0	190,0	200,0	190,0	180,0	170,0	190,0	170,0	180,0	200,0	2.140,0
	Materialaufwand		44,00 %	66,0	61,6	79,2	83,6	88,0	83,6	79,2	74,8	83,6	74,8	79,2	88,0	941,6
	Geldfluss/Umsatz	2 Monate		179,0	196,0	150,0	140,0	180,0	190,0	200,0	190,0	180,0	170,0	190,0	170,0	2.135,0
	Geldfluss/Material	Vormonat		61,6	79,2	83,6	88,0	83,6	79,2	74,8	83,6	74,8	79,2	88,0	71,0	946,6
Kunde VII	Umsatz			30,0	28,0	25,0	32,0	40,0	35,0	30,0	28,0	33,0	38,0	42,0	50,0	411,0
	Materialaufwand		55,00 %	16,5	15,4	13,8	17,6	22,0	19,3	16,5	15,4	18,2	20,9	23,1	27,5	226,1
	Geldfluss/Umsatz	2 Monate		39,0	46,0	30,0	28,0	25,0	32,0	40,0	35,0	30,0	28,0	33,0	38,0	404,0
	Geldfluss/Material	gl. Monat		16,5	15,4	13,8	17,6	22,0	19,3	16,5	15,4	18,2	20,9	23,1	27,5	226,1

Jahr 2011

Überleitung von der Plan-GuV zur Liquiditätsplanung — KAPITEL 9

Bereich/Kunden/Sparte/Produkte		Geldfluss	Material-quote	Jan	Feb	Mrz	Apr	Mai	Jun	Jul	Aug	Sep	Okt	Nov	Dez	Gesamt-jahr
Sonstige Kunden	Umsatz			4,0	5,0	8,0	9,0	12,0	10,0	12,0	10,0	9,0	12,0	14,0	15,0	120,0
	Materialaufwand		52,00 %	2,1	2,6	4,2	4,7	6,2	5,2	6,2	5,2	4,7	6,2	7,3	7,8	62,4
	Umsatz			0,0	0,0	0,0	0,0	0,0	0,0	0,0	0,0	0,0	0,0	0,0	0,0	0,0
	Materialaufwand		0,00 %	0,0	0,0	0,0	0,0	0,0	0,0	0,0	0,0	0,0	0,0	0,0	0,0	0,0
	Umsatz			0,0	0,0	0,0	0,0	0,0	0,0	0,0	0,0	0,0	0,0	0,0	0,0	0,0
	Materialaufwand		0,00 %	0,0	0,0	0,0	0,0	0,0	0,0	0,0	0,0	0,0	0,0	0,0	0,0	0,0
	Umsatz			0,0	0,0	0,0	0,0	0,0	0,0	0,0	0,0	0,0	0,0	0,0	0,0	0,0
	Materialaufwand		0,00 %	0,0	0,0	0,0	0,0	0,0	0,0	0,0	0,0	0,0	0,0	0,0	0,0	0,0
Summen	Umsatz			359,0	337,0	391,0	455,0	448,0	408,0	374,0	385,0	409,0	439,0	427,0	473,0	4.905,0
	Materialaufwand		51,97 %	186,5	174,9	202,2	234,9	234,5	211,0	192,0	202,1	210,8	233,0	221,0	245,4	2.548,9
	Geldfluss/Umsatz			431,0	430,0	349,0	354,0	461,0	405,0	423,0	412,0	372,0	414,0	420,0	413,0	4.884,0
	Geldfluss/Material		52,29 %	182,1	192,5	206,6	239,3	230,1	206,6	187,6	210,9	202,0	237,4	230,4	228,4	2.553,9
Über-/Unterdeckung – monatlich				248,9	237,5	142,5	114,7	230,9	198,4	235,4	201,1	170,0	176,7	189,6	184,6	
Über-/Unterdeckung – kumuliert				248,9	486,4	628,9	743,6	974,4	1.172,8	1.408,2	1.609,3	1.779,3	1.955,9	2.145,5	2.330,1	

9.4.2 Überleitung der restlichen Planpositionen

Mit der genauen Planung der Zahlungszeitpunkte beim Umsatz und Material ist bereits ein großer Teil der notwendigen Überleitungsarbeiten erledigt. Dennoch gibt es bei einzelnen Kostenpositionen oft durchaus noch nennenswerte Abweichungen zwischen GuV-Planung und den voraussichtlichen Zahlungszeitpunkten. In der GuV werden die Kosten häufig relativ gleichmäßig verteilt, um Schwankungen auszuschließen und eine verlässlicheren Kalkulationsbasis zu bekommen.

Um einen Überblick über die tatsächlichen Zahlungszeitpunkte zu erhalten, müssen entsprechende Korrekturen vorgenommen und die Beträge in den Monaten angesetzt werden, in denen es tatsächlich zu Zahlungen kommt. Umgekehrt gibt es Positionen, z. B. Abschreibungen oder auch kalkulatorische Kosten, die nicht zahlungsrelevant sind, sodass auch hier Korrekturen notwendig sind.

Betroffen sind vor allem:

- ▶ Personalzahlungen, z. B. Sonderzahlungen wie Urlaubs- oder Weihnachtsgeld sowie zugehörige Zahlungen für die Sozialleistungen sowie evtl. Bonuszahlungen, Tantiemen usw;
- ▶ Versicherungen, bei denen es häufig jährliche Zahltermine gibt;
- ▶ Steuern, Gebühren oder Beiträge, bei denen es ebenfalls jährliche, halbjährige oder quartalsweise Zahltermine gibt;
- ▶ Abschreibungen, die herausgerechnet werden müssen, weil sie nicht zahlungsrelevant sind. Geringwertige Wirtschaftsgüter müssen hingegen weiter berücksichtigt werden, da es bei Anschaffung während des Jahres zu Zahlungen kommt.

9.4.3 Darstellung des liquiditätswirksamen Ergebnisses

Im Beispiel sind die angesprochenen Korrekturen und Anpassungen vorgenommen worden. In der Folge kommt es zu durchaus deutlichen Veränderungen beim liquiditätswirksamen Betriebsergebnis, wie ABB. 15 zeigt. Betrug das Planbetriebsergebnis für das Gesamtjahr noch 115,50 T€, so beläuft sich das liquiditätswirksame Planbetriebsergebnis immerhin auf 153,60 T€. Das ist ein für das Unternehmen positiver Unterschied von rund 38 T€. Mit anderen Worten: Das liquiditätswirksame Ergebnis übersteigt das Betriebsergebnis der GuV voraussichtlich um 38 T€. Somit verfügt das Unternehmen über mehr Mittel, um z. B. Schulden zu tilgen oder Inverstitionen zu tätigen (vgl. auch nachfolgenden Punkt).

Überleitung von der Plan-GuV zur Liquiditätsplanung — KAPITEL 9

ABB. 15: Liquiditätswirksames Betriebsergebnis

Finanzplanung (Überleitung von G+V) — Jahr 2011 — Angaben in T€

		Jan	Feb	Mrz	Apr	Mai	Jun	Jul	Aug	Sep	Okt	Nov	Dez	Gesamt		Anmerkungen/Überleitung
1.	Umsatzerlöse															
	Kunde I	171,0	140,0	130,0	160,0	170,0	160,0	165,0	142,0	140,0	157,0	162,0	163,0	1860,0		
	Kunde II	19,0	16,0	12,0	4,0	6,0	5,0	2,0	2,0	4,0	12,0	15,0	16,0	113,0		tats. Geldfluss
	Kunde III	11,0	13,0	4,0	4,0	4,0	6,0	6,0	6,0	8,0	8,0	8,0	12,0	90,0		tats. Geldfluss
	Kunde IV	0,0	0,0	0,0	0,0	25,0	0,0	0,0	25,0	0,0	30,0	0,0	0,0	80,0		tats. Geldfluss
	Kunde V	0,0	15,0	18,0	10,0	42,0	0,0	0,0	0,0	0,0	0,0	0,0	0,0	85,0		tats. Geldfluss
	Kunde VI	179,0	196,0	150,0	140,0	180,0	190,0	200,0	190,0	180,0	170,0	190,0	170,0	2135,0		tats. Geldfluss
	Kunde VII	39,0	46,0	30,0	28,0	25,0	32,0	40,0	35,0	30,0	28,0	33,0	38,0	404,0		tats. Geldfluss
	Sonstige Kunden	12,0	4,0	5,0	8,0	9,0	12,0	10,0	12,0	10,0	9,0	12,0	14,0	117,0		tats. Geldfluss
	Umsatzerlöse	431,0	430,0	349,0	354,0	461,0	405,0	425,0	412,0	372,0	414,0	420,0	413,0	4884,0		
2.	Bestandsveränderungen (fertige und unfertige Erzeugnisse)	0,0	0,0	0,0	0,0	0,0	0,0	0,0	0,0	0,0	0,0	0,0	0,0	0,0		
3.	Gesamtleistung	431,0	430,0	349,0	354,0	461,0	405,0	423,0	412,0	372,0	414,0	420,0	413,0	4884,0	100,00 %	
4.	Materialaufwand															
	Kunde I	84,0	78,0	96,0	102,0	96,0	99,0	85,2	84,0	94,2	97,2	97,8	106,8	1102,2		tats. Geldfluss
	Kunde II	8,5	6,4	2,1	3,2	2,7	1,1	1,1	2,1	6,4	8,0	8,5	9,5	59,4		tats. Geldfluss
	Kunde III	1,9	1,9	1,9	2,9	2,9	2,9	3,8	3,8	3,8	5,8	5,8	5,8	43,2		tats. Geldfluss
	Kunde IV	0,0	0,0	0,0	0,0	16,8	0,0	0,0	16,8	0,0	20,1	0,0	0,0	53,6		tats. Geldfluss
	Kunde V	7,5	9,0	5,0	21,0	0,0	0,0	0,0	0,0	0,0	0,0	0,0	0,0	42,5		tats. Geldfluss
	Kunde VI	61,6	79,2	83,6	88,0	83,6	79,2	74,8	83,6	74,8	79,2	88,0	71,0	946,6		tats. Geldfluss
	Kunde VII	16,5	15,4	13,8	17,6	22,0	19,3	16,5	15,4	18,2	20,9	23,1	27,5	226,1		tats. Geldfluss
	Sonstige Kunden	2,1	2,6	4,2	4,7	6,2	5,2	6,2	5,2	4,7	6,2	7,3	7,8	62,4		tats. Geldfluss
	Materialaufwand	182,1	192,5	206,6	239,3	230,1	208,5	187,6	210,9	202,0	237,4	230,4	228,4	2553,9	52,29 %	
5.	Löhne und Gehälter															
	Löhne (brutto)	60,5	56,0	65,2	67,1	64,4	61,6	58,8	57,4	58,3	60,7	61,0	69,0	740,0		
	Gehälter (brutto)	42,0	42,0	42,0	42,0	42,0	42,0	42,0	42,0	42,0	42,0	42,0	42,0	504,0		
	Weihnachtsgeld (brutto)	0,0	0,0	0,0	0,0	0,0	0,0	0,0	0,0	0,0	0,0	48,0	0,0	48,0		Einmalige Novemberzahlung
	Aushilfslöhne	1,8	1,3	2,0	1,8	1,6	1,5	1,5	1,4	1,8	2,0	2,2	2,5	21,4		
	Löhne und Gehälter	104,3	99,3	109,2	110,9	106,0	105,1	102,3	100,8	102,1	104,7	153,2	113,5	1313,4	26,89 %	
6.	Soz. Abgaben u. Aufw. f. Altersv.															
	AG-Anteil gesetzliche Sozialabgaben Lohn	7,3	6,7	7,8	8,1	7,7	7,4	7,1	6,9	7,0	7,3	7,3	8,3	88,9		
	AG-Anteil gesetzliche Sozialabgaben Gehalt	5,0	5,0	5,0	5,0	5,0	5,0	5,0	5,0	5,0	5,0	5,0	5,0	60,0		
	AG-Anteil gesetzliche Sozialabgaben WG	0,0	0,0	0,0	0,0	0,0	0,0	0,0	0,0	0,0	0,0	5,8	0,0	5,8		Einmalige Novemberzahlung
	Ges. Sozialaufw. Aushilfen	0,2	0,2	0,2	0,2	0,2	0,2	0,2	0,2	0,2	0,2	0,3	0,3	2,6		
	Beiträge Berufsgenossenschaften	12,5	11,9	13,1	13,3	13,0	12,6	12,3	12,1	12,3	12,6	18,4	13,6	157,7		
	Weiterbildung	0,0	0,0	3,0	0,0	2,0	2,0	3,0	1,0	0,0	2,0	2,0	3,0	18,0		
	Freiwillige Sozialaufwendungen	0,2	0,2	0,2	0,2	0,2	0,2	0,2	0,2	0,2	0,2	0,2	0,2	2,4		
	Sozialabgaben	25,2	24,0	29,3	26,8	28,1	27,4	27,8	25,4	24,7	27,3	39,0	30,4	335,4	6,87 %	

KAPITEL 9 — Zahlenbeispiel und praktische Umsetzung

Finanzplanung (Überleitung von G+V)							Jahr 2011						Angaben in T€	
	Jan	Feb	Mrz	Apr	Mai	Jun	Jul	Aug	Sep	Okt	Nov	Dez	Gesamt	Anmerkungen/ Überleitung
7. Abschreibungen														
Sachanlagen	5,3	5,3	5,3	5,3	5,3	5,3	5,3	5,3	5,3	5,3	5,3	5,3	63,6	
Geringwertige Wirtschaftsgüter	0,6	0,6	0,6	0,6	0,6	0,6	0,6	0,6	0,6	0,6	0,6	0,6	7,2	
Abschreibungen	5,9	5,9	5,9	5,9	5,9	5,9	5,9	5,9	5,9	5,9	5,9	5,9	70,8	1,45 %
8. Raumkosten														
Gas, Strom, Wasser	1,5	1,5	1,5	1,5	1,5	1,5	1,5	1,5	1,5	1,5	1,5	1,5	18,0	
Reinigung	0,3	0,3	0,8	0,3	0,3	0,8	0,3	0,3	0,8	0,3	0,3	0,8	5,6	
Instandhaltung Räume	0,2	0,2	0,6	0,2	0,2	0,6	0,2	0,2	0,6	0,2	0,2	0,6	4,0	
Raumkosten	2,0	2,0	2,9	2,0	2,0	2,9	2,0	2,0	2,9	2,0	2,0	2,9	27,6	0,57 %
9. Versicherungen, Beiträge, Abgaben														
Versicherungen	0,0	0,0	0,0	0,0	0,0	0,3	0,0	0,0	0,0	0,0	0,0	0,3	6,0	Halbjahreszahlungen
Beiträge	0,3	0,3	0,3	0,3	0,3	0,3	0,3	0,3	0,3	0,3	0,3	0,3	3,6	
Abgaben	0,0	0,0	0,6	0,0	0,0	0,6	0,0	0,0	0,6	0,0	0,0	0,6	2,4	Quartalszahlungen
Versicherungen, Beiträge, Abgaben	0,3	0,3	0,9	0,3	0,3	3,9	0,3	0,3	0,9	0,3	0,3	3,9	12,0	0,25 %
10. Reparaturen und Instandhaltungen														
Anlagen	1,5	1,5	1,5	1,5	1,5	1,5	1,5	1,5	1,5	1,5	1,5	1,5	18,0	
EDV	1,0	1,0	1,0	1,0	1,0	1,0	1,0	1,0	1,0	1,0	1,0	1,0	12,0	
Reparaturen und Instandhaltungen	2,5	2,5	2,5	2,5	2,5	2,5	2,5	2,5	2,5	2,5	2,5	2,5	30,0	0,61 %
11. Fahrzeugkosten														
Versicherungen	4,8	0,0	0,0	0,0	0,0	0,0	0,0	0,0	0,0	0,0	0,0	0,0	4,8	Jahresauszahlung
Laufende Kosten	3,6	3,0	3,6	3,3	3,1	3,1	3,0	3,3	3,3	3,8	4,2	5,0	42,3	
Reparaturen	0,6	0,6	0,6	0,6	0,6	0,6	0,6	0,6	0,6	0,6	0,6	0,6	7,2	
Sonstige KFZ-Kosten	0,3	0,3	0,3	0,3	0,3	0,3	0,3	0,3	0,3	0,3	0,3	0,3	3,6	
Fahrzeugkosten	9,3	3,9	4,5	4,2	4,0	4,0	3,9	4,2	4,2	4,7	5,1	5,9	57,9	1,19 %
12. Werbe- und Reisekosten														
Werbekosten	8,0	5,0	10,0	8,0	5,0	6,0	6,0	6,0	8,0	10,0	12,0	12,0	96,0	
Messekosten	0,0	0,0	0,0	0,0	0,0	0,0	25,0	0,0	0,0	0,0	0,0	0,0	25,0	
Geschenke -40 €	0,2	0,2	0,2	0,2	0,2	0,2	0,2	0,2	0,2	0,2	0,2	0,1	2,3	
Bewirtungen	0,4	0,4	0,4	0,4	0,4	0,4	0,4	0,4	0,4	0,4	0,4	0,4	4,8	
Werbe- und Reisekosten	8,6	5,6	10,6	8,6	5,6	6,6	31,6	6,6	8,6	10,6	12,6	12,5	128,1	2,62 %
13. Kosten und Warenabgaben														
Ausgangsfrachten	3,9	3,9	3,1	3,2	4,1	3,6	3,6	3,7	3,3	3,7	3,8	3,7	44,0	
Verpackungen	1,7	1,7	1,4	1,4	1,8	1,6	1,7	1,6	1,5	1,7	1,7	1,7	19,5	
Verkaufsprovisionen	4,7	4,7	3,8	3,9	5,1	4,5	4,7	4,5	4,1	4,6	4,6	4,5	53,7	
Warenabgaben	10,3	10,3	6,4	8,5	11,1	9,7	10,2	9,9	8,9	9,9	10,1	9,9	117,2	2,40 %
14. Sonstige betriebl. Aufwendungen														
Porto	0,1	0,1	0,1	0,1	0,1	0,1	0,1	0,1	0,1	0,1	0,1	0,1	1,2	
Telefon	0,7	0,7	0,7	0,7	0,7	0,7	0,7	0,7	0,7	0,7	0,7	0,7	8,4	
Bürobedarf	0,6	0,6	0,6	0,6	0,6	0,6	0,6	0,6	0,6	0,6	0,6	0,6	7,2	
Fachliteratur	0,2	0,2	0,2	0,2	0,2	0,2	0,2	0,2	0,2	0,2	0,2	0,2	2,4	
Mieten für Einrichtungen	2,2	2,2	2,2	2,2	2,2	2,2	2,2	2,2	2,2	2,2	2,2	2,2	26,4	

Überleitung von der Plan-GuV zur Liquiditätsplanung — KAPITEL 9

Finanzplanung (Überleitung von G+V)						Jahr 2011					Angaben in T€		
	Jan	Feb	Mrz	Apr	Mai	Jun	Jul	Aug	Sep	Okt	Nov	Dez	Gesamt	Anmerkungen/ Überleitung
Nebenkosten des Geldverkehrs	0,3	0,3	0,3	0,3	0,3	0,3	0,3	0,3	0,3	0,3	0,3	0,3	3,6	
Werkzeuge	0,9	0,8	1,2	1,2	0,8	0,8	0,8	1,2	1,2	1,2	1,2	1,2	12,5	
Sonstige betriebl. Aufwendungen	2,6	2,3	2,6	2,6	2,3	2,3	2,3	2,8	2,8	3,3	3,3	3,8	33,0	
Sonstige betriebl. Aufwendungen	7,6	7,2	7,9	7,9	7,2	7,2	7,2	8,1	8,1	8,6	8,6	9,1	94,7	1,94 %
15. Zinsen und ähnl. Aufwendungen														
Zinsen für kurzfristige Verbindlichkeiten	1,9	1,9	1,9	1,9	1,9	1,9	1,9	1,9	1,9	1,9	1,9	1,9	22,8	
Zinsen für langfristige Verbindlichkeiten	1,4	1,4	1,4	1,4	1,4	1,4	1,4	1,4	1,4	1,4	1,4	1,4	16,8	
Zinsen und ähnl. Anwendungen	3,3	3,3	3,3	3,3	3,3	3,3	3,3	3,3	3,3	3,3	3,3	3,3	39,6	0,81 %
16. Sonstige Steuern														
Grundsteuern	0,0	0,0	1,2	0,0	0,0	1,2	0,0	0,0	1,2	0,0	0,0	1,2	4,8	Quartalszahlungen
KFZ-Steuern	8,4	0,0	0,0	0,0	0,0	0,0	0,0	0,0	0,0	0,0	0,0	0,0	8,4	Jahreszahlung
Sonstige Steuern	8,4	0,0	1,2	0,0	0,0	1,2	0,0	0,0	1,2	0,0	0,0	1,2	13,2	0,27 %
17. Betriebsergebnis	66,4	78,6	-38,9	-61,0	58,2	24,0	43,8	37,4	1,9	2,1	-47,7	-11,2	153,6	3,14 %

In der nächsten Übersicht sind noch einmal die Ergebnisse der klassischen GuV-Planung sowie die Ergebnisse der liquiditätswirksamen Planung (Finanzplanung) gegenübergestellt. Es fällt auf, dass, neben dem Jahres-Gesamtergebnis, durchaus nennenswerte Schwankungen bei den Monatsresultaten bestehen und dass sich die Liquidität aus der reinen betrieblichen Tätigkeit voraussichtlich insgesamt positiv entwickelt und es zumindest kumuliert keine Deckungslücken geben wird.

KAPITEL 9 — Zahlenbeispiel und praktische Umsetzung

ABB. 16: Gegenüberstellung GuV- und Finanzplanung

Plan-Gewinn- und Verlustrechnung — Jahr 2011 — Angaben in T€

		Jan	Feb	Mrz	Apr	Mai	Jun	Jul	Aug	Sep	Okt	Nov	Dez	Gesamt
1.	Umsatzerlöse	359,0	337,0	391,0	455,0	448,0	408,0	374,0	385,0	409,0	439,0	427,0	473,0	4.905,0
2.	Bestandsveränderungen	0,0	0,0	0,0	0,0	0,0	0,0	0,0	0,0	0,0	0,0	0,0	0,0	0,0
3.	Gesamtleistung	359,0	337,0	391,0	455,0	448,0	408,0	374,0	385,0	409,0	439,0	427,0	473,0	4.905,0
4.	Materialaufwand	186,5	174,9	202,2	234,9	234,5	211,0	192,0	202,1	210,8	233,0	211,6	245,4	2.548,9
5.	Löhne und Gehälter	108,3	103,3	113,2	114,9	112,0	109,1	106,3	104,8	106,1	108,7	109,2	117,5	1.313,4
6.	Soziale Abgaben u. Aufw. f. Altersvers.	26,2	25,0	30,4	27,8	29,1	28,4	28,7	26,4	25,7	28,3	28,4	31,4	335,6
7.	Abschreibungen	5,9	5,9	5,9	5,9	5,9	5,9	5,9	5,9	5,9	5,9	5,9	5,9	70,8
8.	Raumkosten	2,0	2,0	2,9	2,0	2,0	2,9	2,0	2,0	2,9	2,0	2,0	2,9	27,6
9.	Versicherungen, Beiträge, Abgaben	1,0	1,0	1,0	1,0	1,0	1,0	1,0	1,0	1,0	1,0	1,0	1,0	12,0
10.	Reparaturen und Instandhaltungen	2,5	2,5	2,5	2,5	2,5	2,5	2,5	2,5	2,5	2,5	2,5	2,5	30,0
11.	Fahrzeugkosten	4,9	4,3	4,9	4,6	4,4	4,4	4,3	4,6	4,6	5,1	5,5	6,3	57,9
12.	Werbe- und Reisekosten	8,6	5,6	10,6	8,6	5,6	6,6	31,6	6,6	8,6	10,6	12,6	12,5	128,1
13.	Kosten der Warenabgabe	8,6	8,1	9,4	10,9	10,8	9,8	9,0	9,2	9,8	10,5	10,2	11,4	117,7
14.	Sonstige betriebliche Aufwendungen	7,6	7,2	7,9	7,9	7,2	7,2	7,2	8,1	8,1	8,6	8,6	9,1	94,7
15.	Zinsen und ähnliche Aufwendungen	3,3	3,3	3,3	3,3	3,3	3,3	3,3	3,3	3,3	3,3	3,3	3,3	39,6
16.	Sonstige Steuern	1,1	1,1	1,1	1,1	1,1	1,1	1,1	1,1	1,1	1,1	1,1	1,1	13,2
17.	Betriebsergebnis	-7,5	-7,2	-4,2	29,6	28,6	14,8	-20,9	7,4	18,6	18,4	15,0	22,7	115,5
18.	Betriebsergebnis kumuliert	-7,5	-14,6	-18,9	10,7	39,4	54,2	33,3	40,7	59,3	77,7	92,7	115,5	

Finanzplanung (Überleitung von G+V) — Jahr 2011 — Angaben in T€

		Jan	Feb	Mrz	Apr	Mai	Jun	Jul	Aug	Sep	Okt	Nov	Dez	Gesamt
1.	Umsatzerlöse	431,0	430,0	349,0	354,0	461,0	405,0	423,0	412,0	372,0	414,0	420,0	413,0	4.884,0
2.	Bestandsveränderungen	0,0	0,0	0,0	0,0	0,0	0,0	0,0	0,0	0,0	0,0	0,0	0,0	0,0
3.	Gesamtleistung	431,0	430,0	349,0	354,0	461,0	405,0	423,0	412,0	372,0	414,0	420,0	413,0	4.884,0
4.	Materialaufwand	182,1	192,5	206,6	239,3	230,1	206,6	187,6	210,9	202,0	237,4	230,4	228,4	2.553,9
5.	Löhne und Gehälter	104,3	99,3	109,2	110,9	108,0	105,1	102,3	100,8	102,1	104,7	153,2	113,5	1.313,4
6.	Soziale Abgaben u. Aufw. f. Altersvers.	25,2	24,0	29,4	26,8	28,1	27,4	27,6	25,4	24,7	27,3	39,4	30,4	335,6
7.	Abschreibungen	0,6	0,6	0,6	0,6	0,6	0,6	0,6	0,6	0,6	0,6	0,6	0,6	7,2
8.	Raumkosten	2,0	2,0	2,9	2,0	2,0	2,9	2,0	2,0	2,9	2,0	2,0	2,9	27,6
9.	Versicherungen, Beiträge, Abgaben	0,3	0,3	0,9	0,3	0,3	3,9	0,3	0,3	0,9	0,3	0,3	3,9	12,0
10.	Reparaturen und Instandhaltungen	2,5	2,5	2,5	2,5	2,5	2,5	2,5	2,5	2,5	2,5	2,5	2,5	30,0
11.	Fahrzeugkosten	9,3	3,9	4,5	4,2	4,0	4,0	3,9	4,2	4,2	4,7	5,1	5,9	57,9
12.	Werbe- und Reisekosten	8,6	5,6	10,6	8,6	5,6	6,6	31,6	6,6	8,6	10,6	12,6	12,5	128,1
13.	Kosten der Warenabgabe	10,3	10,3	8,4	8,5	11,1	9,7	10,2	9,9	8,9	9,9	10,1	9,9	117,2

Finanzplanung (Überleitung von G+V)						Jahr 2011						Angaben in T€	
		Jan	Feb	Mrz	Apr	Mai	Jun	Jul	Aug	Sep	Okt	Nov	Dez	Gesamt
14.	Sonstige betriebliche Aufwendungen	7,6	7,2	7,9	7,9	7,2	7,2	7,2	8,1	8,1	8,6	8,6	9,1	94,7
15.	Zinsen und ähnliche Aufwendungen	3,3	3,3	3,3	3,3	3,3	3,3	3,3	3,3	3,3	3,3	3,3	3,3	39,6
16.	Sonstige Steuern	8,4	0,0	1,2	0,0	0,0	1,2	0,0	0,0	1,2	0,0	0,0	1,2	13,2
17.	Liquiditätsüberschuss-/unterdeckung	66,4	78,5	-38,9	-61,0	58,2	24,0	43,8	37,4	1,9	2,1	-47,7	-11,2	153,6
18.	Überschuss/-unterdeckung kumuliert	66,4	144,9	106,0	45,0	103,2	127,2	170,9	208,4	210,3	212,4	164,7	153,6	

9.5 Plan- und Ist-Werte regelmäßig gegenüberstellen

Selbst die beste Planung verfehlt ihren Zweck, wenn man sich nicht die Mühe macht, sie regelmäßig mit der aktuellen Entwicklung zu vergleichen. Daher ist es notwendig, eine zweite Übersicht zu erstellen, in der man monatlich die Ist-Daten eingibt und diese mit den Plan-Werten vergleicht. Ergeben sich größere Abweichungen, muss geprüft werden, was getan werden kann, um die Plan-Werte zumindest annähernd erreichen zu können. Da Plan- und Ist-Daten in der Praxis so gut wie nie vollständig übereinstimmen, ist es notwendig, sich sehr sorgfältig zu überlegen, ab welcher Größenordnung man eingreifen will oder sogar muss. Diese Frage muss sich jedes Unternehmen selbst beantworten und vor dem Hintergrund der individuellen Situation eines Betriebs entscheiden. Wichtig ist, dass man vor allem bei negativen Abweichungen (geringere Einzahlungen als geplant, höhere Auszahlungen als geplant) prüft, ob es sich um eine dauerhafte Entwicklung handelt, die ohne die Einleitung von Steuerungsmaßnahmen in den kommenden Monaten voraussichtlich zu Zahlungsproblemen in nennenswertem Umfang führen kann. Bei kleineren oder voraussichtlich einmaligen Abweichungen (etwa, wenn ein Kunde ankündigt, dass er aufgrund temporärer Probleme ausnahmsweise mit Verzug zahlen wird) besteht i. d. R. kein Handlungsbedarf.

10. Berechnung von Kapitaldienstfähigkeit und Cashflow

Bisher wurden im Beispiel nur Vorgänge und Positionen berücksichtigt, die mit dem ureigenen betrieblichen Zweck eines Unternehmens zu tun haben, den Umsätzen und Kosten.

In jedem Betrieb gibt es aber zahlreiche weitere Geschäftsfälle, die erheblichen Einfluss auf die Liquiditätslage eines Unternehmens haben. Daher muss das ermittelte liquiditätswirksame Ergebnis um diese Positionen erweitert werden, um erkennen zu können, wie sich die Liquiditätslage insgesamt voraussichtlich gestalten wird bzw. um auch hier später eine Gegenüberstellung von Plan- und Ist-Daten vornehmen zu können.

10.1 Kapitaldienstfähigkeit

Als Kapitaldienstfähigkeit im engeren Sinne wird die Fähigkeit eines Unternehmens bezeichnet, ausreichend liquide Mittel zu erwirtschaften, um seinen Zins- und Tilgungsverpflichtungen aus eigener Kraft nachkommen zu können. Die Mittel hierzu sollten also weitgehend vollständig aus dem operativen Geschäft erwirtschaftet werden.

Außer den Zins- und Tilgungsverpflichtungen existiert jedoch meist ferner eine große Zahl an weiteren zahlungsrelevanten Geschäftsfällen, etwa Investitionen, Zahlungen an Gesellschafter oder Steuerzahlungen. Auch Veränderungen beim Umlaufvermögen führen zu Zahlungen. Werden z.B. Lieferantenverbindlichkeiten getilgt oder Lagerbestände aufgebaut, fließen Mittel aus dem Unternehmen ab. Zudem kommen oft andere Einzahlungen hinzu, etwa dann, wenn Vermögen verkauft wird oder wenn Gesellschaftereinlagen getätigt werden. Zur Berechnung der Kapitaldienstfähigkeit sind diese Positionen ebenfalls zu berücksichtigen.

Aus dem Saldo sämtlicher Ein- und Auszahlungen ergibt sich dann die (erweiterte) Kapitaldienstfähigkeit des Unternehmens. Bei einem positiven Wert verfügt das Unternehmen über ausreichende Mittel, um allen seinen Zahlungsverpflichtungen vollständig selbst nachkommen zu können. Bei einem negativen Wert genügen die erwirtschafteten Mittel hierfür nicht und es notwendig, sich um Deckungsmöglichkeiten zu bemühen. Zur Deckung möglicher Lücken sollten zunächst die ggf. verfügbaren freien liquiden Mittel sowie der oder die Kontokorrentkredite hinzugezogen werden. Verbleibt weiterhin eine Deckungslücke oder ist abzusehen, dass in den kommenden Monaten eine solche Lücke auftreten kann, müssen weitere Maßnahmen umgesetzt werden. Beispielsweise kann geprüft werden, ob Investitionen oder andere große Auszahlungen verschoben werden können, oder ob es möglich ist, die Zahlungsziele bei Lieferanten neu zu verhandeln und zu verlängern. Welche weiteren Möglichkeiten ein Unternehmen zur Verbesserung der Liquiditätslage hat, wird ausführlich in Kapitel 14 „Auswahl wichtiger Liquiditätskennzahlen" beschrieben.

Erweiterung der GuV- und Finanzplanung aus dem Beispiel

Wie eine Erweiterung der GuV- bzw. der Finanzplanung aus dem Beispiel zur Berechnung der Kapitaldienstfähigkeit aussehen kann, ist in der nächsten Abbildung zu sehen. Die Daten aus der liquiditätswirksamen Planung werden nachrichtlich unter Punkt I übernommen. Anschließend besteht die Möglichkeit, monatlich unterschiedliche Aus- und Einzahlungen zu planen. Die liquiden Mittel und die Kontokorrentlinien müssen lediglich als Saldo zum Jahresbeginn eingegeben werden. Durch die Monatsergebnisse werden Banksaldo und ausgenutzte Kreditlinie automatisch neu berechnet. Der besondere Vorteil dieser Darstellung ist, dass man leicht erkennen kann, wie sich die voraussichtliche Liquiditätslage für ein Unternehmen Monat für Monat insgesamt entwickeln wird und ob, wann und in welchem Umfang es ggf. zu Liquiditätsengpässen kommen wird.

Im Beispiel ist zu erkennen, dass es im Unternehmen im Planjahr trotz eines Liquiditätsüberschusses aus der Finanzplanung von 153,60 T€ voraussichtlich nicht zu einem Engpass kommen wird. Allerdings verringert sich die Überdeckung Monat für Monat. Zum einen muss geprüft werden, ob diese Entwicklung im kommenden Jahr stoppen und sich umkehren wird. Zum anderen sollte nach Möglichkeit, entweder die Auszahlungen begrenzt werden, etwa, indem man Investitionen verschiebt oder anders finanziert. Oder es muss geprüft werden, ob sich weitere Einzahlungen erschließen lassen, etwa durch weitere Vermögensverkäufe. Denn die Überdeckung kann man nur erreichen, wenn das Unternehmen seine Kreditlinie fast vollständig ausschöpft. Die Liquiditätsreserven sind somit nahezu vollständig aufgebraucht und es müssen kontinuierlich mehr Zinsen gezahlt werden.

Kapitaldienstfähigkeit **KAPITEL 10**

ABB. 17: Darstellung der Kapitaldienstfähigkeit

Kapitaldienstfähigkeit und Cashflow	Planjahr 2011												Angaben in T€	
	Jan	Feb	Mrz	Apr	Mai	Jun	Jul	Aug	Sep	Okt	Nov	Dez	Gesamt
I. Ermittelter Überschuss-/Unterdeckung	66,4	78,5	-38,9	-61,0	58,2	24,0	43,8	37,4	1,9	2,1	-47,7	-11,2	153,6
II. Weitere Auszahlungen													
1. Tilgungen													
Kredit 1	0,0	0,0	12,0	0,0	0,0	12,0	0,0	0,0	12,0	0,0	0,0	12,0	48,0
Kredit 2	0,0	0,0	0,0	0,0	53,0	0,0	0,0	0,0	0,0	0,0	0,0	0,0	53,0
Kredit 3	5,0	5,0	5,0	5,0	5,0	5,0	5,0	5,0	5,0	5,0	5,0	5,0	60,0
Summe Tilgungen	5,0	5,0	17,0	5,0	58,0	17,0	5,0	5,0	17,0	5,0	5,0	17,0	161,0
2. Entnahmen													
Gesellschafter	8,0	8,0	8,0	8,0	8,0	8,0	8,0	8,0	8,0	8,0	8,0	12,0	100,0
Andere	0,0	0,0	0,0	0,0	0,0	0,0	0,0	0,0	0,0	0,0	0,0	0,0	0,0
Summe Entnahmen	8,0	8,0	8,0	8,0	8,0	8,0	8,0	8,0	8,0	8,0	8,0	12,0	100,0
3. Investitionen													
Gebäude	0,0	0,0	0,0	0,0	0,0	0,0	0,0	0,0	0,0	0,0	0,0	0,0	0,0
Grund und Boden	0,0	0,0	0,0	0,0	0,0	0,0	0,0	0,0	0,0	0,0	0,0	0,0	0,0
Fuhrpark	35,0	0,0	0,0	0,0	0,0	0,0	0,0	0,0	0,0	0,0	0,0	0,0	35,0
Maschinen	0,0	0,0	0,0	0,0	0,0	140,0	0,0	0,0	0,0	70,0	0,0	0,0	210,0
EDV/IT	0,0	0,0	0,0	0,0	0,0	0,0	0,0	0,0	0,0	0,0	0,0	45,0	45,0
Büroausstattung	0,0	0,0	0,0	0,0	0,0	0,0	10,0	0,0	0,0	0,0	0,0	10,0	20,0
Lizenzen	0,0	0,0	0,0	0,0	0,0	0,0	0,0	0,0	0,0	0,0	0,0	0,0	0,0
Andere	0,0	0,0	0,0	0,0	0,0	0,0	0,0	0,0	0,0	0,0	0,0	0,0	0,0
Summe Investitionen	35,0	0,0	0,0	0,0	0,0	140,0	10,0	0,0	0,0	70,0	0,0	55,0	310,0
4. Sonstige Auszahlungen													
Abbau Lieferantenverbindlichkeiten	20,0	30,0	40,0	0,0	0,0	0,0	0,0	0,0	0,0	0,0	0,0	0,0	90,0
Aufbau Roh-, Hilfs-, Betriebsstoffe	0,0	0,0	0,0	0,0	0,0	0,0	0,0	0,0	0,0	0,0	0,0	0,0	0,0
Spenden	0,0	0,0	0,0	0,0	0,0	0,0	0,0	0,0	0,0	0,0	0,0	20,0	20,0
Umsatzsteuer-Zahllast	10,0	21,0	15,0	7,0	15,0	18,0	25,0	30,0	31,0	32,0	24,0	24,0	252,0
Steuervorauszahlungen	0,0	0,0	16,0	0,0	0,0	16,0	0,0	0,0	16,0	0,0	0,0	16,0	64,0
Andere	0,0	0,0	0,0	0,0	0,0	0,0	0,0	0,0	0,0	0,0	0,0	0,0	0,0
Summe sonstige Auszahlungen	30,0	51,0	71,0	7,0	15,0	34,0	25,0	30,0	47,0	32,0	24,0	60,0	426,0

KAPITEL 10 — Berechnung von Kapitaldienstfähigkeit und Cashflow

	1	2	3	4	5	6	7	8	9	10	11	12	Gesamt
III. Weitere Einzahlungen													
Spenden	0,0	0,0	0,0	0,0	0,0	0,0	0,0	0,0	0,0	0,0	0,0	0,0	0,0
Gesellschaftereinlagen	0,0	0,0	0,0	0,0	0,0	0,0	0,0	0,0	0,0	0,0	0,0	0,0	0,0
Vermögensverkäufe	0,0	24,0	0,0	0,0	0,0	0,0	0,0	26,0	0,0	0,0	0,0	0,0	50,0
Sonstige, z. B. Erstattungen	0,0	0,0	0,0	0,0	0,0	0,0	0,0	0,0	0,0	0,0	0,0	0,0	0,0
Summe sonstige Einzahlungen	0,0	24,0	0,0	0,0	0,0	0,0	0,0	26,0	0,0	0,0	0,0	0,0	50,0
VI. Kapitaldienstfähigkeit nach Ein-/Auszahlungen													
Kapitaldienstfähigkeit (selektiv)	-11,6	38,5	-134,9	-81,0	-22,8	-175,0	-4,2	20,4	-70,1	-112,9	-84,7	-155,2	-793,4
Kapitaldienstfähigkeit (kumuliert)	-11,6	26,9	-108,0	-189,0	-211,8	-386,8	-391,1	-370,6	-440,7	-553,6	-638,3	-793,4	
VII. Über-/Unterdeckung													
Banksaldo Monatsanfang	45,0	33,4	71,9	-63,0	-144,0	-166,8	-341,8	-346,1	-325,6	-395,7	-508,6	-593,3	
Banksaldo Monatsende	33,4	71,9	-63,0	-144,0	-166,8	-341,8	-346,1	-325,6	-395,7	-508,6	-593,3	-748,4	
Kreditlinien/Kontokorrent	800,0	800,0	800,0	800,0	800,0	800,0	800,0	800,0	800,0	800,0	800,0	800,0	
Über-/Unterdeckung	833,4	871,9	737,0	656,0	633,2	458,2	453,9	474,4	404,3	291,4	206,7	51,6	

DOWNLOAD

Das vorliegende Buch wird durch ein Excel-Tool ergänzt, in dem Sie das Beispiel aus den vorangehenden zwei Kapiteln finden. Eine Gegenüberstellung von Plan- und Ist-Werten in der gleichen Datei ist nicht möglich. Es muss zuerst eine Plan-Datei erstellt und gesichert werden, um eine Ursprungsplanung zu Vergleichszwecken vorliegen zu haben. Von dieser Ursprungsdatei muss im Anschluss eine Kopie erstellt werden, in die jeweils nach Ablauf eines Monats mit den Ist-Daten die monatlichen Planwerte überschrieben werden. Die Ist-Daten sollten dann zunächst mit den Plan-Daten aus der Ursprungsdatei verglichen werden.

10.2 Cashflow

Die Kapitaldienstfähigkeit eines Unternehmens kann auch mithilfe des Cashflows berechnet und dargestellt werden. Er wird regelmäßig von Banken und Investoren hinzugezogen, um die Liquiditätslage eines Unternehmens zu beurteilen.

Definition:

Der Cashflow ist definiert als der Überschuss der betrieblichen Einnahmen über die betrieblichen Ausgaben einer Periode. Er wird ausschließlich unter Berücksichtigung zahlungsrelevanter Größen berechnet. Geschäftsfälle, die nicht zahlungswirksam sind, etwa Abschreibungen und Rückstellungen, müssen deshalb herausgerechnet bzw. korrigiert werden. Der Cashflow zeigt damit, in welchem Umfang ein Unternehmen dazu in der Lage ist, die für betriebliche Zwecke erforderlichen Finanzmittel selbst zu erwirtschaften (Selbst- bzw. Innenfinanzierung). Er zeigt, ob die im operativen Geschäft erwirtschafteten Mittel ausreichen, um die Existenz eines Unternehmens langfristig zu sichern, ob z. B. genügend Mittel für die Tilgung von Krediten oder für Investitionen zur Verfügung stehen.

Der Cashflow eines Unternehmens muss stets größer Null sein. Grundsätzlich gilt natürlich: Je höher, desto besser. Eine Empfehlung zur konkreten Ausprägung kann nicht gegeben werden, da es von Branche zu Branche teilweise extreme Unterschiede gibt.

Gründe für die Berechnung des Cashflows:

Im Prinzip würde auch die Gewinn- und Verlustrechnung (GuV) den gleichen Zweck erfüllen wie die Cashflow-Rechnung. Allerdings enthält die GuV wie gezeigt auch nicht zahlungsrelevante Positionen und wird häufig unter Berücksichtigung rechtlicher und steuerlicher Überlegungen erstellt. Um die Steuern niedrig zu halten, wird ein Unternehmer i. d. R. versuchen, seine Erträge so gering und seine Aufwendungen so hoch wie möglich auszuweisen.

Das betrifft auf der Einzahlungsseite vor allem die Umsätze, bei denen u.U. noch kein Zahlungseingang vorliegt, und auf der Ausgabenseite beispielsweise die Abschreibungen, die je nach Interessenslage gestaltet werden können. Hinzu kommen ggf. weitere Korrekturpositionen, etwa Veränderungen der Rücklagen oder Wertberichtigungen. Deutliche Verzerrungen treten vor allem in Branchen oder Unternehmen mit hohem Investitionsvolumen und in Krisenzeiten auf. Auf der einen Seite fallen häufig hohe Abschreibungen an. Auf der anderen Seite hat es oft noch keine Zahlungen für getätigte Umsätze gegeben, sondern es sind nur Forderungen entstanden.

Der Cashflow ist daher in seiner Aussagekraft wesentlich genauer, weil der eben um entsprechende Positionen korrigiert und bereinigt wird und nur tatsächliche Zahlungsvorgänge des Unternehmens berücksichtigt werden.

10.2.1 Direkte und indirekte Cashflow-Berechnung

Bei der Cashflow-Berechnung werden zwei grundlegende Methoden unterschieden: die direkte und die indirekte Berechnung.

10.2.1.1 Direkte Methode

Bei der direkten Methode wird die eigentliche Gewinn- und Verlustrechung im Prinzip „wiederholt", allerdings ausschließlich unter Berücksichtigung der zahlungsgleichen Geschäftsfälle. Alle zahlungsungleichen Geschäftsfälle bleiben unberücksichtigt.

Cashflow (direkt) = zahlungsgleiche Erträge - zahlungsgleiche Aufwendungen

10.2.1.2 Indirekte Methode

Bei der indirekten Methode hingegen geht man vom ermittelten GuV-Ergebnis aus und rechnet alle zahlungsungleichen Werte zurück. Das GuV-Ergebnis wird also um sämtliche zahlungsungleichen Beträge korrigiert.

Cashflow (indirekt) = Jahresüberschuss/-fehlbetrag + zahlungsungleiche Aufwendungen - zahlungsungleiche Erträge

Vereinfachtes Zahlenbeispiel zum indirekten Cashflow:

Cashflow (indirekt) = Jahresüberschuss 50.000 € + 25.000 € Abschreibungen - 5.000 € Auflösung von Rückstellungen = 70.000 €.

▶ Cashflow-Berechnung nach der indirekten Methode

Beide Berechnungen kommen zum gleichen Ergebnis. Allerdings ist die direkte Cashflow-Berechnung in der Praxis meist wesentlich schwieriger durchzuführen und zudem aufwändiger, da fast immer eine deutlich höhere Zahl von Geschäftsfällen berücksichtigt werden muss. Im weiteren Verlauf wird daher nur noch auf die indirekte Methode eingegangen.

▶ Unterschiedlich komplexe Berechnungsmöglichkeiten

Für die Berechnung des Cashflows an sich gibt es in der Praxis zahlreiche, unterschiedlich komplexe Möglichkeiten. Im weiteren Verlauf werden zwei Varianten vorgestellt. Zunächst soll auf eine häufig verwendete einfache Berechnungsvariante für die Ermittlung des eigentlichen Cashflows bzw. Cashflows im engeren Sinne eingegangen werden. Diese Berechnungsmöglichkeit kann vor allem in kleinen und mittleren Unternehmen Anwendung finden und genügt i. d. R. den dortigen Informations- und Steuerungsanforderungen.

Bei der zweiten Variante wird erläutert, wie der Cashflow nach internationalen Vorschriften, etwa den IFRS, berechnet wird. Diese fordern zusätzlich, dass auch die Mittelverwendung dargestellt wird. Die Darstellung nach IAS ist derzeit nur für Konzerne verpflichtend, nicht für kleine Betriebe.

PRAXISTIPP

Soll der Cashflow im Rahmen von Kredit- oder Finanzierungsgesprächen berechnet werden, ist mit dem Kapitalgeber nach Möglichkeit im Vorfeld zu besprechen, welche Variante gewünscht ist bzw. wie der Kapitalgeber den Cashflow berechnet, um bei den Verhandlungen von den gleichen Basisgrößen ausgehen zu können.

10.2.2 Cashflow-Berechnung für kleine und mittelständische Betriebe

Ausgangspunkt für die Berechnung des Cashflows ist der Jahresüberschuss. Wesentliche nicht auszahlungswirksame Positionen wie Abschreibungen oder Zuführung bzw. Auflösung von Rückstellungen müssen herausgerechnet werden. Ggf. kommen noch andere Positionen hinzu, etwa Verlust- oder Gewinnvorträge.

Jahresergebnis
+ Abschreibungen
+ sonstige Aufwendungen, die keine Auszahlungen sind
- Erträge, die keine Einzahlungen sind
= **Cashflow im engeren Sinn**

Diese Version kann als „Cashflow für Praktiker" bezeichnet werden und genügt in den meisten Fällen für die Anwendung in kleinen Betrieben. Die einfache Variante lässt sich fast immer mit relativ geringem Aufwand und bei Bedarf auch unterjährig erstellen.

10.2.3 Cashflow-Statement

Die Cashflow-Berechnung nach IAS 7 baut auf dem Cashflow im engeren Sinne auf, weist aber „im Anschluss" noch nach, wofür die Mittel verwendet wurden. Um dieses Ziel zu erreichen, muss der Cashflow im engeren Sinne durch Zahlungspositionen ergänzt werden, die nicht Bestandteil der GuV sind, etwa Investitionen oder Schuldentilgung. Im Einzelnen werden zusätzlich folgende Bereiche betrachtet:

- ▶ **Operativer Cashflow (Cashflow aus laufender Geschäftstätigkeit, Cashflow from operating activities)**

Dieser Teil des Cashflow beinhaltet das Ergebnis aus dem eigentlichen operativen Geschäft, inklusive aller Nebengeschäfte und einkommenserzielenden Aktivitäten eines Unternehmens, einschließlich Veränderungen von Forderungen, Vorräten oder Verbindlichkeiten. Er ist i. d. R. der Teil des Cashflow mit der größten Bedeutung, da aus diesem Teil ersichtlich wird, in welchem Umfang ein Unternehmen notwendiges Wachstum, Entwicklungen oder Investitionen aus eigener Kraft finanzieren kann.

- ▶ **Cashflow aus Investitionstätigkeit (Cashflow from investing activities)**

Dieser Teil des Cashflows zeigt sämtliche Aktivitäten aus dem investiven Geschäft eines Unternehmens, etwa Kauf von Anlagevermögen oder Verkauf von Anlagevermögen.

- ▶ **Cashflow aus Finanzierungstätigkeit (Cashflow from financing activities)**

Der dritte Teil des Cashflows umfasst alle Aktivitäten, die Summe und Struktur des Kapitals eines Unternehmens verändern, etwa Zuführungen zum Eigenkapital oder Ausschüttungen an die Unternehmenseigner.

Zum Schluss werden ferner die liquiden Mittel zu Beginn des Geschäftsjahres addiert. So erhält man den Bestand an flüssigen Mitteln zum Ende des Geschäftsjahres (vgl. Schema nachstehende Abbildung).

ABB. 18:	Schema Cashflow-Statement
	Ergebnis lt. Gewinn- und Verlustrechnung
+	Abschreibungen/- Zuschreibungen
+	Erhöhung/- Verminderung Rückstellungen
-	Erträge/+ Verluste aus Anlagenabgang
=	**Cashflow i. e. S.**
+/-	Verminderung/Erhöhung der Forderungen, Vorräte etc.
+/-	Erhöhung/Verminderung der Lieferverbindlichkeiten etc.
1.	**= Cashflow aus Geschäftstätigkeit (operativer Cashflow)**
+	Einzahlungen aus Anlageabgängen
-	Auszahlungen für Anlageinvestitionen
2.	**= Cashflow aus Investitionstätigkeit**
+	Einzahlungen aus Zuführungen von Eigenkapital
-	Auszahlungen an die Eigentümer
+	Einzahlungen aus Aufnahme von Finanzverbindlichkeiten
-	Auszahlungen aus Rückzahlung von Finanzverbindlichkeiten
3.	**= Cashflow aus Finanzierungstätigkeit**
Summe der Positionen 1, 2, 3	
+	Finanzmittelbestand zu Beginn des Geschäftsjahres
4.	**= Finanzmittelbestand Geschäftsjahresende**

10.2.4 Ausgewählte Kennzahlen zum Cashflow

Der Nutzen der Cashflow-Berechnung lässt sich erhöhen, wenn zusätzlich spezifische Kennzahlen gebildet werden. Im Folgenden werden vier ausgewählte Kenngrößen dargestellt und besprochen.

10.2.4.1 Cashflow-Umsatzverdienstrate

Die Cashflow-Umsatzverdienstrate oder Cashflow-Marge zeigt an, wie viel Prozent des Umsatzes einem Unternehmen als Geldzufluss verbleibt. Der Aussagewert entspricht in etwa der Kennzahl Umsatzrentabilität, ist aber aufgrund der Korrekturen des Gewinns bzw. Jahresabschlusses besser zur Beurteilung der Wirtschaftlichkeit geeignet. Der Wert sollte so groß wie möglich ausfallen, ist aber stark branchenabhängig.

$$\text{CF-Umsatzverdienstrate} = \frac{\text{Cashflow} \cdot 100}{\text{Umsatzerlöse}}$$

10.2.4.2 Cashflow-Investitionsverhältnis

Diese Kennzahl zeigt an, in welchem Umfang ein Unternehmen seine geplanten Investitionen aus dem Umsatz finanzieren kann. Auch hier gilt, dass der Wert möglichst hoch ausfallen sollte, also ein großer Teil der Investitionen durch eigene Mittel bezahlt werden kann.

$$\text{CF-Investitionsverhältnis} = \frac{\text{Cashflow} \cdot 100}{\text{Investitionen}}$$

10.2.4.3 Cashflow-Finanzierungsgrad

Der Cashflow-Finanzierungsgrad gibt Auskunft darüber, in welchem Umfang Mittel für (geplante) Investitionen, Schuldentilgung und Gewinnausschüttungen bzw. Entnahmen zur Verfügung stehen werden. Es sollte möglichst ein Wert von 100 % angestrebt werden, was in der Praxis aber oft problematisch ist. Wächst ein Unternehmen z. B. stark, sind hohe Investitionen erforderlich, die den Wert rapide schrumpfen lassen.

$$\text{CF-Finanzierungsgrad} = \frac{\text{Cashflow} \cdot 100}{\text{Investitionen} + \text{Schuldentilgung} + \text{Gewinnausschüttung bzw. Entnahmen}}$$

10.2.4.4 Theoretische Schuldentilgungsdauer

Mithilfe des Cashflows lässt sich auch die theoretische Schuldentilgungsdauer ermitteln. Diese ergibt sich, wenn man die Schulden abzüglich evtl. vorhandener liquider Mittel durch den Cashflow dividiert. Ein Wert bis fünf Jahre wird als gut oder zumindest günstig angesehen, ein Wert bis zehn Jahre ist gerade noch ausreichend. Übersteigt die Schuldentilgungsdauer zehn Jahre, wird dies in Investorenkreisen als schlecht oder sogar ungenügend bewertet. Als theoretische Schuldentilgungsdauer wird dieser Vorgang übrigens deshalb bezeichnet, weil man in der Praxis kaum den gesamten Cashflow über mehrere Jahre dazu einsetzen wird, um Schulden zu tilgen. Der Cashflow wird zumindest in Teilen auch dazu verwendet, um Investitionen zu tätigen oder den Eigentümern Dividenden zu zahlen.

Schuldentilgungsdauer = $\dfrac{\text{Verbindlichkeiten - flüssige Mittel}}{\text{Cashflow}}$

10.2.5 Cashflow als Brücke zwischen Gewinn und Liquidität

Der Cashflow schlägt eine Brücke zwischen dem im Unternehmen erzielten Gewinn und der Liquiditätslage. Die Berechnung des Cashflows zeigt, was aus dem im Unternehmen erzielten Gewinn geworden ist, wofür er verwendet wurde. Deshalb ist die Berechnung und der Ausweis des Cashflows auch und gerade in kleinen Betrieben so wichtig: Der Cashflow verdeutlicht Unternehmern, dass es auf Dauer nicht ausreicht, „nur" einen Gewinn zu erzielen. Es müssen immer auch genügend liquide Mittel zur Verfügung stehen, um das Unternehmen und wichtige Vorhaben, etwa die Expansion oder Investitionen, zu finanzieren.

Die nächste Abbildung zeigt typische Beispiele für Unternehmen mit unterschiedlichen Gewinn- und Liquiditätssituationen. Ziel jedes Unternehmers muss es sein, mit seinem Betrieb in das obere rechte Matrizenfeld zu gelangen. Erst wenn ein Unternehmen dauerhaft steigende Gewinne erzielt und es seine Liquiditätslage kontinuierlich verbessert, machen Unternehmer und Führungskräfte eine insgesamt gute Arbeit!

ABB. 19: Cashflow-Beispiele für Unternehmen mit unterschiedlichen Gewinn- und Liquiditätssituationen

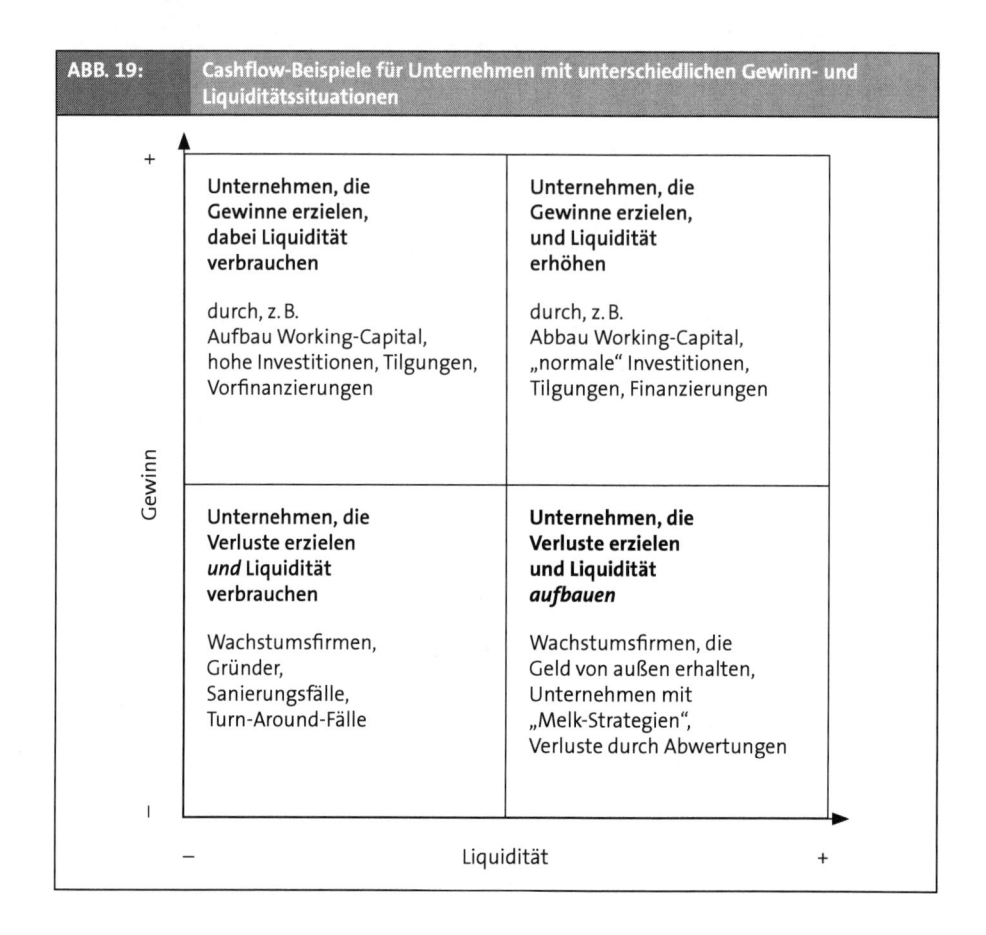

	– Liquidität	+ Liquidität
+ Gewinn	Unternehmen, die Gewinne erzielen, dabei Liquidität verbrauchen durch, z. B. Aufbau Working-Capital, hohe Investitionen, Tilgungen, Vorfinanzierungen	Unternehmen, die Gewinne erzielen, und Liquidität erhöhen durch, z. B. Abbau Working-Capital, „normale" Investitionen, Tilgungen, Finanzierungen
– Gewinn	Unternehmen, die Verluste erzielen *und* Liquidität verbrauchen Wachstumsfirmen, Gründer, Sanierungsfälle, Turn-Around-Fälle	Unternehmen, die Verluste erzielen und Liquidität *aufbauen* Wachstumsfirmen, die Geld von außen erhalten, Unternehmen mit „Melk-Strategien", Verluste durch Abwertungen

10.3 Vergleich der Aussagekraft von Finanzplanung und Cashflow

Stellt man die monatliche Kapitalflussrechnung aus Punkt 10.1 und das Cashflow-Statement einander gegenüber, lässt sich erkennen, dass beide Instrumente zu gleichen Ergebnissen kommen. Bei der monatlichen Kapitalflussrechnung werden noch evtl. Deckungsmöglichkeiten wie Kontokorrentkredite ergänzt. Der entscheidende Vorteil der Kapitalflussrechnung ist, dass sie eine monatliche Betrachtung möglich macht und man mit einem Vorlauf von mehreren Monaten erkennen kann, ob man im Unternehmen auf einen Zahlungsmittelengpass zusteuert. So verbleibt meist ausreichend Zeit, um sich um einen Ausgleich zu bemühen. Der Cashflow hingegen wird typischerweise aus Daten der Vergangenheit erstellt und meist nur jährlich oder im besten Fall pro Quartal gebildet. Daher eignet sich die Kapitalflussrechnung in der Praxis besser zur Planung und Steuerung der Liquidität im Unternehmen.

11. Langfristige Finanzplanung

11.1 Zielsetzung der langfristigen Finanzplanung

Die langfristige Finanz- und Liquiditätsplanung wird von der strategischen Unternehmensplanung abgeleitet und bestimmt. Im Rahmen der strategischen Planung werden vor allem Entscheidungen über die langfristige Ausrichtung des Unternehmens getroffen, z. B. ob es Preisführer oder Innovationsführer sein möchte. Daraus ergibt sich der entsprechende Investitions- und Erweiterungsbedarf.

Die langfristige Finanzplanung soll aufzeigen, ob die strategischen Entscheidungen grundsätzlich realisierbar sind. In ihr werden die erwarteten jährlichen Zahlungsströme abgebildet.

Wichtigste Teilelemente der strategischen Finanzplanung sind die (langfristige) Personal-, Produktions- und Investitionsplanung.

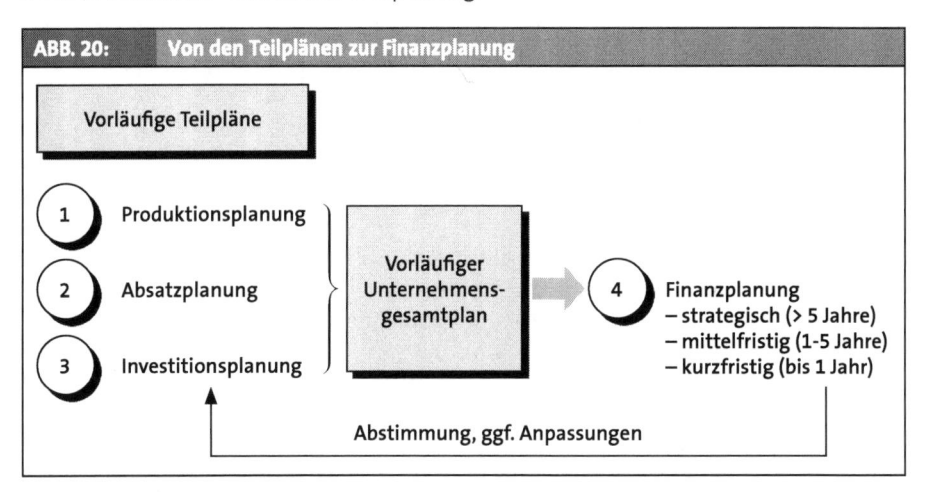

ABB. 20: Von den Teilplänen zur Finanzplanung

Vorläufige Teilpläne
1. Produktionsplanung
2. Absatzplanung
3. Investitionsplanung

→ Vorläufiger Unternehmensgesamtplan →

4. Finanzplanung
   - strategisch (> 5 Jahre)
   - mittelfristig (1-5 Jahre)
   - kurzfristig (bis 1 Jahr)

Abstimmung, ggf. Anpassungen

Die langfristige Finanzplanung soll u. a. die Fragen beantworten, wie die Geschäftstätigkeit des Unternehmens in den nächsten Jahren finanziert wird und ob die Finanzen langfristig gesichert sind. Wie bei der operativen Planung wird auf Teilpläne, wie beispielsweise eine mittelfristige Umsatz- und Kostenplanung zurückgegriffen. Wichtige Planungsgrundlage sind zudem die grundsätzlichen Entscheidungen der Geschäftsleitung sowie die Überprüfung der Auswirkungen dieser Entscheidungen auf die Finanzierung und Realisierbarkeit.

Zusätzlich muss regelmäßig die Unternehmensumwelt beobachtet und evtl. auf Veränderungen in Bezug auf die Auswirkungen auf das eigene Unternehmen überprüft werden. Das können z. B. Veränderungen bei Wettbewerbern, am Markt, bei Produkten, bei Technologien oder Modeerscheinungen sein.

11.2 Phasen der langfristigen Finanzplanung

Unter dem Begriff der Finanzplanung versteht man den Prozess der Erstellung eines Finanzplans für ein Unternehmen, einen Staat oder einen Privathaushalt. Die Finanzplanung umfasst die Kapitalbedarfsplanung und die Liquiditätsplanung.

Phasen der Finanzplanung:

- (rückwärtsgerichtete) Finanzanalyse des Ist-Zustandes
- Soll- und Ist-Vergleich
- Finanzprognose
- Planung der alternativen Möglichkeiten zur Finanzbeschaffung
- Planausgleich
- Kontrolle der Planvorgaben (Finanz- und Liquiditätskontrolle)
- Planrevision

Die grundlegende Aufgabe der unternehmerischen Finanzplanung ist es, die Zahlungsfähigkeit des Unternehmens zu sichern. Gelingt dies nicht, ist ein Unternehmen von der Insolvenz (Zahlungsunfähigkeit, früher Konkurs genannt) bedroht.

Im Rahmen eines Finanzplans werden die in der Zukunft erwarteten Einzahlungen und Auszahlungen einander gegenübergestellt, um damit frühzeitig zukünftige Liquiditätslücken aufzudecken. So können rechtzeitig Maßnahmen zur Sicherung der Liquidität des Unternehmens eingeleitet werden.

Neben der Liquiditätssicherung obliegt der Finanzplanung ferner die Aufgabe, den künftigen Kapitalbedarf des Unternehmens zu ermitteln. Während der Finanzplanung müssen Investitionspläne und Rentabilitätsüberlegungen mit der Kapitalbeschaffung und der Liquiditätserhaltung in Einklang gebracht werden.

Die Finanz- und Liquiditätsplanung werden außerdem von Banken als Grundlage zur Kreditgewährung oder Kreditverlängerung gefordert und sind vor allem in Krisensituationen die wichtigsten Instrumente zum aktiven Krisenmanagement.

HINWEIS

Die verwendeten Zahlen müssen nicht immer absolut genau sein. Selbst wenn eine Liquiditäts- und Finanzplanung in großen Teilen auf Schätzungen und Annahmen beruht, erhalten die Verantwortlichen einen guten Eindruck von der Zahlungsfähigkeit und den möglichen Problemen im Unternehme. Vor allem, wenn es zu Beginn nur wenig Erfahrungen im Umgang mit der Planung vorhanden sind, lassen sich Schätzungen und Fehler kaum vermeiden. Mit zunehmender Anwendungsdauer können die Schätzungen jedoch allmählich durch exakte Daten ersetzt werden.

12. Investitionsplanung und -rechnung

Investitionen sind von besonderer Bedeutung für ein Unternehmen, da sie langfristig Mittel binden, und meist nicht ohne Weiteres rückgängig gemacht werden können.

Außerdem ist zu beachten, dass Investitionen auch Folgekosten, wie z. B. für ihre Bewirtschaftung, ihren Betrieb und ihren Unterhalt auslösen.

Daher muss vor der Investitionsentscheidung ausreichend sicher ermittelt werden, wie die Auswirkungen für das Unternehmen aussehen werden.

Die Beurteilung von Investitionsvorhaben erfolgt auf Basis zukünftiger Kosten und Leistungen bei den statischen Verfahren bzw. auf zukünftigen Zahlungsströmen bei den dynamischen Verfahren.

> **HINWEIS**
>
> Bei Großreparaturen oder kleineren Ersatzinvestitionen wird in der Praxis häufig auf die Anwendung von Verfahren der Investitionsrechnung verzichtet. Hierbei handelt es sich um Routineentscheidungen, die meist auch vom Volumen nicht zu den „echten" Investitionsentscheidungen gezählt werden müssen.

12.1 Statische und dynamische Investitionsverfahren

Für die Beurteilung der Vorteilhaftigkeit einzelner Investitionen (Einzelentscheidung) bzw. zum Vergleich von Investitionsalternativen (Auswahlentscheidung) lassen sich statische Verfahren und dynamische Verfahren unterscheiden:

Verfahren der Investitionsrechnung	
Statische Verfahren	Dynamische Verfahren
▶ Kostenvergleichsrechnung	▶ Kapitalwertmethode
▶ Gewinnvergleichsrechnung	▶ Methode des internen Zinsfußes
▶ Rentabilitätsrechnung	▶ Annuitätenmethode
▶ Amortisationsrechnung	

Bei den statischen Verfahren stehen die Größen „Kosten" und „Leistung" im Mittelpunkt, bei den dynamischen Verfahren werden „Einzahlungen" und „Auszahlungen" betrachtet.

12.2 Statische Verfahren

Verfahren der Investitionsrechnung heißen dann „statisch", wenn sie zeitliche Unterschiede im Auftreten von Ein- und Auszahlungen einer Investition nicht berücksichtigen. Die statischen Verfahren der Investitionsrechnung sind daher einfach und mit geringen Kosten durchführbar.

Charakteristisch für statische Verfahren ist die Annahme eines nicht existierenden theoretischen (= fiktiven) Durchschnittsjahres. Vereinfachend wird dabei oft als Bezugszeitraum das erste Jahr der Investition verwendet. Da aber in der Realität die Ein- und Auszahlungen nicht gleichmäßig während der Nutzungsdauer anfallen (z. B. hohe Anschaffungsauszahlungen am Anfang, später steigende Betriebskosten und steigende Erlöse), ist dieses erste Jahr nicht tatsächlich repräsentativ für die gesamte Nutzungsdauer.

Für dieses fiktive Durchschnittsjahr werden anstelle der tatsächlichen Anschaffungsauszahlungen einer Investition die jährlichen Abschreibungen als periodisierte[1] Anschaffungsauszahlungen verwendet. Auch die anderen Größen, wie die Auszahlungen für die Finanzierung (Zinsen und Tilgungen) oder die Einzahlungen aus Umsatzerlösen, werden in vereinfachender Form gleichmäßig verteilt.

Es wird also nicht mit tatsächlichen Einzahlungen und Auszahlungen, sondern mit rechnerischen Kosten und Leistungen gearbeitet, deren tatsächlicher zeitlicher Anfall nicht berücksichtigt wird. Daran wird deutlich, dass statische Verfahren bezüglich ihrer Liquiditätswirkungen ungenau sind.

Sie sind dennoch in der Praxis beliebt, weil sie leicht zu handhaben sind, keine hohen mathematischen Anforderungen an die Entscheider stellen und nur einen geringen Beschaffungsaufwand für die Daten erfordern.

12.2.1 Kostenvergleichsrechnung

In diesem recht einfachen Verfahren lassen sich zwei oder mehrere Investitionsalternativen vergleichen. Ziel ist die Auswahl derjenigen Alternative, die zu den geringsten (durchschnittlichen) Kosten pro Leistungseinheit bzw. zu den geringsten Stückkosten führt.

Bei der Ermittlung der durchschnittlichen Kosten müssen die Fixkosten und die variablen Kosten pro Betrachtungsperiode ermittelt werden.

---

1 Periodisiert = auf die Nutzungsdauer verteilt.

Statische Verfahren — KAPITEL 12

Es empfiehlt sich folgende Vorgehensweise:

- Zunächst werden sämtliche verfügbaren Daten über die Investitionsobjekte zusammengefasst.
- Anschließend werden Durchschnittswerte für die fixen Kosten (z. B. Abschreibungen) und die variablen Kosten (z. B. Produktionskosten) ermittelt.

Wie eingangs erwähnt, darf das Problem der „unsicheren Zukunft" nicht außer Acht gelassen werden. Angewandt auf die Kostenvergleichsrechnung sind wechselnde Auslastungen zu berücksichtigen, die zu unterschiedlich hohen (variablen) Kosten und schwankenden Erlösen führen. Die Schwankungen können dabei sehr groß sein, wie beispielsweise beim Umstieg von einem Einschicht- zu einem Dreischichtbetrieb, oder auch vergleichsweise gering, wenn es nur um übliche Auslastungsänderungen geht.

Ein weiteres Problem sind die vielfach unterschiedlichen Produktionskapazitäten der Investitionsobjekte. Bei unterschiedlichen Kapazitäten der Investitionsobjekte muss daher der Kostenvergleich um einen Stückkostenvergleich ergänzt werden. Dabei wird auch die Menge ermittelt, bei der die Investitionsalternativen trotz unterschiedlicher Kostenstruktur die gleichen Kosten verursachen. Diese kostengleiche Menge wird als „kritische Menge" bezeichnet.

Für den Fall, dass nur zwei Investitionsobjekte miteinander verglichen werden sollen, lassen sich folgende Aussagen treffen:

- Liegt die zu produzierende Menge unterhalb dieser kritischen Menge, muss die Anlage mit den geringeren Fixkosten gewählt werden.
- Liegt die zu produzierende Menge oberhalb dieser kritischen Menge, muss die andere Alternative gewählt werden.

BEISPIEL: zur Kostenvergleichsrechnung

Wert	Alternative A	Alternative B
Anschaffungskosten in €	200.000,-	300.000,-
Nutzungsdauer in Jahren	8	10
Kapazität in Stück/Jahr	20.000	25.000
Zinssatz in %	7	7
Abschreibung in €/Jahr	25.000,-	30.000,-
Zinsen in €/Jahr	7.000,-	10.500,-
Raumkosten in €/Jahr	12.000,-	12.000,-
Wartung in €/Jahr	10.000,-	15.000,-
Gehälter in €/Jahr	40.000,-	40.000,-
Sonstige fixe Kosten in €/Jahr	5.000,-	6.000,-
Fixe Kosten gesamt in €/Jahr	99.000,-	113.500,-
Fertigungslöhne in €/Jahr	45.000,-	55.500,-
Materialkosten in €/Jahr	20.000,-	25.000,-
Energiekosten in €/Jahr	2.000,-	3.000,-
Sonstige variable Kosten in €/Jahr	500,-	500,-
Variable Kosten gesamt in €/Jahr	67.500,-	83.500,-
Gesamte Kosten in €/Jahr	166.500,-	197.000,-
Kosten pro Stück in €	8,33	7,88

Das Ergebnis dieses Vergleichs führt zur Auswahl der Alternative B. Dies könnte sich jedoch dann ändern, wenn sich durch eine Veränderung der Auftragslage auch die Auslastung ändert. Bei einer geringeren Auslastung könnte sich dann die Alternative A als die kostengünstigere Variante erweisen. Der Nachteil der statischen Methoden ist schon hier deutlich zu erkennen: Zukünftige mögliche Änderungen bleiben unberücksichtigt, da mit Durchschnittsmengen und -werten gerechnet wird.

12.2.2 Gewinnvergleichsrechnung

Die Gewinnvergleichsrechnung geht, im Gegensatz zur Kostenvergleichsrechnung, davon aus, dass die Entscheidung für oder gegen ein Investitionsobjekt von der Differenz zwischen Umsätzen und Kosten, also dem Gewinn[2] abhängt. Die Entscheidungsregel lautet hier: Wähle die Alternative mit dem maximalen (durchschnittlichen) Gewinn!

---

2 Das Wort „Gewinn" wird hier so verwendet, weil das gezeigte Verfahren „Gewinnvergleichsrechnung" heißt. Streng genommen müsste es nicht „Gewinn" sondern „Betriebsergebnis" heißen.

BEISPIEL: zur Gewinnvergleichsrechnung (Fortsetzung des vorigen Beispiels)

Wert	Alternative A	Alternative B
Gesamte Kosten in €/Jahr	166.500	197.000
Kosten pro Stück in €	8,33	7,88
Verkaufpreis pro Stück in €	8,60	8,40
Umsatzerlöse in €/Jahr	172.000,-	210.000
Gewinn in €/Jahr	5.500,-	13.000,-

Bei der im Beispiel gewählten Auslastung (Stückzahl) ist auch bei der Gewinnvergleichsrechnung die Alternative B die bessere Wahl. Die Hauptkritik bei diesem Verfahren betrifft auch hier die Verwendung von Durchschnittswerten. Daher gilt auch hier die Aussage, dass sich bei zukünftig anderen Ausbringungsmengen das Auswahlergebnis ändern könnte.

12.2.3 Rentabilitätsrechnung

Bei dieser Methode der statischen Verfahren wird zusätzlich auch das einzusetzende Kapital berücksichtigt: Es geht um die Vorteilhaftigkeit einer Investitionsalternative unter Berücksichtigung des für die Investition notwendigen Kapitaleinsatzes (KE). Die Rentabilitätsrechnung baut auf der Kosten- bzw. Gewinnvergleichsrechnung auf. Sie zeigt die durchschnittliche jährliche Verzinsung des durchschnittlich gebundenen Kapitals.

Das durchschnittlich gebundene Kapital errechnet sich wie folgt:

$$\frac{\text{Anfänglich eingesetztes Kapital} + \text{Restwert}}{2}$$

Wenn man die oben genannten Werte einsetzt, bedeutet das für die die Alternative A:

$$\frac{200.000\,€ + 0\,€}{2}$$

ein durchschnittlich gebundenes Kapital von 100.000 €.

Die Rentabilität wird dabei wie folgt berechnet:

$$R = \frac{G}{KE} \cdot 100$$

oder

$$R = \frac{E - K}{KE} \cdot 100$$

BEISPIEL: zum Rentabilitätsvergleich (Fortsetzung des vorigen Beispiels)

Wert	Alternative A	Alternative B
Gesamtes eingesetztes Kapital in €	200.000,-	300.000,-
Durchschnittlich gebundenes Kapital in €	100.000,-	150.000,-
Gewinn in €/Jahr	5.500,-	13.000,-
Rentabilität in %/Jahr (bezogen auf das durchschnittlich gebundene Kapital)	5,50	8,66

Auch der hier durchgeführte Rentabilitätsvergleich zwischen beiden Alternativen führt zur Empfehlung, die Alternative B auszuwählen. Dies muss nicht in jedem Fall so sein. Es sind Fälle denkbar, in denen der Rentabilitätsvergleich zu eine anderen Auswahlempfehlung als die ersten beiden Verfahren führt.

HINWEIS

Ein realistischer Rentabilitätsvergleich verlangt:
- gleiche oder ähnlich hohe Anschaffungskosten;
- eine gleiche oder ähnlich hohe Nutzungsdauer.

Alternativ ist eine sog. Differenzinvestition in die Rechnung einzubeziehen. Dies bedeutet zum einen, dass ein Unterschied zwischen den beiden Anschaffungskosten zu einem gewählten Kalkulationszinssatz (hier also ein Betrag von 100.000 € zu 7 %) angelegt werden muss, um den Unterschied aufzuheben.

Zum anderen besteht im angeführten Beispiel ein Unterschied von zwei Jahren bei den jeweiligen Nutzungsdauern. In diesem Fall würde man rechnerisch den früher über die Abschreibung zurückgeführten Betrag zum Kalkulationszinssatz (hier also 200.000 € zu 7 %) anlegen.

Anhand dieser Erklärung wird deutlich, dass man früher oder später doch zur Anwendung dynamischer Verfahren greifen wird, um vergleichbare Ergebnisse zu erhalten.

12.2.4 Amortisationsrechnung

Dieses in der Praxis sehr beliebte Verfahren will mögliche Investitionsalternativen durch ihre Amortisationsdauer vergleichbar machen. Die Amortisationsrechnung ermittelt die Dauer (= pay-off-period), in der das gesamte eingesetzte Kapital durch die gesamten Rückflüsse (bestehend aus den Abschreibungen und den entstehenden Gewinnen) zurückgeführt ist.

Die Entscheidungsregel lautet hier: Wähle die Investition mit der kürzesten Investitionsdauer. Auf den ersten Blick liefert die Amortisationsrechnung zumindest bei gleicher Investitionsdauer brauchbare Ergebnisse. Doch auch hier spielen die Zeitpunkte entstehender Geldeingänge eine wichtige Rolle.

Zunächst betrachten wir die Amortisationsrechnung in der Fortsetzung unseres Beispiels.

BEISPIEL: zur Amortisationsrechnung (Fortsetzung des Beispiels)

Wert	Alternative A	Alternative B
Gesamtes eingesetztes Kapital in €	200.000,-	300.000,-
Abschreibung in €/Jahr	25.000,-	30.000,-
Gewinn in €/Jahr	5.500,-	13.000,-
Gesamte Rückflüsse in €/Jahr	30.500,-	43.000,-
Amortisationsdauer in Jahren	6,56	6,98

Nach der hier durchgeführten Amortisationsrechnung zeigt sich, dass die Alternative A die kürzere Amortisationsdauer aufweist, also zu bevorzugen ist.

Um den zeitlich unterschiedlichen Zahlungsüberschüssen gerecht zu werden, besteht neben der oben gezeigten Verwendung von durchschnittlichen Rückflüssen auch die Möglichkeit zur genaueren Betrachtung der Amortisationsdauer mithilfe von kumulierten Rückflüssen.

Dazu verwenden wir ein neues Beispiel:

BEISPIEL: mit einer Anschaffungsauszahlung von 100.000 €

Jahr	Rückflüsse in €/Jahr	Kumulierte Rückflüsse in €
1	20.000,-	20.000,-
2	25.000,-	45.000,-
3	25.000,-	70.000,-
4	30.000,-	100.000,-
5	35.000,-	135.000,-

Die durchschnittlichen jährlichen Rückflüsse betragen hier also 135.000 € / 5 = 27.000 €. Wenn wir dagegen nach der zuerst gezeigten einfachen Durchschnittsmethode die Amortisationsdauer berechnen, gelangen wir zu folgendem Ergebnis:

100.000 € / 27.000 € = 3,7 Jahre. Bei der Betrachtung der kumulierten Rückflüsse ist dagegen leicht zu erkennen, dass erst am Ende des vierten Jahres alle Rückflüsse zur Amortisation des eingesetzten Kapitals führen.

12.2.5 Kritik an den statischen Verfahren

Sämtliche statische Verfahren sind sehr einfache Verfahren, da sie den Faktor Zeit bei anfallenden Ein- und Auszahlungen nicht berücksichtigen. Auch mögliche Veränderungen der verwendeten Daten in der Zukunft werden durch die Annahme einer fiktiven Durchschnittsperiode vernachlässigt.[3]

Aus betriebswirtschaftlicher Sicht bestehen daher folgende Bedenken bei ihrer Anwendung:

- ▶ Sie betrachten nur das erste Jahr (kurze Frist).
- ▶ Für die restliche Nutzungsdauer werden gleich bleibende Verhältnisse unterstellt.
- ▶ Die Zahlungsstruktur bleibt unberücksichtigt.

Die entstehenden Fehler sind dann besonders groß, wenn

- ▶ die Investition dem Unternehmen sehr lange dienen soll,
- ▶ und sie nehmen zu, je höher der Kalkulationszinssatz ist.

12.3 Dynamische Verfahren

Bei den dynamischen Verfahren werden alle Ein- und Auszahlungen während der gesamten Nutzungsdauer zeitlich genau erfasst.

Die Grundidee dabei ist: Es werden die zu unterschiedlichen Zeitpunkten anfallenden Ein- und Auszahlungen durch Aufzinsung bzw. Abzinsung (Diskontierung) auf einen einheitlichen Zeitpunkt (Vergleichszeitpunkt, Bezugszeitpunkt) vergleichbar gemacht.

Vereinfacht ausgedrückt gilt dabei: „Geld heute ist mehr wert, als Geld morgen".

Als Vergleichszeitpunkt kann entweder der Beginn der Investition (Barwert) oder der Endpunkt der Investition (Endwert) gewählt werden.

Das bedeutet, dass alle anfallenden Zahlungen auf ihren Endwert oder auf ihren Barwert mithilfe finanzmathematischer Methoden umgerechnet werden.

Die Vorteilhaftigkeit einer Investition ist damit abhängig von:

1. der Höhe der Ein- und Auszahlungen,
2. dem Zinssatz des Investors,
3. der zeitlichen Verteilung der Zahlungen.

---

[3] Die statischen Verfahren werden in der Praxis dennoch häufig eingesetzt, und werden deshalb auch Praktikerverfahren genannt.

Die dynamischen Verfahren der Investitionsrechnung werden auch finanzmathematische Verfahren genannt, weil sie auf finanzmathematischen Grundbegriffen aufbauen.

Die nachstehenden Übersichten zeigen die grundsätzliche Vorgehensweise bei der Auf- und Abzinsung.

12.3.1 Die Aufzinsung

Durch die Aufzinsung wird ermittelt, wie viel ein heute vorhandener Geldbetrag mit Zinsen und Zinseszinsen zu einem späteren Zeitpunkt wert ist.

BEISPIEL: Ein Anleger besitzt ein Sparguthaben von 1.000,- €.
Die Bank zahlt 3 % Zinsen.
Wie viel hat der Anleger in zwei Jahren auf seinem Konto?
Lösung:
Sein Guthaben am Ende des ersten Jahres beträgt 1.000,- € · 1,03 = 1.030,- €
Am Ende des zweiten Jahres beträgt das Sparguthaben 1.030,- € · 1,03 = 1.060,90 €
= (1 + 0,03) · (1 + 0,03) · 1.000,- €
oder zusammengefasst:
= $(1 + 0,03)^2$ · 1.000,- € = <u>1060,90 €</u>
Die allgemeine Formel für den Aufzinsungsfaktor lautet damit:
Aufzinsungsfaktor = $(1 + i)^n = q^n$
i = Zinssatz (z. B. 3 %),
n = Anzahl der Zinsperioden (z. B. 2 Jahre)
oder q = 1 + i

12.3.2 Die Abzinsung

Durch die Abzinsung (Diskontierung) wird ermittelt, wie viel ein zukünftig vorhandener Geldbetrag unter Berücksichtigung von Zinsen und Zinseszinsen zu einem früheren Zeitpunkt wert ist.

BEISPIEL: Ein Anleger benötigt in zwei Jahren genau 1.060,90 €.
Die Bank zahlt 3 % Zinsen.
Welchen Betrag muss er heute anlegen?
Lösung:
Der Anleger muss 1.000,- € anlegen:
Dazu ist keine neue Herleitung der Formel notwendig, sondern eine einfache Veränderung der oben gezeigten Formel:
= 1.060,90 € · $(1 + 0,03)^{-2}$ = 1.000,- €

KAPITEL 12 — Investitionsplanung und -rechnung

Die allgemeine Formel für den Abzinsungsfaktor lautet also:

$$\text{Abzinsungsfaktor} = \frac{1}{(1+i)^n} = (1+i)^{-n} = q^{-n} \text{ mit } q = 1+i$$

BEISPIEL: zur Abzinsung zukünftiger Zahlungen

Einem Anleger sind zwei vergleichbare Mietshäuser zum Kauf angeboten worden, deren Anschaffungsauszahlungen gleich groß sind. Die aus den Mieterlösen zu erwartenden Einzahlungsüberschüsse (e-a) sind in der folgenden Tabelle dargestellt:

Jahre	1	2	3	4	5	Summe
Immobilie A (e-a) in T€	10	25	35	75	5	150
Immobilie B (e-a) in T€	50	30	40	20	10	150

Mit beiden Objekten erzielt der Anleger während der Laufzeit also dieselbe Summe an Einzahlungsüberschüssen i. H. von jeweils 150.000 €. Würde man hier eine der einfachen statischen Methode, wie die Gewinnvergleichsrechnung, anwenden, käme man bei beiden Immobilien zum gleichen Ergebnis.

Nun erfolgt der Einsatz der dynamischen Methode, um eine bessere Entscheidungsgrundlage zu erhalten. Dies geschieht durch die Abzinsung der genannten jährlichen Einzahlungsüberschüsse auf den heutigen Tag (Barwert). Dazu unterstellen wir einen Kalkulationszins von 5 %. Wir nehmen also den Fall an, dass der Investor nicht in eine Immobilie investiert, sondern das Geld (gleicher Betrag und gleiche Laufzeit) zur Bank gebracht hätte und dort einen Zins von 5 % erhalten würde.

Wie hoch ist der heutige Wert (= Barwert) der zukünftigen Zahlungen?

Immobilie A

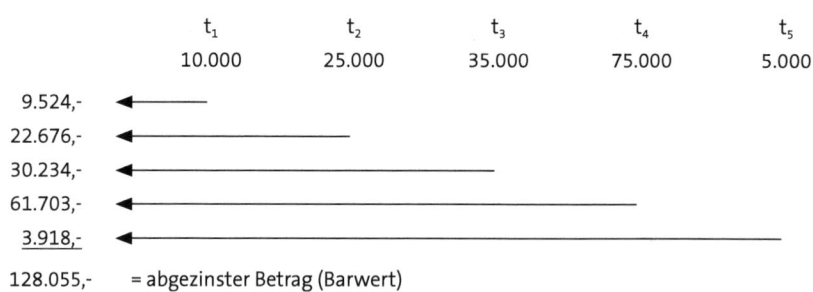

	t_1	t_2	t_3	t_4	t_5
	10.000	25.000	35.000	75.000	5.000

9.524,-	←
22.676,-	←
30.234,-	←
61.703,-	←
3.918,-	←

128.055,-   = abgezinster Betrag (Barwert)

Immobilie B

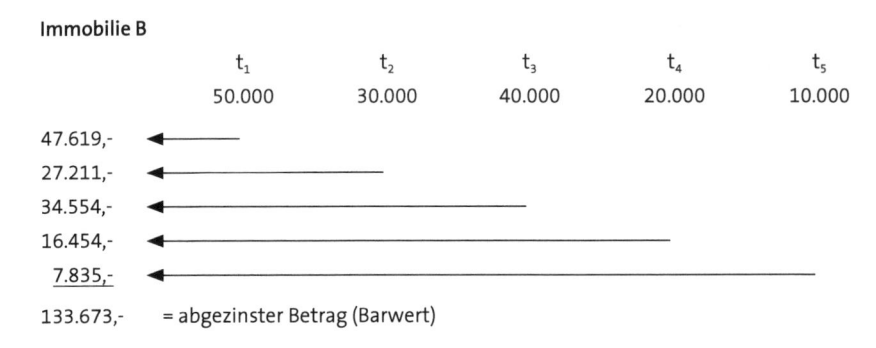

	t_1	t_2	t_3	t_4	t_5
	50.000	30.000	40.000	20.000	10.000

47.619,- ◄――――

27.211,- ◄――――――――

34.554,- ◄――――――――――――

16.454,- ◄―――――――――――――――――

7.835,- ◄――――――――――――――――――――――

133.673,- = abgezinster Betrag (Barwert)

Lösung: Da der Barwert hier größer ist, ist die Immobilie B zu wählen.

12.3.3 Anmerkungen zu den dynamischen Verfahren

Auch die dynamischen Methoden weisen bei ihrer Anwendung in der Praxis einige Fragen und Schwierigkeiten auf:

▶ **Unterstellung eines einheitlichen Marktzinssatzes**

Um verschiedene Investitionsmöglichkeiten einfach vergleichbar zu machen, wird oft vereinfachend ein einheitlicher Marktzinssatz angenommen, der „Kalkulationszinssatz". Dadurch spielt es auch keine Rolle, ob eine bevorstehende Investition mit Eigen- oder Fremdkapital finanziert wird. Dies ist insofern in Ordnung, da sich auch die Kapitalstruktur eines Unternehmens während der Laufzeit der Investition ändern kann. Vernachlässigt wird mit dieser Vereinfachung auch die Tatsache, dass sich Soll- und Habenzinsen stark unterscheiden können. Dies spielt umso mehr eine Rolle, je weiter zukünftige Ein- und Auszahlungen voneinander entfernt auftreten. Konkret: Der mögliche Fehler durch eine derartige Vereinfachung ist bei kurzen Investitionslaufzeiten gering, bei langen Laufzeiten kann er dagegen relativ groß ausfallen. In diesen Fällen sollten dann Einzahlungen und Auszahlungen mit unterschiedlich hohen Zinssätzen abgezinst werden.

▶ **Steuern und Inflation**

Steuern und Geldwertschwankungen (Inflation) spielen in der Realität eine wichtige Rolle, sie werden bei der grundlegenden Behandlung von Investitionen und Finanzierungen allerdings nicht berücksichtigt.

Das Problem: Steuern und Inflationsraten verändern sich im Zeitablauf und unterscheiden sich auch stark von Standort zu Standort bzw. von Land zu Land. Dadurch lassen sich Investitionen in unterschiedlichen Ländern und zu unterschiedlichen Zeitpunkten nicht beliebig miteinander vergleichen. Man kann nun (wie hier) die Einflüsse dieser Faktoren vernachlässigen, oder (mit entsprechendem Aufwand) durch Schätzungen die Veränderung von Steuern und Inflationsraten in die Betrachtung mit einbeziehen. Auch hier gilt wieder die Aussage, dass dies umso mehr zu empfehlen ist, je länger das Unternehmen an seine Investitionsentscheidung gebunden ist, und je größer das einzusetzende Kapital ist.

12.3.4 Kapitalwertmethode

Bei dieser Methode wird ermittelt, ob die Investition zumindest die erwartete Verzinsung des eingesetzten Kapitals erreicht. Dazu wird der Kapitalwert einer einzelnen Investition ermittelt: Die zukünftigen Einzahlungsüberschüsse werden jeweils auf den heutigen Tag abgezinst. Man kann also sagen: Der Kapitalwert ist die Summe der abgezinsten Einzahlungsüberschüsse.

Der Kapitalwert gibt an, ob bei einem bestimmten Kalkulationszinsfuß die abgezinsten zukünftigen Einzahlungen die heutige Anschaffungsauszahlung für eine Investition decken.

Ein Kapitalwert von „0" bedeutet, dass die Investition genau die Renditeerwartungen des Investors erfüllt.

Für die Beurteilung einer einzelnen Investition bedeutet dies:

- ▶ Ein positiver Kapitalwert zeigt, dass die geplante Investition die Renditeerwartungen übertrifft.
- ▶ Wenn der Kapitalwert einen negativen Wert annimmt, ist daran zu erkennen, dass die Investition die gesetzten Renditeerwartungen nicht erfüllt. Diese Investition wäre daher abzulehnen.

Durch die Kapitalwertmethode lassen sich auch Investitionsalternativen vergleichen. Hier gilt diese Entscheidungsregel: Beim Vergleich von zwei Investitionsalternativen ist die Alternative zu wählen, die den höheren Kapitalwert bietet.

BEISPIEL: zur Kapitalwertmethode bei einer einzelnen Investition in eine Maschine

Anschaffungsauszahlung: 1.000.000 €

Rückflüsse: wie in der unten gezeigten Darstellung

Kalkulationszins: 5 % (Opportunitätskostenprinzip)

Weitere Annahme zur Vereinfachung:

Alle unterjährigen Ein- und Auszahlungen werden so behandelt als würden sie am Ende des jeweiligen Jahres auf einmal anfallen, ansonsten ist eine „unterjährige Abzinsungstabelle" zu verwenden.

Dynamische Verfahren — KAPITEL 12

Zinsfuß 5 %; Abzinsungsfaktor

A_0	t_1	t_2	t_3	t_4
1.000.000,-	+200T	+300T	+350T	+250T

+ 190.476,20 ←───
+ 272.108,70 ←──────
+ 302.343,30 ←─────────
+ <u>205.675,50</u> ←────────────

= -29.396,30 = Der Kapitalwert C_0 ist negativ. Die Investition erfüllt die Renditeerwartungen nicht, sie ist daher abzulehnen.

BEISPIEL: ▶ zur Anwendung der Kapitalwertmethode zum Vergleich von zwei Investitionsalternativen (Fortsetzung des obigen Beispiels)

Wie im obigen Beispiel der beiden Immobilien gezeigt, ergeben sich folgende abgezinsten Einzahlungsüberschüsse:

Immobilie A: 128.055 €

Immobilie B: 133.673 €

Da im Beispiel beide Anschaffungsauszahlungen gleich sind (100.000 €), ergeben sich folgende Kapitalwerte für die Immobilien:

	Abgezinste Einzahlungsüberschüsse in €	Anschaffungsauszahlung in €	Kapitalwert in €
Immobilie A	128.055,-	100.000,-	28.055,-
Immobilie B	133.673,-	100.000,-	33.673,-

ERGEBNIS: ▶ Es bleibt dabei: Die Investition in Immobilie B ist zu bevorzugen, da sie den höheren Kapitalwert aufweist.

Ihren besonderen Vorteil zeigt die Kapitalwertmethode, wenn sich die Anschaffungsauszahlungen unterscheiden.

Dazu variieren wir unser Beispiel:

	Abgezinste Einzahlungsüberschüsse in €	Anschaffungsauszahlung in €	Kapitalwert in €
Immobilie A	128.055,-	130.000,-	- 1.945,-
Immobilie B	133.673,-	128.000,-	+ 5.673,-

Als Ergebnis für diesen Vergleich sind zwei Dinge festzustellen:

1. Immobilie A weist einen negativen Kapitalwert auf, sie erfüllt also nicht die Renditeerwartungen des Investors (hier wurden 5 % angenommen).
2. Immobilie A weist außerdem den gegenüber Immobilie B schlechteren Kapitalwert auf, und käme auch aus diesem Grund nicht für eine Investition in Frage.

12.3.5 Interne Zinsfußmethode

Auch dieses weitere Verfahren der dynamischen Verfahren erlaubt es, einzelne Investitionsvorhaben erstens auf Ihre Vorteilhaftigkeit im Vergleich zur gewünschten Mindestverzinsung und zweitens im Vergleich mit anderen möglichen Investitionen zu überprüfen.

Die interne Zinsfußmethode baut auf der oben beschriebenen Kapitalwertmethode auf: Errechnet wird hierbei der „interne Zinsfuß", also die von der Investition erreichte Verzinsung über die gesamte Investitionsdauer.

Dazu wird der Zinssatz gesucht, bei dem der Kapitalwert der Investition den Wert „0" erreicht. Anders ausgedrückt suchen wir also den Zinssatz, bei dem die Barwerte der Einzahlungs- und Auszahlungsreihe gleich groß sind. Rechnerisch ermittelt man den internen Zinsfuß (i), indem man die vorhin dargestellte Kapitalwertfunktion gleich Null setzt:

$$\sum_{t=0}^{n} (E_t - A_t)(1+i)^{-t} + L_n(1+i)^{-n} = 0$$

und nach i auflöst.

Ebenso ist die Ermittlung über ein Tabellenkalkulationsprogramm (Excel) oder mit dem Verfahren der Linearen Interpolation möglich. Das sieht komplizierter aus, als es in der Praxis ist! Dies zeigt das nachstehende Beispiel.

BEISPIEL: ▶ zur internen Zinsfußmethode

Bei einer gegebenen Zahlungsreihe sind zwei Zinssätze zu wählen, von denen einer unterhalb, und der andere oberhalb der erwarteten Verzinsung liegen sollte.

Gegeben ist eine Anschaffungsauszahlung[4] von 40.000 €, und eine Reihe verschiedener Einzahlungen:

$a_0 = -40.000$ $d_1 = 16.000$ $d_2 = 12.000$ $d_3 = 24.000$

Als ersten Zinssatz wählt man in diesem Beispiel 10 %:

$i_1 = 10\%$

$C_{01} = -40.000 + 1{,}1^{-1} \cdot 16.000 + 1{,}1^{-2} \cdot 12.000 + 1{,}1^{-3} \cdot 24.000$

$= +2.494{,}37$

Da der so ermittelte Kapitalwert der untersuchten Investition größer als „0" ist, lässt sich als erstes Ergebnis nun schon sagen, dass der interne Zinsfuß mehr als 10 % betragen muss. Denn: Ein höherer Zinssatz führt bei einer Abzinsung zu einem geringeren Wert zukünftiger Zahlungen.

---

[4] Bei der Darstellung von Zahlungsströmen innerhalb der Investitionsrechnungen werden Auszahlungen „negativ", also mit einem Minuszeichen dargestellt.

Also wählt man als zweiten Zinssatz zur Durchführung einer Abzinsung 15 %:

$i_2 = 15\%$

$C_{02} = -40.000 + 1{,}15^{-1} \cdot 16.000 + 1{,}15^{-2} \cdot 12.000 + 1{,}15^{-3} \cdot 24.000$

$\phantom{C_{02}} = -1.232{,}84$

Der nun gewählte Zinssatz von 15 % führt zu einem negativen Kapitalwert, ist also zu hoch angesetzt. Überschlagsmäßig ist zu erkennen, dass der interne Zinsfuß näher bei 15 % als bei 10 % liegt. Als groben Richtwert könnte man nun den internen Zinsfuß mit ca. 13,3 % angeben.

Diesen internen Zinsfuß kann man zunächst zum Vergleich mit der vom Unternehmen angestrebten Mindestverzinsung verwenden. Liegt diese Mindestverzinsung bei 7 %, ist die hier untersuchte Investition als vorteilhaft zu bezeichnen. Ist der interne Zinsfuß einer zweiten Investitionsmöglichkeit gegeben, lässt sich sagen, welche der beiden Investitionsalternativer vorteilhafter ist: Diejenige Alternative, die den höheren internen Zinsfuß erreicht, ist die zu wählende günstigere Alternative.

12.3.6 Annuitätenmethode

Auch die Annuitätenmethode ist eine Variante der Kapitalwertmethode. Sie rechnet den Kapitalwert in

- ▶ **äquivalente** (d. h. der Barwert der kumulierten Zahlungen ist gleich dem Kapitalwert),
- ▶ **äquidistante** (d. h. der zeitliche Abstand zwischen den Zahlungen ist gleich groß) und
- ▶ **uniforme** (d. h. die Zahlungen sind gleich groß)

jährliche Zahlungen um.

KAPITEL 12 Investitionsplanung und -rechnung

ABB. 21: Schaubild Annuitätenmethode

(Schaubild mit A_0, $E_t - A_t$, C_0 und Annuitäten)

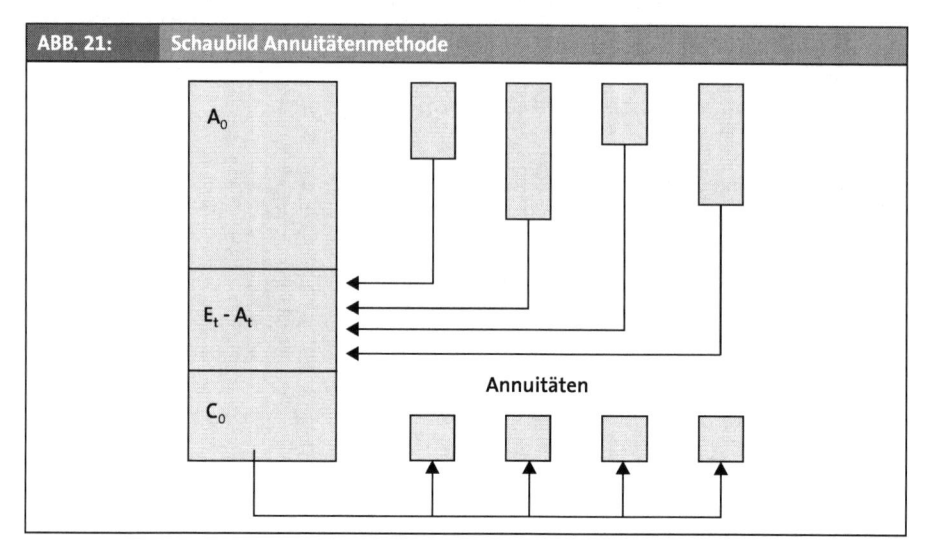

Auch diese nicht ganz leicht zu verstehenden Aussagen werden hier deutlicher. Das obige Schaubild zeigt nochmals die Vorgehensweise:

1. Die unterschiedlichen jährlichen Einzahlungsüberschüsse der Jahre eins bis vier werden durch Abzinsung auf Ihren Barwert gebracht.
2. Von diesem Barwert der Einzahlungsüberschüsse wird die Anschaffungsauszahlung A_0 abgezogen, und es ergibt sich der Kapitalwert C_0 der Investition.
3. Der Kapitalwert C_0 wird in vier gleiche Jahresraten (Annuitäten) über die Laufzeit der Investition umgerechnet.

Diese jährlichen Zahlungen nennt man Annuität[5]. Man kann die Annuität am besten als die gleichmäßigen theoretischen Erträge einer Investition bezeichnen.

Die Entscheidungsregel lautet hier: Realisiere die Investition, wenn die Annuität größer „0" ist!

Vergleicht man zwei Investitionen, gilt die Regel: Wähle die Investition mit der höchsten Annuität!

- ▶ Der **Kapitalwert** zeigt den Gesamterfolg von Investitionen auf.
- ▶ Die **Annuität** bezieht sich auf den Periodenerfolg; d. h. der Kapitalwert wird unter Berücksichtigung von Zinsen und Zinseszinsen gleichmäßig auf die Perioden der Nutzungsdauer verteilt.

---

5 Von lat. annum = Jahr.

Ermittelt wird die Annuität „a" durch die Multiplikation des Kapitalwerts einer Investition mit dem „Kapitalwiedergewinnungsfaktor" (KWGF). Der Kapitalwiedergewinnungsfaktor (auch Annuitätenfaktor AN genannt) findet sich in den entsprechenden finanzmathematischen Tabellen. Er kann auch in der Tabellenkalkulation Excel mit der Funktion RMZ oder mithilfe dieser Formel ermittelt werden:

$$AN = C_0 \cdot \frac{i(1+i)^n}{(1+i)^n - 1}$$

Danach ist der Rechenweg wie folgt: $a = C_0 \cdot KWGF$.

BEISPIEL: ▶ zur Annuitätenmethode

Ein Darlehen von 10.000 € soll innerhalb eines Zeitraums von 4 Jahren in gleichen Annuitäten verzinst und getilgt werden. Der vereinbarte Zinssatz beläuft sich auf 10 %.

Welche Höhe hat die Annuität?

Annuität = Darlehen · $KWGF_4$

Annuität = 10.000 € · 0,315471 = 3.155 €

12.3.7 Das Problem „Unsichere Zukunft"

Wie oben erwähnt, ist die Ermittlung der „richtigen" Daten ein Grundproblem der Planung und damit auch der Investitionsrechnung. In Zeiten relativ gleichmäßiger Entwicklungen kann man die zukünftigen Daten relativ leicht durch eine Fortschreibung der bisherigen Entwicklung erlangen. In Zeiten dynamischer oder sogar turbulenter Entwicklung ist eine einfache Fortschreibung nicht mehr ausreichend genau. Hier muss man sich Gedanken über die Eintrittswahrscheinlichkeit bestimmter Ereignisse machen, die sich auf den Erfolg der zu betrachtenden Investitionen auswirken:

Einzahlungsüberschuss in €	Eintrittswahrscheinlichkeit	Anteilige Erwartungswerte in €
15 Mio.	0,6	9 Mio.
12 Mio.	0,3	3,6 Mio.
10 Mio.	0,1	1 Mio.

In diesem Beispiel der Betrachtung zukünftiger Einzahlungsüberschüsse ergibt sich ein Erwartungswert von 13,6 Mio. €, der den Berechnungen zugrunde gelegt wird. Neben der Ermittlung von Erwartungswerten für die Einzahlungsüberschüsse kann dies auch für die Einschätzung der Entwicklung der anderen relevanten Daten vorgenommen werden. Dabei wird deutlich, dass es für eine Investitionsentscheidung nicht nur einer einzigen Rechnung bedarf, sondern dass eine Vielzahl von Rechnungen (in denen unterschiedliche Annahmen getroffen werden) durchgeführt werden muss.

12.3.8 Fazit

Das vorstehende Kapitel hat einen Überblick über Investitionsziele und die verschiedenen Investitionsrechnungsverfahren gegeben. Jede Investitionsentscheidung sollte mithilfe einer Investitionsrechnung auf ihre Rentabilität geprüft werden. Nur wenn sich das Vorhaben für das Unternehmen insgesamt rechnet, darf eine Investition vorgenommen werden.

Zu erkennen ist, dass die einfachen, oft aber auch unzureichenden statischen Verfahren nur bei eher kurzfristigen Investitionen brauchbare Ergebnisse liefern.

Wenn es sich um größere und eher langfristige Investitionen handelt, bei denen sich im Zeitablauf auch Annahmen über Auslastung, Umsätze und andere Merkmale ändern können, sollten nur noch dynamische Verfahren zur Anwendung kommen, die eine verlässlichere Information über eine oder mehrere Investitionsalternativen liefern. Ergänzt werden muss das jeweils zum Einsatz kommende Verfahren um die Betrachtung der Erwartungswerte verschiedener Einflussfaktoren.

> **HINWEIS**
>
> Aufgrund des meist hohen Mittelabflusses bei Investitionen sollten immer auch Alternativen betrachtet werden, z. B. Leasing, Verschiebung, Kooperationen, Make-or-Buy.

13. Working-Capital-Management – Hebel zur Verbesserung der Liquidität

13.1 Was ist das Working-Capital?

Working-Capital ist der englische Ausdruck für Betriebskapital oder Netto-Umlaufvermögen. Es ist der Teil des Umlaufvermögens, der durch langfristiges Kapital, z. B. Eigenkapital oder langfristiges Fremdkapital, gedeckt ist. Mithilfe der Betrachtung des Working-Capitals wird die Liquiditätslage eines Unternehmens u. a. von Banken oder Investoren beurteilt. Das Working-Capital liefert in der Praxis wichtige Hinweise auf eine möglicherweise vorhandene oder sich anbahnende Schieflage eines Unternehmens. Daher sollte sich jedes Unternehmen regelmäßig mit dem Thema Working-Capital und dessen Verbesserung befassen.

Das Working-Capital errechnet sich aus dem Umlaufvermögen abzüglich der (nicht zu verzinsenden) kurzfristigen Verbindlichkeiten.

Eine einfache Formel dazu lautet:

Working-Capital = Umlaufvermögen - kurzfristige Verbindlichkeiten

Oder ausführlicher:

Umlaufvermögen (soweit innerhalb eines Jahres liquidierbar)

- kurzfristige Verbindlichkeiten (mit Laufzeiten von bis zu einem Jahr)

+ Steuerrückstellungen

+ sonstige Rückstellungen

+ passive Rechnungsabgrenzungsposten

= **Working-Capital**

Ist das Ergebnis negativ, bedeutet dies, dass ein Teil des Anlagevermögens kurzfristig finanziert wird, wodurch das Unternehmen schnell in Liquiditätsschwierigkeiten geraten kann.

Ist das Ergebnis positiv, bedeutet dies, dass ein Teil des Umlaufvermögens mit langfristig zur Verfügung stehendem Kapital finanziert wird.

Je höher das Working-Capital ist, desto gesicherter ist einerseits die Liquidität des Unternehmens, andererseits ist es jedoch nicht gelungen, Finanzierungskosten auf Kunden oder Lieferanten abzuwälzen.

13.2 Vernachlässigung des Working-Capital-Managements in der Praxis

Häufig wird nicht nach Bedeutung, Bestellvolumen, Deckungsbeiträgen, Konditionen, Zuverlässigkeit, Preisen, Zahlungszielen und -verhalten usw. unterschieden. Oft werden in Unternehmen alle Kunden, alle Produkte und alle Lieferanten gleich behandelt.

Frei nach dem Motto: „Ich muss doch jeden Kunden, Lieferanten sowie die Produkte gleich behandeln und darf niemanden bevorzugen."

Gründe dafür:

▶ Es ist nicht bekannt oder transparent, welche betriebswirtschaftlichen Überlegungen und Gründe es gibt, um differenziert vorzugehen.
▶ Es fehlt das Wissen bezüglich des möglichen Optimierungspotenzials.

BEISPIEL:

▶ **Kunden**: Kundenportfolios erstellen (z. B. nach Bestellvolumen und Zahlungszuverlässigkeit), Kunden nach Zahlungszielen differenzieren
▶ **Lieferanten**: Bündelung der Bestellungen bei wenigen Anbietern, Zusammenschluss mit anderen Unternehmen (Einkaufskooperationen), Ausnutzung von Skontofristen
▶ **Produkte**: Schnelldreher-Langsamdreher-Listen führen, Auslistung, Sortimentsoptimierung, Just-in-Time, Bestellmengenoptimierung
▶ *Voraussetzung*: Integration aller relevanten Unternehmensbereiche sowie Informationsaustausch (Einkauf, Produktion, Lager, Verkauf, Rechnungswesen)

13.3 Was ist das Working-Capital-Ratio?

Das Working-Capital-Ratio (WCR) drückt aus, welcher Anteil der kurzfristigen Verbindlichkeiten durch das Umlaufvermögen finanziert wird. Liegt der Wert über 100 %, wird ein Teil des Umlaufvermögens langfristig finanziert, was positiv zu bewerten ist, denn das Unternehmen bekommt z. B. bei einem Teil nicht verkaufbarer Vorräte oder bei Forderungsausfällen nicht unmittelbar Liquiditätsprobleme. Liegt der Wert unter 100 %, ist die finanzielle Stabilität des Unternehmens negativ zu bewerten.

$$\text{Working-Capital-Ratio} = \frac{\text{(kurzfristiges) Umlaufvermögen}}{\text{kurzfristige Verbindlichkeiten}} \cdot 100$$

Diese Kennzahl drückt die Abdeckung der kurzfristigen Verbindlichkeiten durch das Umlaufvermögen aus.

13.4 Vorgaben und Ziele – Grundlegende Zusammenhänge und Überlegungen

- Die Liquidität steigt, je längerfristig die Zahlungsverpflichtungen sind und je schneller sich die Vermögensgegenstände liquidieren lassen.
- Je höher das Working-Capital, desto besser wird die zukünftige Liquiditätslage sein bzw. sich entwickeln.
- Kurzfristig auftretende Schwankungen im Einkauf, Absatzschwierigkeiten oder Zahlungsausfälle können zu existenzbedrohenden Zahlungsschwierigkeiten führen, wenn kurzfristig keine Mittel vorhanden sind, um einen Engpass auszugleichen.
- Working-Capital zeigt den Umfang des „falsch" finanzierten Umlaufvermögens an, d. h. die mittel- bzw. langfristig finanzierten Teile des Umlaufvermögens.
- Faustregel: Das Working-Capital-Ratio sollte mindestens 130-150 % betragen.
- Amerikanische Banken und Investoren fordern sogar ein Verhältnis von Umlaufvermögen und kurzfristigem Fremdkapital von 200 %.
- Aber: Eine sichere Aussage zur Liquiditätsentwicklung kann mithilfe dieser und anderer Kennzahlen nicht getroffen werden, da immer auch andere Zahlungsströme bzw. liquiditätswirksame Geschäftsfälle entstehen. Eine „Koppelung" mit der Liquiditäts- und Finanzplanung ist daher zwingend.

Das Working-Capital sollte stets positiv sein. Die Liquiditätslage ist umso besser und sicherer, je höher das Working-Capital-Ratio ist. Ein hohes Working-Capital-Ratio stellt einen wichtigen Hinweis auf die finanzielle Stabilität eines Unternehmens dar.

Andererseits ist ein (zu) hohes absolutes positives Working-Capital auch ein Indikator dafür, dass zu viel Kapital und Vermögen im Betrieb gebunden werden.

Eine Reduzierung des Working-Capitals führt zur Freisetzung gebundener Mittel und erhöht unmittelbar die Liquiditätslage eines Unternehmens.

Zudem entfallen z. B. Bestands- und Bewertungsrisiken bzw. Ausfallrisiken bei Debitoren bzw. sie können reduziert werden.

Ein negatives Working-Capital zeigt, dass die goldene Finanzierungsregel nicht eingehalten und ein Teil des langfristigen Vermögens kurzfristig finanziert wird. Dies führt zu einer schlechteren Bonitätsbeurteilung.

Durch ein negatives Working-Capital wird deutlich, dass das Anlagevermögen nicht oder nur in Teilen durch Eigenkapital und langfristiges Fremdkapital gedeckt ist. Es besteht ein großes Risiko, dass das Unternehmen schnell in Zahlungsschwierigkeiten geraten kann.

KAPITEL 13 — Working-Capital-Management

Dazu ein kleiner Exkurs zur Fristenkongruenz:

Die Grundaussage der Fristenkongruenz lautet: Kurzfristig gebundenes Vermögen muss durch kurzfristiges Kapital finanziert werden.

Das lässt sich mit nachstehenden Berechnungen überprüfen:

$$\text{Deckungsgrad 1} = \frac{\text{Eigenkapital}}{\text{Anlagevermögen}} \cdot 100$$

Aussage: Der Deckungsgrad 1. Grades gibt darüber Auskunft, inwieweit das Anlagevermögen durch das Eigenkapital gedeckt ist. Er sollte zwischen 80 % und 100 % liegen.

$$\text{Deckungsgrad 2} = \frac{\text{Eigenkapital + langfristiges Fremdkapital}}{\text{Anlagevermögen}} \cdot 100$$

Aussage: Der Deckungsgrad 2 gibt darüber Auskunft, inwieweit das Anlagevermögen durch das Eigenkapital und das langfristigen Fremdkapital gedeckt ist. Er sollte zwischen 100 % und 120 % liegen.

$$\text{Deckungsgrad 3} = \frac{\text{Eigenkapital + langfristiges Fremdkapital}}{\text{Anlagevermögen + Vorräte}} \cdot 100$$

Aussage:
Der Deckungsgrad 3 gibt darüber Auskunft, inwieweit das Anlagevermögen und die Vorräte durch das Eigenkapital und das langfristige Fremdkapital finanziert werden können. Die Zielvorgabe liegt hier bei 100 %.

13.5 Working-Capital: Indikator für vorhandene oder sich entwickelnde wirtschaftliche Schieflagen

Working-Capital gibt über den aktuellen Stand und die Entwicklung[6] der Forderungslaufzeiten und Bestände Hinweise auf Mängel in der grundsätzlichen Wettbewerbsfähigkeit eines Unternehmens.

---

[6] Bei der Betrachtung von Kennzahlen ist es meist sinnvoll und notwendig, neben der Momentaufnahme auch die Entwicklung im Zeitablauf zu betrachten.

BEISPIELE ► Auswahl möglicher Ursachen

Lagerbestände und -werte steigen	► Schlechte Lagerverwaltung ► Konditionen und Verhandlungsmöglichkeiten werden nicht ausgenutzt ► Mit Lieferanten wird nicht intensiv genug verhandelt ► Keine Beschaffungsanalyse und unzureichende Beschaffungsstrategien, z. B. Verzicht auf Just-in-Time-Lieferungen ► Rohstoffe, Komponenten oder Handelsware werden nur noch gegen Vorkasse oder mit deutlich verkürzten Zahlungszielen geliefert ► Veraltete Produktpalette, viele Ladenhüter ► Keine/zu wenig Produktneuentwicklungen ► Falsches Sortiment ► Zunehmender Wettbewerb mit besseren und/oder preiswerteren Produkten ► Vernachlässigung von Kundenpflege und -akquise
Forderungen steigen	► Schlechtes Forderungsmanagement, kein Mahnwesen ► Mängel bei den Zahlungszielen ► Verzicht auf Bonitätsprüfungen ► Verkauf nur noch gegen Gewährung langer Zahlungsziele möglich
Kurzfristige Verbindlichkeiten steigen	► Eigentlich günstig, da lange Zahlungsziele der Lieferer zinslose Kredite darstellen ► Gutes Verhandeln erhöht bzw. verbessert diesen Wert, verspätetes Zahlen ebenfalls, geht aber auf Kosten von Image und belastet u. U. Geschäftsbeziehung bis hin zu Umstellung der Zahlungskonditionen (z. B. Vorkasse, Abschläge) ► Aber: Verzicht auf Skontoabzug → Lieferantenkredit ist ein teurer Kredit!

HINWEIS

Häufig steigt das Working-Capital im Vorfeld einer Krisensituation stark an.[7] Daher sollte die Entwicklung des Working-Capitals möglichst regelmäßig erfolgen und die Entwicklung dargestellt werden. Hilfreich ist auch die „Zerlegung" und Beobachtung der Entwicklung der drei Treiber Forderungen, Vorräte, Verbindlichkeiten. Zudem sollten weitere Kennzahlen wie Umschlagshäufigkeiten oder Reichweiten zur Vertiefung der Analyse hinzu gezogen werden.

MERKE

Das Working-Capital kann nur Hinweise auf eine mögliche Schieflage eines Unternehmens liefern. Ob diese tatsächlich vorhanden ist, muss durch zusätzliche Analysen verifiziert werden.

13.6 Kapitalbindungsdauer messen und kennen – Kennzahlen

Wichtig für Verbesserungen im Bereich Working-Capital-Management ist die Kenntnis der zeitlichen Zusammenhänge und der Überblick über die Entwicklung im Zeitverlauf.

Für die Überwachung und Steuerung der zeitlichen Aspekte und Auswirkungen des Working-Capitals auf die Kapitalbindung und Liquidität werden in der Praxis vor allem folgende Kennzahlen und Messgrößen eingesetzt:

Kapitalbindung (Cash Conversion Cycle, CCC):

Der CCC misst die durchschnittliche Kapitalbindungsdauer in Tagen. Oder anders ausgedrückt: CCC misst, wie lange ein Unternehmen das zur Produktion eingesetzte Vermögen vorfinanzieren muss.

Die Formel dazu lautet:

CCC = DSO + DIH - DPO[8]

---

[7] Schlechtverkäufliches Vorratsvermögen nimmt zu, Lieferantenkredite gehen zurück.
[8] Die Erklärungen zu diesen Abkürzungen finden sich auf der folgende Seite.

Days-Inventory-Held (DIH)[9]:

DIH misst die durchschnittliche Reichweite der Lagerbestände in Tagen.

Messzeitraum: An- bis Auslieferung der Bestände

$$\varnothing \text{ Lagerdauer/-reichweite} = \frac{\varnothing \text{ Lagerbestand}}{\text{Herstellkosten der verkauften Güter}} \cdot 365 \text{ Tage}$$

Days-Sales-Outstanding (DSO):

DSO misst die durchschnittliche Laufzeit der Forderungen in Tagen.

Messzeitraum: Rechnungsstellung bis Zahlungseingang

$$\varnothing \text{ Forderungslaufzeit} = \frac{\text{Forderungen aus L+L}}{\text{Netto-Umsatzerlöse}} \cdot 365 \text{ Tage}$$

Days-Payables-Outstanding (DPO)[10]:

DPO misst die durchschnittliche Laufzeit der Verbindlichkeiten in Tagen.

Der Messzeitraum ist der Zeitraum zwischen Rechnungsdatum oder Rechnungseingang bis zur Zahlung an den Lieferanten.

$$\varnothing \text{ Verbindlichkeiten-Laufzeit} = \frac{\text{Verbindlichkeiten aus L+L}}{\text{Herstellkosten der verkauften Güter}} \cdot 365 \text{ Tage}$$

13.7 Working-Capital optimieren – Die Stell- und Steuerungsgrößen

Das Hauptziel der Optimierung ist die Verringerung des Working-Capitals durch die Freisetzung der gebundenen Liquidität. Grundsätzlich sind für alle Maßnahmen konkrete Ziele zu formulieren, die erreicht werden sollen. Dazu gehört auch ein Working-Capital-Controlling durch laufende Plan-Ist-Vergleiche der Entwicklung der wesentlichen Working-Capital-Treiber wie Forderungen, Lagerbestände und Verbindlichkeiten.

Das Working-Capital lässt sich vor allem durch Abbau von Forderungen und Vorräten sowie Verlängerung der Fristigkeiten bei den kurzfristigen Verbindlichkeiten verbessern.

---

9 Auf Deutsch: Lagerreichweite.
10 Auf Deutsch: Verbindlichkeitenreichweite.

Dies ist möglich durch:
- ▶ Verringerung des in Lagerbeständen gebundenen Kapitals,
- ▶ schnelles „Einsammeln" ausstehender Forderungen,
- ▶ Verzögerung der Auszahlungen für Verbindlichkeiten.

13.7.1 Vorräte und Lagerbestände

Hohe Bestände binden nicht nur Kapital, sondern verursachen weitere laufende Kosten, z. B. für Zinsen, Lager, Versicherung, Personal. Zusätzlich besteht das Risiko, Lagerware später nicht mehr oder nur zu stark reduzierten Preisen absetzen zu können.

Um in diesem Bereich schnell Erfolge zu erzielen, hier ein Überblick über die wichtigsten Maßnahmen zur Verringerung der Bestände:

- ▶ Bestandsanalyse und Klassifizierung der Produkte nach Wert (ABC-Analyse) und Lagerdauer
  - – Dadurch lassen sich die wichtigsten und wertvollsten Produkte finden.
- ▶ Bestellmengenoptimierung
  - – Dadurch kann einen Reduzierung der Bestände sowie der Gesamtkosten erfolgen.
  - – Dazu ist eine genaue Bestandsführung für alle wichtigen Produkte erforderlich.
  - – Der Lagerumschlag für die wesentlichen Stoffe und Fertigprodukte ist zu ermitteln.
  - – Eine genaue Produktions- und Absatzplanung ist vorzunehmen.
- ▶ Verkürzung der durchschnittlichen Lagerdauer
  - – Dies kann man durch eine bessere Planungsqualität und Lagerplanung erreichen.
- ▶ Einführung von Just-in-Time-Lieferungen bei Produkten mit hohem Wertanteil
  - – Dieser Vorgang dient der Vermeidung der Lagerhaltung im eigenen Unternehmen.
- ▶ Aktives Lieferantenmanagement mit konsequenten Preisverhandlungen
  - – Dabei handelt es sich um eine Daueraufgabe des Einkaufsteams.
- ▶ Prüfung, ob Materialien und/oder Lieferanten ersetzt werden können
  - – „There is always room for improvement".
- ▶ Komplexität des Produktionsprogramms prüfen und ggf. reduzieren
  - – Dazu ist das Sortiment laufend zu überprüfen und möglichst zu straffen.[11] Die Sortimentskomplexität ist in der Praxis häufig der wichtigste Working-Capital-Treiber.

---

11 Eine zu hohe Sortimentskomplexität führt zu hohen Lagerbeständen, besonders dann, wenn in schon gesättigten Märkten neue Produktvarianten Teile des aktuellen Programms „kannibalisieren".

- Wertschöpfungstiefe verringern
  - Durch eine Make-or-Buy-Analyse kann geprüft werden, ob der Fremdbezug kostengünstiger ist bzw. ob dadurch die eigene Kapitalbindung verringert werden kann.
- Bestandssenkungsprogramme durchführen
  - Ladenhüter verkaufen und Langsamdreher auslisten.
  - Ursachen von Schwund ermitteln und bekämpfen.

13.7.2 Forderungen

Forderungen an Kunden sind Darlehen an Kunden. Sie verringern den eigenen Liquiditätsspielraum, und behindern damit die eigenen Chancen auf Wachstum.

Die möglichen Maßnahmen ähneln sehr stark dem Vorgehen im Bereich Vorräte und Lagerbestände.

Daher auch hier ein Überblick über die wichtigsten Maßnahmen zur Verringerung des Forderungsbestandes:

- ABC-Analyse der Kunden nach Volumen und Zahlungsverhalten
  - Im Ergebnis sollte man in Erwägung ziehen, sich von den „schlechtesten" Kunden zu trennen, denn nur Kunden, die (schnell) bezahlen, sind wirklich (gute) Kunden!
- Forderungsmanagement
  - Dazu gehören die Bonitätsprüfung[12], das Mahnwesen und Factoring. Die Faustregel zum Factoring besagt: 90 % der Forderungen sollten factoringfähig sein, unabhängig davon, ob das Unternehmen bereits Factoring einsetzt oder nicht.
- Klare Kreditlimits für jeden Kunden einrichten und überwachen
  - Zusätzlich sind individuelle Zahlungskonditionen festzulegen, wie z. B. höhere Preise, kürzere Zahlfristen oder Vorkasse.
- Verkürzung des tatsächlichen durchschnittlichen Forderungsbestandes
  - Ein erster Schritt dazu kann durch eine Verringerung der Rechnungsreklamationen sein. Dies erfordert die richtige Stellung der eigenen Rechnungen, eine gut organisierte Reklamationsbearbeitung und eine gute Kommunikation mit dem Kunden.
  - Weitere mögliche Maßnahmen: Erhöhung des Anteils an Barverkäufen, Abschlagszahlungen, eigene Rechnungen zeitnah zur Leistungserbringung stellen.

---

12 Die Auftragsbearbeitung beginnt mit der Bonitätsprüfung!

- ► Gewährung von Kundenrabatten
  - Beispielsweise kann ein Jahresbonus gewährt werden, wenn Zahlungsziele immer eingehalten wurden.

13.7.3 Verbindlichkeiten aus Lieferungen und Leistungen

Wir betrachten nun die Finanzierungsseite des Working-Capitals. Folgende Maßnahmen können hier zu Verbesserungen führen:
- ► ABC-Analyse der Verbindlichkeiten aus L+L und der der Lieferanten
  - Dazu erfolgt die Klassifizierung der Lieferanten z. B. nach Bedeutung (Stamm-, Gelegenheits- neue Lieferanten sowie Volumen).
- ► Ausnutzung von Skontofristen
  - Letztmögliche Inanspruchnahme
- ► Nachverhandlungen mit Lieferanten über Zahlungsfristen und Konditionen
  - Verlängerung des durchschnittlichen Wareneinkaufs auf Ziel
  - Grundsätzliche Konditionenverbesserung
- ► Alternative Beschaffung prüfen
  - Andere Stoffe, andere Anbieter, bessere Preise/Konditionen
- ► Verschiebung/Verzicht von Neuanschaffungen im Rahmen der Lagerbestandsoptimierung
- ► Standardisierung der Einkaufsbedingungen
  - Feste Regeln erstellen
  - Verantwortlichkeiten festlegen
- ► Just-in-Time (bei A-Stoffen) prüfen

Ziel: „Guten Working-Capital-Unternehmern gelingt es, einen Ausgleich zwischen Forderungen und Verbindlichkeiten herzustellen!"

13.8 Betrachtung der Auswirkungen einer Verringerung der Kapitalbindungsdauer

Praxisuntersuchen zeigen: Unternehmen, die die Bindungsdauer ihres Working-Capitals von 143 auf 80 Tage verringern konnten, erzielten im Schnitt folgende Verbesserungen:
- ► Verringerung des Working-Capitals um etwa 56 %,
- ► Erhöhung der Eigenkapital-Quote um etwa 9 %,

- Verringerung der Bilanzsumme um etwa 5 %,
- Reduzierung des Zinsaufwands um etwa 40 %,
- Verringerung des Fremdkapitals.

13.8.1 Auswirkungen durch die Verkürzung der Forderungslaufzeiten

Eine Reduzierung von Forderungsbestand und Kapitalbindung um beispielsweise 4.000.000 € führt zu einer Reduzierung von Kapital- oder Zinskosten bei einem Zinssatz von 10 % um 400.000 € pro Jahr. Die so gewonnene freie Liquidität kann an anderer Stelle eingesetzt werden, z. B. für Investitionen oder die Schuldentilgung.

13.8.2 Auswirkung der Verkürzung der Lagerdauer

Eine Bestandssenkung reduziert die Kapitalbindung um beispielsweise 3.000.000 €. Reduzierung der Kapital-/Zinskosten bei einem Zinssatz von 10 % um 300.000 € pro Jahr.

Zusätzlich kommt es zu einer Reduzierung der Lagerhaltungskosten, und auch hier kann die Liquidität an anderer Stelle eingesetzt werden.

13.8.3 Auswirkung von Verbesserungen bei den kurzfristigen Verbindlichkeiten

Beispielsweise gelingt dem Unternehmen eine Erhöhung des Bestands an Verbindlichkeiten aus L+L um 2.000.000 €. Daraus folgt eine Reduzierung von Kapital-/Zinskosten bei 10 % Zinsen um 200.000 € jährlich. Wieder kann die nun freie Liquidität an anderer Stelle eingesetzt werden.

13.8.4 Ergebnisübersicht nach Optimierung des Working-Capitals

Im Ergebnis führen die beispielhaft gezeigten Verbesserungen zu einem/r Liquiditätszufluss/-steigerung von 9.000.000 €. Die Finanzierungskosten wurden um 500.000 € jährlich gesenkt.

13.8.5 Auswirkungen der Verbesserung des Working-Capitals auf Kennzahlen aus Bilanz und GuV

Jede Verbesserung des Working-Capitals setzt durch die Verringerung der Bindungsdauer bei Kundenforderungen und Lagerbeständen und durch die Verlängerung der Bindungsdauer bei Lieferantenverbindlichkeiten liquide Mittel frei.

Nachstehend eine Übersicht über die Auswirkungen der Verbesserung des Working-Capitals auf Bilanz und GuV.

- ▶ Verbesserungen bei der Bilanz
  - Höhere Liquidität
  - Geringere Bilanzsumme
  - Höhere Eigenkapital-Quote
  - Bessere Bilanzrelationen
- ▶ Verbesserungen bei der GuV
  - Besseres Zinsergebnis
  - Bessere Ertragslage

13.8.6 Fazit zum Working-Capital-Management

Aktives und kontinuierliches Working-Capital-Management (WCM) verbessert die Liquidität und Bilanzstruktur und erhöht die Kapitalrentabilität. WCM ist die Steuerung folgender Prozesse bzw. Prozessketten:

▶ **Verbindlichkeiten-Management (Purchase-to-Pay)**: Planung, Einkaufsstrategien, Bedarfserkennung, Vertragsverhandlung, Bestellung, Warenannahme, Qualitätskontrolle, Rechnungsverarbeitung, Auszahlung.

Ziel: Zahlfristen für Verbindlichkeiten (Außenstandstage, Days-Payable-Outstanding, DPO) zu erhöhen.

▶ **Lagerwesen (Forecast-to-Fulfill)**: Materialeinsatzplanung, Produktionsplanung, Herstellung, Lagerung, Auftragsbearbeitung, Auslieferung.

Ziel: Lagerhaltedauer (Days-Inventory-Held, DIH) reduzieren.

▶ **Forderungsmanagement (Order-to-Cash):** Kundenstrategie (z. B. Preis- und Konditionenpolitik), Bonitätsprüfung, Vertriebsmanagement, Vertragsgestaltung, Auftragsbearbeitung, Rechnungsstellung, Mahnwesen, Inkasso.

Ziel: Forderungslaufzeiten (Days Sales Outstanding, DSO) reduzieren.

14. Auswahl wichtiger Liquiditätskennzahlen

14.1 Grundsätzliches zu Finanzkennzahlen

Kennzahlen dienen als Steuerungsinstrument in Form von Zahlen, Daten und Messgrößen. Sie eignen sich dazu, eine strategische und operative Zielorientierung vorzunehmen und zu gewährleisten.

Kennzahlen haben eine vereinfachende Funktion, indem sie ein vielschichtiges Unternehmensgeschehen auf wenige und verständliche Zahlen reduzieren. Durch Kennzahlen sollen Schwachstellen aufgezeigt und aufgrund dieser Erkenntnisse anschließend Änderungsprozesse eingeleitet werden. Voraussetzung dafür ist eine genaue Analyse der Kennzahlen.

Diese Analyse kann dabei für das gesamte Unternehmen oder für Teilbereiche erfolgen.

Zusätzlich können auch Werte des eigenen Unternehmens mit denen anderer Unternehmen verglichen werden, wenn die zu vergleichenden Unternehmen aus der gleichen Branche stammen und sich in Größe, Organisation und Betriebsstruktur nicht wesentlich unterscheiden.

Dies sind die Voraussetzungen für eine brauchbare Interpretation und Auswertung von Kennzahlen:

- „Weniger ist Mehr!": Zu jedem Themenfeld sollten nicht mehr als 5-7 Kennzahlen gebildet werden.
- Kennzahlen sollten möglichst in monatlichen Abständen gebildet werden (können).
- Die Ermittlung von Kennzahlen muss immer gleich und fortlaufend erfolgen.
- Zu jeder Kennzahl sollte versucht werden, eine Referenz- oder Vergleichsgröße zu bekommen, z. B. Vorjahreswerte, Branchenkennzahlen oder allgemein anerkannte Vorgabewerte.
- Zu jeder Kennzahl sollte es eine Planzahl, ein Ziel geben. Die Planzahl sollte in monatlichen Abständen dem Ist-Wert gegenüber gestellt werden.
  - Die Werte der Kennzahlen sollten selektiv (monatlich) und kumuliert (aufgelaufen) dargestellt werden, um eine Entwicklung besser beurteilen zu können.
  - Fehlentwicklungen können dann schnell erkannt werden, was ein frühzeitiges Gegensteuern durch das Management ermöglicht.
  - Ziele, Aussagekraft und Zusammensetzung sollten klar sein und allen Beteiligten kommuniziert werden.
- Liegen Kennzahlen von Konkurrenzunternehmen vor, so können durch den Vergleich mit den eigenen Zahlen (Benchmarking) wertvolle Hinweise gewonnen werden, die

auf der strategischen wie auf der operativen Ebene möglicherweise von großem Nutzen für das Unternehmen sind.

Da die Grunddaten im Regelfall vom Rechnungswesen ermittelt werden, ist die Qualität der Kennzahlen nur so gut wie die Qualität des Rechnungswesens.

Um Schwachstellen im Unternehmen rechtzeitig aufzudecken, sollten die Daten so aktuell wie möglich sein. Aber auch wenn die Kennzahlen „zu spät" verfügbar sind, so ist dann wenigstens ein Lernen aus Fehlern der Vergangenheit mithilfe von Kennzahlen möglich.

Vor allem bei saisonabhängigen Betrieben müssen bei der Auswertung auch zyklische Schwankungen berücksichtigt werden.

Bei größeren Abweichungen oder sich abzeichnenden Trends sollten Verbesserungsmaßnahmen überlegt und umgesetzt werden.

Allerdings gilt: Nicht jede Abweichung macht ein Eingreifen erforderlich. Daher sollten Bandbreiten oder Eingreifpunkte festgelegt werden. Werden diese über- oder unterschritten, muss das Management aktiv werden.

> **HINWEIS**
>
> Wenn Kennzahlen aus der Bilanz abgeleitet werden, basieren sie auf Vergangenheitsdaten und werden häufig nur einmal pro Jahr erstellt. Dieses Vorgehen ist dann problematisch, wenn aufgrund dieser vergangenheitsorientierten Daten des Jahresabschlusses Prognosen erstellt werden sollen.

Die Aussagekraft der Kennzahlen lässt sich verbessern, wenn man mindestens drei Jahresabschlüsse zur Untersuchung heranzieht. Dadurch werden positive oder negative Entwicklungen besser erkennbar.

14.2 Kreditorenziel (auch Lieferantenziel)

$$\text{Kreditorenziel} = \frac{\text{Verbindlichkeiten aus Lieferungen und Leistungen}}{\text{Durchschnittlicher Materialeinsatz im Monat}}$$

Das Kreditorenziel gibt an, in welchem Umfang das Unternehmen Zahlungsziele (Kredit) bei seinen Lieferanten in Anspruch nimmt.

Wie schon beim Debitorenziel dargestellt, gilt auch hier: Ein übliches bzw. normales Zahlungsziel gibt es nicht, Zahlungsziele sind von Branche zu Branche und auch von

Land zu Land unterschiedlich. Daher liefert erst ein Branchenvergleich einen Anhaltspunkt zur Interpretation dieser Kennziffer. Da es sich bei Lieferantenkrediten um (meist) zinsfreie Darlehen handelt, kann nicht behauptet werden, dass lange Kreditorenziele von Nachteil sind. Um einen Mittelweg zwischen günstigen Zinsen und optimaler Bilanzstruktur zu finden, könnte man eine Entsprechung der Fristen von Kunden- und Lieferantenziel anstreben.[13] In beiden Fällen gilt, dass die errechneten Werte auch Auskunft über die Marktmacht des betreffenden Unternehmens gibt.

14.3 Analyse der Finanzstruktur

Nachdem bisher die Bilanzseiten getrennt voneinander untersucht wurden, werden nun bei der Analyse der Finanzstruktur die Bilanzwerte der beiden Bilanzseiten zueinander in Beziehung gesetzt. Daher spricht man auch von einer horizontalen Analyse. Die Finanzstruktur gibt das Verhältnis von Anlagevermögen zu Eigenkapital und Fremdkapital wieder.

14.3.1 Goldene Bilanzregel

Hier geht um die Beurteilung folgender Frage: Sind die langfristig gebundenen Vermögensteile fristenkongruent finanziert?

Goldene Bilanzregel:

▶ Langfristig gebundene Aktiva sollten langfristig finanziert werden, kurzfristiges Vermögen dagegen kurzfristig.
▶ Die Regel gilt als eingehalten, wenn der Anlegungsgrad 2 über 100 % liegt.

Dahinter steckt die Auffassung, dass Vermögensgegenstände, die lange genutzt werden, auch über denselben langen Zeitraum finanziert sein sollten, da sie über den gesamten Zeitraum ihrer Nutzung das Geld für den Kapitaldienst erwirtschaften.

14.3.2 Anlagendeckung

Wichtigste Kennziffer in diesem Zusammenhang ist die „Anlagendeckung durch Eigenkapital", die auch „Anlagendeckungsgrad 1" genannt wird.

$$\text{Anlagendeckung durch Eigenkapital} = \frac{\text{Eigenkapital}}{\text{Anlagevermögen}}$$

---

[13] Siehe dazu auch oben die Erläuterungen zum Thema „Fristenkongruenz".

- ▶ Der Anlagendeckungsgrad 1 gibt an, in welcher Höhe das Anlagevermögen durch das Eigenkapital gedeckt ist.

Aus Sicherheits- und Liquiditätsgründen sollte das Anlagevermögen möglichst hoch durch Eigenkapital finanziert sein. Optimal wäre ein Wert deutlich über 50 %. Ist die Eigenkapitalquote sehr gering, kann auch diese Kennziffer nicht sehr hoch sein.

Das gesamte Anlagevermögen sollte normalerweise langfristig finanziert sein.

Sinnvoll ist es auf jeden Fall, wenn auch der langfristig gebundene Teil des Umlaufvermögens, z. B. der eiserne Bestand bei den Vorräten, auch noch langfristig finanziert ist.

Dies wird durch die nachstehende Kennzahl überprüft, die „Anlagendeckung durch langfristiges Kapital" oder auch „Anlagendeckungsgrad 2".

$$\text{Anlagendeckung durch langfristiges Kapital} = \frac{\text{langfristiges Kapital}}{\text{Anlagevermögen}}$$

- ▶ Die Kennziffer Anlagendeckung durch langfristiges Kapital gibt an, inwieweit langfristig gebundene Vermögensteile durch langfristig verfügbare Finanzierungsmittel gedeckt sind.

Unter dem langfristig zur Verfügung stehenden Kapital versteht man:
- ▶ das Eigenkapital,
- ▶ das langfristige Fremdkapital,
- ▶ die langfristigen Rückstellungen.

Die Anlagendeckung durch langfristiges Kapital sollte auf jeden Fall über 100 % liegen. Nimmt im Zeitablauf der Wert der Kennziffer ab, so besteht die Gefahr, dass dem Unternehmen die betriebsnotwendige Liquidität verloren geht, da kurzfristig finanziertes Kapital jederzeit fällig und rückzahlbar ist.

Grundsätzlich gilt also, dass das Anlagevermögen langfristig finanziert ist. Hat ein Unternehmen sehr viele kurzfristige Bankschulden für die Finanzierung von Anlagevermögen oder langfristig gebundenem Umlaufvermögen, sollten diese auf langfristige Darlehen umgeschuldet werden.

Die Kritik an diesen Empfehlungen betrifft wieder die stillen Reserven innerhalb des Anlagevermögens. Dies und das daraus resultierende zu gering ausgewiesene Eigenkapital macht es für den externen Bilanzleser schwierig, die Einhaltung dieser Vorgaben zu überprüfen. Auch hier sei darauf verwiesen, dass dies bei einer nach IAS/IFRS erstellten Bilanz besser möglich ist.

14.4 Analyse von Finanzierung und Erfolg

14.4.1 Total Debt/EBITDA

In der Unternehmensanalyse wird international immer öfter die Kennziffer EBITDA als Maßstab zur Beurteilung der Ertragskraft wie auch – indirekt und in Kombination mit anderen Größen – zur Bewertung der finanziellen Situation herangezogen.

Vergleichbar mit dem deutschen „Verschuldungsgrad" ist die Kennzahl Total Debt/EBITDA.

$$\frac{\text{Total Debt}}{\text{EBITDA}} = \frac{\text{(Bankverbindlichkeiten + Semikapital + sonstige zinsauslösende Verbindlichkeiten)}}{\text{EBITDA}}$$

Total Debt/EBITDA gibt an, wie viele Jahre EBITDA allein zur Schuldentilgung eingesetzt werden müsste, um alle zinsauslösenden Verbindlichkeiten zu tilgen.

Bei dieser Kennziffer werden im Rahmen des Total Debt das verzinsliche Semikapital (z. B. Nachrangdarlehen, stille Beteiligung, Genussrechte, Gesellschafterdarlehen), die Bankverbindlichkeiten sowie alle sonstigen zinsauslösenden Verbindlichkeiten berücksichtigt. Außer Betracht bleiben hier z. B. die Rückstellungen.

14.4.2 EBITDA/Zinsaufwand (Interest-Cover-Ratio)

In engem Zusammenhang mit der Kennziffer Total Debt/EBITDA ist die Kennziffer EBITDA/Zinsaufwand zu sehen. Sie wird auch Interest-Cover-Ratio genannt.

$$\text{Interest-Cover-Ratio} = \frac{\text{EBITDA}}{\text{Zinsaufwand}}$$

Sie gibt an, wie oft EBITDA ausreicht, um den Zinsaufwand abzudecken, sofern EBITDA nicht zu anderen Zwecken herangezogen würde.

Beide Kennziffern stehen in einer unmittelbaren Wechselwirkung zueinander: Je niedriger der Wert für den Quotienten Total Debt/EBITDA liegt, desto höher wird im Allgemeinen die Zinsdeckung sein.

14.4.3 EBITDA/Kapitaldienst (Debt-Service-Cover-Ratio)

Diese weitere EBITDA-Kennziffer, die insbesondere bei Planungsrechnungen zum Einsatz kommt, bezieht neben dem Zinsaufwand auch die Tilgungsraten mit in die Betrachtung ein:

$$\text{Debt-Service-Cover-Ratio} = \frac{(\text{EBITDA - Sachinvestitionen})}{(\text{Zinsaufwand + Tilgung})}$$

Sie gibt an, wie oft das EBITDA nach Abzug des Sachinvestitionsvolumens ausreichen würde, um den Kapitaldienst (Zins + Tilgung) zu erbringen.

14.4.4 Varianten der Debt/EBITDA-Kennziffern

Die zuvor behandelten Kennziffern können insbesondere für Planungsrechnungen auch in einer leicht veränderten Form ermittelt werden.

Dies gilt für Fälle, in denen Kapitalgeber auf eine laufende Verzinsung der bereitgestellten Mittel verzichten, und erst am Ende der Laufzeit sozusagen eine nachträgliche Gesamtverzinsung beanspruchen. Dem Unternehmen stehen dann die Gegenwerte der thesaurierten (= eingehaltenen oder nicht abgeflossenen) Zinsen als zusätzliche Finanzierungsmittel zur Abdeckung laufender Auszahlungen bzw. zu Investitionszwecken zur Verfügung. Dementsprechend erfolgt ein Abzug der thesaurierten Zinsen bei der Berechnung der verschiedenen Kennziffern. Es wird nur der zahlungswirksame Zinsaufwand berücksichtigt.

Bei der Kennziffer Net Total Debt/EBITDA wird zusätzlich zu den thesaurierten Zinsen ferner die Kassenposition abgezogen. Dies unterstellt allerdings, dass die aktuell ausgewiesene Liquidität langfristig vorhanden ist und ggf. zum Schuldenabbau eingesetzt werden kann.

$$\frac{\text{Cash Total Debt}}{\text{EBITDA}} = \frac{(\text{Bankverbindlichkeiten + Semikapital + sonstige zinsauslösende Verbindlichkeiten - thesaurierte Zinsen})}{\text{EBITDA}}$$

$$\frac{\text{Net Total Debt}}{\text{EBITDA}} = \frac{(\text{Bankverbindlichkeiten + Semikapital + sonstige zinsauslösende Verbindlichkeiten - thesaurierte Zinsen - Kasse})}{\text{EBITDA}}$$

$$\text{Cash-Interest-Cover-Ratio} = \frac{\text{EBITDA}}{(\text{Zinsaufwand - thesaurierte Zinsen})}$$

$$\text{Cash-Debt-Service-Cover-Ratio} = \frac{(\text{EBITDA - Sachinvestitionen})}{(\text{Zinsaufwand + Tilgung - thesaurierte Zinsen})}$$

14.5 Analyse der Liquiditätsstruktur

Grundsätzlich wird bei einer Analyse der Liquiditätsstruktur das Verhältnis von Umlaufvermögen zu Kapital untersucht. Ziel der Untersuchung ist hier die Beantwortung der Frage: Ist das Unternehmen dazu in der Lage, seinen Zahlungsverpflichtungen fristgerecht nachzukommen? Genauer: Ist der Bestand an flüssigen Mitteln hoch genug, um fällige Verbindlichkeiten abzudecken? Hier sind die Liquiditätskennziffern 1. und 2. Grades wichtig.

14.5.1 Liquidität 1. Grades (aktuelle Liquidität)

Sie wird auch acid-test-ratio oder liquid-ratio genannt. Die Liquidität 1. Grades errechnet sich aus dem Verhältnis Ihrer liquiden Mittel zu den kurzfristigen Verbindlichkeiten. Diese Kennzahl zeigt den Grad der kurzfristigen Zahlungsbereitschaft an.

Aussage:

Die Kennzahl veranschaulicht, wie viel Prozent der kurzfristigen Verbindlichkeiten direkt getilgt werden können. Als Faustregel können aber folgende kritische Untergrenzen angenommen werden:

- ca. 30 % für Einzelhandel und Bau,
- ca. 60 % für Großhandel und verarbeitendes Gewerbe.

Formel:

$$\text{Liquidität 1. Grades} = \frac{\text{kurzfristige Zahlungsmittel}}{\text{kurzfristige Verbindlichkeiten}}$$

Erläuterungen:

Die kurzfristigen Verbindlichkeiten sind:

Verbindlichkeiten gegenüber Kreditinstituten

+ Verbindlichkeiten aus Lieferungen und Leistungen

+ Sonstige Verbindlichkeiten

Der Begriff „kurzfristig" ist nicht genauer beschrieben, er hängt von den Gegebenheiten des betrachteten Einzelfalls ab. Er kann daher 30 Tage oder auch ein halbes Jahr bezeichnen.

Wichtig ist, in jedem Fall zu bedenken, dass alle Liquiditätskennziffern nur eine stichtagsbezogene Gültigkeit haben und sich daher die Daten zum Analysezeitpunkt erheblich verändert haben können. Mit der Liquidität 1. Grades sieht es bei den meisten Firmen in aller Regel sehr unbefriedigend aus, da aus Gründen der Rentabilität möglichst wenig liquide Mittel gehalten werden.

Bei dieser statischen Betrachtungsweise sind allerdings Aussagen über die zukünftige Liquiditätsentwicklung nicht möglich. Eine dynamische Betrachtung ist erst mit Hilfe eines Finanz- und Liquiditätsplans aussagekräftig.

14.5.2 Liquidität 2. Grades (Quick Ratio)

Die Ermittlung der Liquidität 2. Grades ist für die Bank und auch für das Unternehmen wichtiger. Sie gibt Auskunft über das Verhältnis des Umlaufvermögens zu den kurzfristigen und befristeten Verbindlichkeiten. Man geht hierbei davon aus, dass alle Vorräte und sonstige Positionen im Umlaufvermögen innerhalb von kurzer Zeit flüssig gemacht werden können.

Aussage:

Die Kennzahl veranschaulicht, wie viel Prozent der kurzfristigen Schulden innerhalb weniger Tage/Wochen getilgt werden können.

Faustregel:

Der Wert sollte mindestens 100 % betragen.

Die Liquidität 2. Grades kann dann als gut beurteilt werden, wenn die absoluten Werte positiv sind.

In diesem Fall sind die kurzfristigen und befristeten Verbindlichkeiten durch das im Allgemeinen leichter zu realisierende Umlaufvermögen gedeckt. Dabei wird davon ausgegangen, dass das Vorratsvermögen und der Debitorenbestand jederzeit liquidierbar sind.

Formel:

$$\frac{(\text{flüssige Mittel} + \text{Forderungen}) \cdot 100}{\text{kurzfristige Verbindlichkeiten}}$$

Erläuterungen:

Die Liquidität 2. Grades ist eine wichtige Kennziffer für die Bank.

Sie sollte je nach Branchenzugehörigkeit 100 %-120 % betragen. Liegt sie darunter, könnte das Unternehmen Probleme bei der Wertschöpfung oder sich bei verschiedenen Produkten verkalkuliert haben. Es besteht aber auch die Möglichkeit, dass sich zu viele Produkte im Lager befinden, die noch nicht verkauft werden konnten.

Wird der Mindestwert von 100 % nicht erreicht, ist dies ein Alarmzeichen:

Das Unternehmen ist kurzfristig falsch finanziert und dies könnte zur Zahlungsunfähigkeit führen. Neben der statischen Betrachtung mithilfe der Liquiditätskennziffern hat die Bank natürlich noch eine weitere Möglichkeit, die Zahlungsfähigkeit ihres Kunden zu beurteilen: Die Höhe der ausgenutzten Kreditlinien und die Erfahrungen aus der Kontoführung (z. B. Überziehungen) geben der Bank frühzeitig ein Signal, in welcher Liquiditätssituation sich das Unternehmen befindet. Diese Überziehungen können einerseits aus der Finanzierung von gestiegenen Forderungen bei gestiegenen Umsätzen, andererseits auch in der Finanzierung von Verlusten bei gesunkenem Umsatz resultieren. Der Kapitalbedarf kann also nicht gedeckt werden und dies führt zur Zahlungsunfähigkeit. Der Unternehmer sollte deshalb im eigenen Interesse jederzeit dafür sorgen, dass immer eine ausreichende Zahlungsfähigkeit besteht.

14.5.3 Liquidität 3. Grades

Die Kennziffer Liquidität 3. Grades (auch current ratio genannt) soll Hinweise darüber geben, in wieweit das gesamte zu verflüssigende Umlaufvermögen die kurzfristigen Verbindlichkeiten abdecken kann.

In den USA wird hier die Einhaltung eines Verhältnisses von 2:1 (two-to-one-rate) gefordert.

Aussage:

Die Kennzahl veranschaulicht, inwieweit die kurzfristigen Verbindlichkeiten durch Mittel mit gleichen Fristen gedeckt sind.

Faustregel:

Der Wert sollte zwischen 100 und 200 % liegen.

Formel:

$$\frac{\text{Umlaufvermögen} \cdot 100}{\text{kurzfristige Verbindlichkeiten}}$$

Erläuterungen:

Das Umlaufvermögen sind:

Liquide Mittel

+ Forderungen

+ Vorräte

Bei dieser Betrachtung wird zusätzlich noch das Umlaufvermögen mit einbezogen. Dahinter steht die Überlegung, dass durch den Verkauf von vorhandenem Umlaufvermögen zunächst Forderungen entstehen, die dann wieder zu Zahlungsmitteln werden.

Ansatzpunkte zur Verbesserung ungünstiger Werte für alle Liquiditätsgrade:

▶ Kapitalfreisetzung im Rahmen von Finanzierungsersatz (Verkauf von Anlagevermögen) und Einsatz der freigesetzten Mittel zur Absenkung der kurzfristigen Verbindlichkeiten oder/und Erhöhung der liquiden Mittel, des monetären Umlaufvermögens bzw. des kurzfristigen Umlaufvermögens;

▶ Aufnahme langfristigen Kapitals zur Herabsetzung der kurzfristigen Verbindlichkeiten oder zur Erhöhung der liquiden Mittel, des monetären Umlaufvermögens bzw. des kurzfristigen Umlaufvermögens.

Problem aller oben genannten Liquiditätskennzahlen: Sie geben keinerlei Hinweise auf die tatsächliche Liquidität i. S. der tatsächlichen Zahlungsfähigkeit des Unternehmens, denn

▶ sie sind lediglich auf einen bestimmten (Bilanz-) Stichtag bezogen, der auch einen längeren Zeitraum zurückliegen kann;

▶ sie geben nur Auskunft über durchschnittliche, nicht aber über tatsächliche Deckungsrelationen;

▶ künftige Zahlungsverpflichtungen werden durch sie nicht erfasst, andererseits ist das Finanzierungspotential (wie ungenutzte Kreditlinien) nicht einbezogen.

14.6 Die Bewegungsbilanz

Der Aussagegehalt der Bewegungsbilanz wird durch Gliederungsaufbau und Gliederungstiefe bestimmt. Die Bewegungsbilanz dient in erster Linie der Darstellung und Analyse des gesamten Finanzierungs- und Investitionsverhaltens des Unternehmens während einer vorangegangenen Periode. Sie zeigt die Quellen, aus denen die Mittel zugeflossen sind, und informiert über die Mittelverwendungen, also Kapitalbindungen, Vermögens- und Kapitalumschichtungen.

Zugleich wird erkennbar, wie hoch der Cashflow ist und ob die Investitionen der abgelaufenen Periode aus diesem Finanzüberschuss getätigt wurden oder ob neben den aus der eigenen Umsatztätigkeit bereitgestellten Mitteln auch eine Außenfinanzierung notwendig war.

Die Bewegungsbilanz ist im Hinblick auf eine Liquiditätsanalyse nur sinnvoll, wenn auch eine Darstellung nach der Fristigkeit sowohl bei der Mittelverwendung als auch bei der Mittelherkunft erfolgt.

Die Bewegungsbilanz — KAPITEL 14

Zunächst wird eine Differenzenbilanz aus den Bilanzen des jetzigen und vorigen Jahres (oder aus verschiedenen Jahren) gebildet. Dabei wird vom jetzigen Wert eines Postens der Wert des Vorjahres abgezogen. Die Differenzenbilanz besteht deswegen sowohl aus positiven als auch aus negativen Geldeinheiten, besitzt aber die Form einer normalen Bilanz. Dagegen enthält die Bewegungsbilanz statt Aktiva und Passiva die beiden Seiten Mittelverwendung und Mittelherkunft. Nun wird der Betrag eines jeden Postens der Differenzenbilanz nach folgendem Schema verschoben:

Mittelverwendung	Mittelherkunft

1. Vermögensmehrung
  a. Mehrung des Anlagevermögens
  b. Mehrung des allgemeinen Umlaufvermögens
  c. Mehrung des UV zur Erhöhung der Zahlungsfähigkeit
    ▶ Erwerb von Wertpapieren
    ▶ Bankguthaben
    ▶ Kasse
2. Kapitalminderung
  a. Minderung des Eigenkapitals
  b. Minderung des Fremdkapitals
    ▶ Abbau von Rückstellungen
    ▶ Abnahme des auszuschüttenden Bilanzgewinns
	1. Eigenfinanzierung durch Erhöhung des gezeichneten Kapitals und der Kapitalrücklage
	2. Fremdfinanzierung
	  ▶ Erhöhung des FK
	3. Selbstfinanzierung
	  a. Erhöhung GRL
	  b. Erhöhung des Gewinnvortrags
	4. Umfinanzierung
	  a. Minderung des AV
	  b. Verminderung des allg. UV
	  c. Verminderung der Zahlungsfähigkeit (Bank, Kasse)
	5. Finanzierung aus Abschreibungsrückflüssen

TAB. 3: Die Bewegungsbilanz im Überblick

Mittelverwendung	Bewegungsbilanz	Mittelherkunft
▶ Aktivposten-Erhöhungen		▶ Aktivposten-Minderungen
▶ Passivposten-Minderungen		▶ Passivposten-Erhöhungen
Summe		Summe

BEISPIEL: für eine Bewegungsbilanz

Mittelverwendung		Bewegungsbilanz	Mittelherkunft	
▶ Immaterielles AV	243.400	▶ Vorräte		17.128
▶ Sachanlagen	16.033	▶ Eigenkapital		152.106
▶ Finanzanlagen	146.337	▶ Rückstellungen		80.490
▶ Forderungen + lat. Steuern	933.588	▶ Verbindlichkeiten		1.251.450
▶ Wertpapiere	178.187	▶ Lat. Steuern		53.545
▶ Flüssige Mittel	37.079			
▶ Anteile fremder Gesellschafter	3.269			
Summe ca. 1.560.000		Summe ca. 1.560.000		

Interpretation:

Der Zugang von immateriellen Vermögenswerten könnte auf den Kauf von Patenten hindeuten.

Eine Sachanlagenzunahme kann positiv (neue Maschinen und günstigere Produktion) oder negativ (hohe Bereitstellungskosten) sein:

▶ Die Finanzanlageninvestition ist eine Beteiligung, deren Vorteilhaftigkeit zu prüfen ist.

▶ Die Forderungszunahme ist negativ zu bewerten, da sie ein Ausfallrisiko beinhaltet. Des Weiteren ist die Forderungszunahme weitgehend fremdfinanziert (siehe Anstieg der Verbindlichkeiten).

▶ Die Eigenkapitalerhöhung ist positiv.

▶ Die Rückstellungserhöhung ist negativ zu bewerten, da sie ein gestiegenes Risikopotential zeigt.

▶ Der Anstieg der Verbindlichkeiten in diesem Maß ist sicherlich negativ, was sich noch verstärken würde, wenn es sich ausschließlich um kurzfristige Finanzierungen handelte.

▶ Hauptproblem ist, dass den hohen sicheren Verbindlichkeiten unsichere Forderungen in beträchtlicher Höhe gegenüberstehen.

Entweder stellt man die Bewegungsbilanz in Kontenform dar (nach Fristigkeit geordnet) oder die Flüsse/Bewegungen präsentieren sich in der Staffelform. In diesem Fall spricht man von Kapitalflussrechnung.

14.7 Cashflow-Analyse (auch Kapitalflussanalyse)

Über die reine Analyse der Bilanz- und GuV-Strukturen hinaus sollte die Liquiditätslage eines Unternehmens genauer beleuchtet werden. Hier setzt die Cashflow-Analyse an. Sie gibt eine Antwort auf die Kernfragen:

- ▶ Wie beeinflussen Ertragslage sowie Investitions- und Finanzierungsaktivitäten die Liquidität des Unternehmens?
- ▶ In welchen Bilanzpositionen schlägt sich die geänderte Liquiditätslage nieder?

Wie funktioniert die Cashflow-Analyse? Die Cashflow-Analyse zeigt auf, woher dem Unternehmen Zahlungsmittel zufließen, wohin Zahlungsmittel geleitet und wie Zahlungsmittelreserven gehalten und gesteuert werden. Sie gliedert sich formal in zwei Bereiche:

- ▶ Stand des Cashflow (Zahlungsmittelfonds),
- ▶ Veränderung des Cashflow.

14.7.1 Stand des Zahlungsmittelfonds

Der Stand des Zahlungsmittelfonds ist der Saldo aller i. d. R. kurzfristig liquidierbaren Vermögenspositionen abzüglich aller (potenziell) kurzfristig fällig werdenden Verbindlichkeiten.

Im Einzelnen umfasst der Zahlungsmittelfonds als Aktivposten:

- ▶ Kassenbestand,
- ▶ Kontenguthaben,
- ▶ Wertpapiere,
- ▶ Forderungen aus Lieferungen und Leistungen,
- ▶ Sonstige Vermögensgegenstände.

Abgezogen werden:

- ▶ Kurz- und mittelfristigen Bankverbindlichkeiten,
- ▶ erhaltene Anzahlungen,
- ▶ sonstigen kurzfristigen Verbindlichkeiten.

In die Betrachtung miteinbezogen wird dabei der Laufzeitenbereich bis zu fünf Jahren.

Neben den aufgeführten Positionen wird die Zahlungsfähigkeit auch durch offene Kreditlinien und durch liquidierbares oder beleihbares Vermögen außerhalb der Bilanz beeinflusst. Beides wird in der Cashflow-Analyse naturgemäß nicht erfasst, da sich dies gerade in angespannten Lagen nicht mehr einsetzen lässt.

14.7.2 Veränderungen des Cashflows

Die Zahlungsmittelzuflüsse und -abflüsse einer Periode werden hervorgerufen durch die „drei Quellen von Geld":

► Markt
   - Dies wird als Cashflow aus laufender Geschäftstätigkeit oder operativer Cashflow bezeichnet.
► Investitionen
   - Das ist der Cashflow aus Investitionstätigkeit.
► Finanzierungen
   - Das ist der Cashflow aus Finanzierungstätigkeit.

14.7.2.1 Cashflow-Veränderungen durch den Markt – Der operative Cashflow

Ausgangspunkt ist der Mittelzufluss aus der laufenden Geschäftstätigkeit, der im operativen Cashflow seinen Niederschlag findet. Es erfolgt dann eine Bereinigung, im Rahmen derer u. a. Vorratsveränderungen und Steuerzahlungen berücksichtigt werden. Als erstes Zwischenergebnis wird der bereinigte Cashflow angegeben.

14.7.2.2 Cashflow-Veränderungen durch die Investitionen

In einem nächsten Schritt wird ermittelt, in welchem Ausmaß die in der Periode vorgenommenen Investitionen finanzielle Mittel gebunden haben. Dabei wird unterschieden zwischen Investitionen in das Sachanlage- und das Immaterielle Vermögen sowie in das Finanzanlagevermögen. Gegenzurechnen ist ggf. ein Mittelzufluss aufgrund des Abgangs von Gegenständen des Sachanlagevermögens oder des Immateriellen Anlagevermögens.

14.7.2.3 Cashflow-Veränderungen durch die Finanzierungstätigkeit

Die Frage, ob durch eine Veränderung der langfristigen Verbindlichkeiten, durch Kapitalzuführungen oder Kapitalentzug seitens der Gesellschafter oder durch konzerninterne Transaktionen die Liquidität reduziert oder vergrößert wurde, wird als nächstes beantwortet und dargestellt. Betrachtet wird hier nur der langfristige Teil der Finanzierung. Thesaurierte Gewinne bleiben unberücksichtigt, da sie bereits Cashflow-erhöhend in die Rechnung eingegangen sind.

14.7.2.4 Cashflow-Veränderungen durch sonstige Faktoren

Bei den außerordentlichen Faktoren werden das außerordentliche und periodenfremde Ergebnis, die Wertberichtigung des Umlaufvermögens, die Auflösung langfristiger Rückstellungen und sonstige Veränderungen der Eigenmittel erfasst. Als Summe aller Zahlungsmittelzuflüsse und -abflüsse im Laufe des betrachteten Geschäftsjahres wird die Veränderung des Cashflows ausgewiesen. Diese Veränderung ist identisch mit dem Betrag, der sich aus der Addition der Veränderungen bei den einzelnen Fondspositionen ergibt.

14.7.2.5 Aussagekraft der Cashflow-Analyse

Der Cashflow beschreibt den Liquiditätsspielraum eines Unternehmens. Ein hoher Cashflow deutet auf eine entspannte Finanzlage hin. Allerdings ist bei der Interpretation der Fondsposition eine differenzierte Betrachtungsweise angebracht. Selbst das Vorzeichen des Zahlungsmittelfonds ist u. U. nur bedingt von Relevanz, was anhand von zwei Beispielen erläutert werden kann:

▶ Das **Vorzeichen des Fonds ist positiv** durch hohe Forderungen aus Lieferungen und Leistungen. Deren Liquidierung kann jedoch durch lange Zahlungsziele behindert sein. Es besteht nur ein begrenzter Finanzierungsspielraum.

▶ Das **Vorzeichen des Fonds ist negativ.** Dennoch bieten freie Kreditlinien hinreichend Finanzierungsspielraum. Entscheidend ist letztlich das Vorzeichen der Fondsänderung. So signalisieren nachhaltig negative Fondsänderungen Liquiditätsengpässe und sind ggf. sogar ein Indiz für eine Insolvenzgefährdung.

Die Zahlungsstromanalyse lässt also erkennen, welche Einflussgrößen (Markt, Investitionen, Finanzierungsstruktur) die Liquiditätssituation verändert haben und in welchen Positionen sich diese Änderungen niederschlagen. Wichtig für den externen Analytiker ist, ob u.U. das Ausnutzen bilanzieller Bewertungsspielräume Liquiditätsengpässe überdeckt wie z. B. Rückstellungsentwicklung.

Fazit: Die Cashflow-Analyse lässt erkennen, ob und in welcher Weise ein Handlungsbedarf für die Finanzierung besteht.

14.8 Weitere Liquiditätskennzahlen im Überblick

14.8.1 Forderungsquote

Aussage:

Die Forderungsquote zeigt, welchen Anteil die Forderungen am Gesamtvermögen haben. Grundsätzlich sollte der Anteil niedrig sein bzw. fallen, da Forderungen (unnötig) Kapital binden und die Liquidität verschlechtern.

Formel:

$$\frac{\text{Forderungen}}{\text{Gesamtvermögen}^{14}} \cdot 100$$

> **HINWEIS**
>
> Die Forderungsquote lässt sich in kurzen Abständen besser ermitteln, wenn die Forderungen aus Lieferungen und Leistungen zum Umsatz in Verhältnis gesetzt wird. Auch hier erhält man eine verlässliche Aussage zum Forderungsanteil. Grundsätzlich gilt: Je niedriger der Forderungsanteil, desto günstiger für die Liquidität.

Formel:

$$\frac{\text{Forderungen}}{\text{Umsatz (Netto)}} \cdot 100$$

14.8.2 Vorratsquote

Aussage:

Die Vorratsquote zeigt, welchen Anteil die Vorräte (Material, Rohstoffe, Komponenten) am Gesamtvermögen haben. Grundsätzlich sollte der Anteil niedrig sein bzw. fallen, da Vorräte (unnötig) Kapital binden und die Liquidität verschlechtern.

Formel:

$$\frac{\text{Vorräte}}{\text{Gesamtvermögen}} \cdot 100$$

---

14 Gesamtvermögen bzw. Gesamtkapital entsprechen jeweils der Bilanzsumme.

14.8.3 Eigenkapitalquote

Aussage:

Je höher das Eigenkapitel eines Unternehmens, desto unabhängiger ist es von Dritten bzw. von externen Kapitalgebern.

Ein hoher Eigenkapitalanteil ist günstig für die Liquidität, da im Notfall nicht oder nur in geringem Maße auf Kredite oder andere teure Finanzierungen zurückgegriffen werden muss.

Das Eigenkapital wird verbessert, wenn das Unternehmen Gewinne erwirtschaftet und diese im Unternehmen behält. Umgekehrt wird das Eigenkapital durch Verluste verringert.

Die Quote kann auch zurückgehen, wenn mehr Kredite aufgenommen werden, ohne dass sich der absolute Wert ändert.

Eine Eigenkapitalquote von 10 % oder weniger kann als Hinweis auf eine drohende Insolvenz angesehen werden. Zwar schwankt die Eigenkapitalquote von Branche zu Branche, jedoch sollten 25-30 % nicht unterschritten werden.

Formel:

$$\frac{Eigenkapital}{Gesamtkapital} \cdot 100$$

14.8.4 Verschuldungsgrad

Aussage:

Der Verschuldungsgrad zeigt an, in welchem Umfang ein Unternehmen fremdfinanziert ist.

Je höher der Verschuldungsgrad, desto ungünstiger ist dies für ein Unternehmen. Kosten und Abhängigkeit von Dritten steigen. Das Insolvenzrisiko steigt, denn wenn das Eigenkapital aufgebraucht ist, muss ein Unternehmen Insolvenz anmelden.

Je höher zudem der Fremdkapitalanteil, desto schwieriger ist es, neue Kredite zu bekommen und desto schlechter fällt die Bonitätseinstufung aus.

Formel:

$$\frac{Fremdkapital}{Gesamtkapital} \cdot 100$$

14.8.5 Langfristiger Kapitalanteil

Aussage:
Je höher der Anteil langfristigen Kapitals, desto günstiger ist dies für ein Unternehmen. Die Kennzahl ist eine „Erweiterung" der Eigenkapitalquote.

$$\frac{\text{langfristiges Kapital}}{\text{Gesamtkapital}} \cdot 100$$

Erläuterungen:
Eigenkapital
+ langfristige Schulden (Laufzeiten > 1 Jahr)
= langfristiges Kapital

14.8.6 Anlagendeckung (Deckungsgrade)

Aussage:
Bei der Anlagendeckung werden Vermögen und Kapital einander gegenübergestellt. Mittelherkunft (Kapital) und Mittelverwendung (Vermögen) werden in Relation gesetzt.

Dabei gilt: langfristiges Vermögen muss durch langfristiges Kapital finanziert werden (goldene Bilanzregel, siehe oben). Die langfristige Finanzierung stellt sicher, dass es kurzfristig nicht zu Schwierigkeiten kommen kann.

Dabei werden in der Praxis zwei Deckungsgrade unterschieden:

- ▶ Die Anlagendeckung I sollte mindestens 60 % ,
- ▶ die Anlagendeckung II mindestens 100 % betragen. Werte von 120 % und mehr werden als gut bzw. sehr gut eingestuft.

Formel Anlagendeckung I:

$$\frac{\text{Eigenkapital} \cdot 100}{\text{Anlagevermögen}}$$

Formel Anlagendeckung II:

$$\frac{\text{langfristiges Kapital} \cdot 100}{\text{Anlagevermögen}}$$

14.8.7 Schuldentilgungsdauer

Aussage:
Die Kennzahl wird aus dem Cashflow abgeleitet. Es wird untersucht, in wie vielen Jahren der Betrieb schuldenfrei sein kann. Gute Werte liegen bei fünf Jahren und weniger; kritisch wird es ab 8-10 Jahren.

Formel:

$$\frac{(\text{Fremdkapital} - \text{flüssige Mittel})}{\text{Cashflow}} \cdot 100$$

14.8.8 Umschlagskennzahlen

Umschlagskennzahlen werden für Forderungen, Bestände und für das Kapital gebildet. Es werden immer Positionen aus der Bilanz in Relation zu GuV-Positionen gesetzt. Grundsätzlich gilt: Je höher bzw. schneller die Kennzahlen, desto günstiger ist dies für das Unternehmen.

14.8.9 Umschlagshäufigkeit der Forderungen und durchschnittliche Kreditdauer

Aussage:

Diese Kennzahl ist wichtig für die Beurteilung der Liquidität eines Unternehmens. Je schneller der Forderungsschlag, desto besser die Liquidität. Aus der Umschlagshäufigkeit der Forderungen lässt sich die Laufzeit, also die von den Kunden in Anspruch genommene Kreditdauer, errechnen.

Formel:

$$\text{Umschlagshäufigkeit der Forderungen} = \frac{\text{Umsatzerlöse (netto)}}{\text{Durchschnittl. Forderungsbestand aus Lieferungen u. Leistungen}}$$

Es gilt: Je schneller die Forderungen „umgeschlagen" werden, desto
- ► kürzer die durchschnittliche Kreditdauer;
- ► günstiger die eigene Liquidität;
- ► geringer die Kosten für Zinsen und Wagnis.

BEISPIEL: Forderungsumschlagsdauer

	Angaben in T€		
	Jahr		
	2011	2010	2009
Forderungen aus L+L (Bilanz)	400	500	600
Durchschnittlicher Forderungsbestand	450	550	—
Umsatzerlöse (GuV)	7.800	6.900	—
Umschlagshäufigkeit	17,33	12,55	—
Durchschnittliche Kreditdauer in Tagen	20,77	28,69	—

HINWEIS

Beide Kennzahlen können auch zur Kennzahl durchschnittliche Forderungseinzugsdauer (Days Sales Outstanding, DSO) zusammengefasst werden.

Formel:

$$DSO = \frac{\text{Durchschnittlicher Forderungsbestand}}{(\text{Jahresumsatz}/360)}$$

14.8.10 Lagerumschlagshäufigkeit und durchschnittliche Lagerdauer

Aussage:

Die Lagerumschlagshäufigkeit wird ermittelt, indem man die Materialaufwendungen ins Verhältnis zu den durchschnittlichen Lagerbeständen setzt. Der Lagerumschlag gibt an, wie oft der durchschnittliche Lagerbestand umgesetzt (verbraucht) worden ist. Die Lagerdauer zeigt an, wie lange die Materialien im Schnitt im Lager verweilen. Auch hier gilt: Je höher der Umschlag, desto günstiger ist dies für die Liquidität und Wirtschaftlichkeit des Unternehmens.

Formel:

$$\text{Lagerumschlaghäufigkeit} = \frac{\text{Materialaufwendungen (Materialeinsatz)}}{\text{Durchschnittl. Lagerbestand (Roh-, Hilfs-, Betriebsstoffe)}}$$

$$\text{Durchschnittliche Lagerdauer} = \frac{360}{\text{Lagerumschlagshäufigkeit}}$$

Es gilt: Je schneller die Lagerbestände „umgeschlagen" werden, desto
- kürzer die Lagerdauer;
- günstiger die eigene Liquidität;
- geringer der Kapitaleinsatz und das Lagerrisiko;
- geringer die Kosten für Lagerhaltung.

BEISPIEL: Lagerumschlagshäufigkeit

	Angaben in T€		
	Jahr		
	2011	2010	2009
Roh-, Hilfs- und Betriebsstoffe (Bilanz)	290	350	390
Materialeinsatz (GuV)	5.210	5.720	—
Durchschnittl. Lagerbestand	320	370	—
Lagerumschlagshäufigkeit	16,28	15,46	—
Durchschnittliche Lagerdauer in Tagen	22,11	23,29	—

14.8.11 Kapitalumschlagshäufigkeit

Aussage:

Die Kapitalumschlagshäufigkeit zeigt, wie oft das vom Unternehmen eingesetzte Kapital (Eigen- und Gesamtkapital) über die Umsatzerlöse zurückfließt. Je schneller der Kapitalumschlag, desto geringer ist grundsätzlich der erforderliche Kapitaleinsatz, da es gelingt, in kurzen Abständen das Geld vom Markt „zurückzuholen".

$$\text{Eigenkapitalumschlagshäufigkeit} = \frac{\text{Umsatzerlöse}}{\text{Eigenkapital}}$$

$$\text{Gesamtkapitalumschlagshäufigkeit} = \frac{\text{Umsatzerlöse}}{\text{Gesamtkapital (Eigen- und Fremdkapital)}}$$

$$\text{Durchschnittliche Kapitalumschlagsdauer} = \frac{360}{\text{Kapitalumschlagshäufigkeiten (Eigen- und Fremdkapital)}}$$

Es gilt: Je schneller das Kapital „umgeschlagen" wird, desto
- schneller fließt das eingesetzte Kapital über die Umsätze zurück;
- geringer der erforderliche Kapitaleinsatz;
- günstiger ist dies für die Liquidität.

BEISPIEL: Kapitalumschlagshäufigkeit

	Angaben in T€	
	Jahr	
	2011	2010
Eigenkapital Jahresanfang	1.500	1.420
Eigenkapital Jahresende	1.760	1.500
Durchschnittliches Eigenkapital	1.630	1.460
Gesamtkapital Jahresanfang	5.100	4.800
Gesamtkapital Jahresende	5.400	5.100
Durchschnittliches Gesamtkapital	5.250	4.950
Umsatzerlöse	10.840	10.120
Eigenkapital-Umschlagshäufigkeit (Mal)	6,65	6,93
Eigenkapital-Umschlagsdauer in Tagen	54,14	51,95
Gesamtkapital-Umschlagshäufigkeit (Mal)	2,06	2,04
Gesamtkapital-Umschlagsdauer in Tagen	174,76	176,47

14.9 Ausgewählte Maßnahmen zur Liquiditätsverbesserung

Die Verbesserung der Liquidität sollte kontinuierlich und konsequent betrieben werden, auch wenn es aktuell keinen oder nur geringen Handlungsbedarf gibt. Die nachstehend aufgeführten Maßnahmen sollen dazu Anregung und Hilfestellung geben.

Kommen einzelne Maßnahmen in Betracht, die umgesetzt werden sollen, sind mindestens folgende Punkte zu beachten:

1. Formulierung konkreter Ziele (Was soll mit dieser Maßnahme erreicht werden?)
2. Bestimmung eines verbindlichen Termins (Bis wann soll ein Ergebnis spätestens vorliegen?)
3. Festlegung eines für die Umsetzung Verantwortlichen (Wer soll sich um die Realisierung kümmern)?
4. Bestimmung und Freigabe evtl. notwendiger (zusätzlicher) Ressourcen und Budgets
5. Abgleich auf Widerspruchfreiheit mit anderen Zielen (z. B. Ausgabenstopp vs. neuer Investitionen)

14.10 Organisatorische Maßnahmen zur Verbesserung der Liquidität

Finanzmanagement und Liquiditätsplanung und -steuerung ist immer „Chefsache", auch wenn die eigentliche operative Umsetzung dann delegiert wird.

Wenn sich die Zahlungsmoral der Kunden nach und nach verschlechtert oder die Bank plötzlich die Kreditlinie verringert, können selbst bisher erfolgreiche Unternehmen mit gefüllten Auftragsbüchern in Zahlungsschwierigkeiten geraten, denn „verkauft ist noch nicht bezahlt".

Ein Unternehmen neu aufzubauen, ist erheblich schwieriger und teurer, als ein bestehendes Unternehmen zu erhalten. Daher nachstehend einige Tipps zum Erhalt Ihrer Zahlungsfähigkeit.

14.10.1 Bonitätsprüfung

Jede Auftragsbearbeitung beginnt mit der Bonitätsprüfung. Überprüfen Sie vor allem Neukunden; hier liegen naturgemäß noch keine Erfahrungen vor. Informationen über deren Bonität können Sie auch über Ihre Hausbank einholen. Darüber hinaus gibt es Auskunfteien wie Bürgel oder Creditreform, die diesen Service anbieten. Sollte der potenzielle Kunde in Schwierigkeiten sein, verlangen Sie eine Bankbürgschaft oder verzichten lieber auf den Auftrag. Sonst kann es lange dauern, bis Sie an Ihr Geld kommen. Im schlimmsten Fall müssen Sie es sogar ganz abschreiben, wenn Ihr Kunde endgültig zahlungsunfähig wird.

14.10.2 Schnelle Rechnungsstellung

Achten Sie darauf, dass bei der Rechnungsstellung keine unnötigen Verzögerungen entstehen. Schreiben Sie sofort die Rechnung, wenn Sie einen Auftrag erledigt haben. In der Zahlungsaufforderung sollten Sie den eingeräumten Skonto nicht nur prozentual, sondern auch absolut ausweisen. Ihr Kunde sieht so auf einen Blick, was er sparen kann. Ist die Zahlungsfrist ohne einen Zahlungseingang abgelaufen, sollten Sie direkt (am besten telefonisch) Kontakt mit dem säumigen Zahler aufnehmen. Vielleicht ist die Rechnung ja tatsächlich nur „untergegangen" oder entspricht nicht den formalen Anforderungen des Rechnungsempfängers. Wenn Sie bei Ihrem Gespräch erfahren, dass Ihr Kunde Liquiditätsschwierigkeiten hat, können Sie mit ihm Raten- und Teilzahlungen vereinbaren. So kommen Sie schneller an Ihr Geld und können einen treuen Kunden gewinnen.

14.10.3 Factoring

Es besteht auch die Möglichkeit, Forderungen mit einem Abschlag zu verkaufen. Dieses Verfahren, genannt Factoring, hat den Vorteil, schnell Liquidität zu bringen.

14.10.4 Lieferantenkredite

Fragen Sie auch bei Ihren Lieferanten nach, ob sie höhere Rabatte oder Skonti einräumen, wenn sie ihre Außenstände per Lastschrift bei Ihnen einziehen dürfen.

14.10.5 Verbesserungen des Kundenportfolios

Vermeiden Sie die Abhängigkeit von Großkunden. Je höher der Umsatzanteil eines Kunden ist, desto größer ist Ihr Risiko, wenn der Kunde nicht zahlt oder sich die Zahlungen wegen Reklamationen oder Ähnlichem verzögern. Sie sollten für einen Kunden oder einen Großauftrag nicht mehr als 50 % Ihrer Kapazitäten einsetzen. Suchen Sie sich lieber einen Kooperationspartner, mit dem Sie den Auftrag dann gemeinsam ausführen – auch wenn Ihr Gewinnanteil dadurch sinkt (getreu dem Motto „Liquidität vor Rentabilität")!

14.10.6 Verringerung der Kapitalbindung

Achten Sie auf die Kapitalbindung im Lager. Waren oder Rohstoffe binden Kapital. Dies verringert Ihre Liquidität und über die anfallenden Kapitalkosten auch Ihre Rentabilität. Halten Sie daher nur die Waren oder Betriebsmittel vorrätig, die Sie in absehbarer Zeit einsetzen werden. Prüfen Sie bei angebotenen Mengenrabatten immer, ob es sich wirklich für Sie lohnt. Vielleicht ist es sinnvoller, eine kleinere Stückzahl etwas teurer einzukaufen, anstatt Überbestände monatelang zu lagern und damit Ihre Liquidität zu verringern bzw. Finanzierungskosten zu erhöhen.

14.10.7 Verfügbarkeit von Geldanlagen

Legen Sie Ihre vorhandenen liquiden Mittel so an, dass Sie diese im Falle eines Liquiditätsbedarfs ohne Verluste schnell wieder flüssig machen können. Geeignete Anlagemöglichkeiten sind beispielsweise Tages- oder Termingelder.

- ▶ Zuführung frischer Mittel, z. B. Einlagen oder Kapitalerhöhungen
- ▶ Liquidität aus dem laufenden Geschäft
- ▶ Ausschöpfung von Kosteneinsparungspotenzialen

Liquiditätsverbesserung: Organisatorische Maßnahmen — KAPITEL 14

- ▶ Reduzierung von Umlaufvermögen:
  - Roh-, Hilfs- und Betriebsstoffe
  - Unfertige Erzeugnisse, unfertige Leistungen
  - Fertige Erzeugnisse und Waren
  - Forderungen aus Lieferungen und Leistungen
- ▶ Veräußerung von nicht notwendigem Anlagevermögen
- ▶ Ausnutzung von Lieferantenkrediten
- ▶ Erhöhung Kundenanzahlungen, Teil-, Zwischenzahlungen
- ▶ Fremdmittelaufnahmen bei Kreditinstituten
- ▶ Leasing (Sale-and-lease-back)
- ▶ Factoring (www.factoring.de)
- ▶ Fördergelder
- ▶ Planung, Kontrolle und Steuerung der Unternehmensfinanzen (Finanzmanagement bzw. Finanzcontrolling)
- ▶ Planung und ggf. Limitierung von Entnahmen/Inhabergehältern, temporärerer Verzicht oder nur quartalsweise Auszahlungen
- ▶ Nutzung von Lieferantenskonto
- ▶ Abbau von Zahlungsfristen, Arbeiten mit Bankeinzug, Barzahlungen
- ▶ Erhöhung Kundenskonto („Eilskonto")
- ▶ Zeitnahe und fehlerfreie Rechnungsstellung (Abschlagsrechnungen, Rechnungen auch für Kleinbeträge stellen)
- ▶ Mahnwesen aufbauen/verbessern
- ▶ Forderung von Zinszahlungen von Kunden bei Überschreitungen (ggü. Gewerbekunden Basiszinssatz der Bundesbank plus maximal 8 %, bei Privatkunden Basiszinssatz plus maximal 5 %)
- ▶ Androhung von Meldungen, z. B. an Kreditversicherer, Creditreform
- ▶ Bereitschaft zu gerichtlichen Verfahren zur Forderungseintreibung
- ▶ Androhung eines Insolvenzantrags (eidesstattlicher Versicherung)
- ▶ regelmäßige Überwachung der Kreditwürdigkeit der Kunden (Bonitätsprüfungen, Selbstauskünfte geben lassen)
- ▶ Umschuldungsmöglichkeiten ausnutzen, Umwandlung von kurz- in langfristige Kredite
- ▶ Erhöhung der Kreditlinien mit der Bank vereinbaren
- ▶ Unternehmensfinanzierung überprüfen und anpassen

- Verträge so gestalten, dass Ausfälle weitgehend vermieden werden können, z. B. Zahlungszeitpunkte, Vorauszahlungen, Sicherheiten, Einzugsermächtigungen
- Senkung von Durchlaufzeiten von Aufträgen
- grundsätzlich: rechtzeitig agieren, offen mit der Bank kommunizieren

14.10.8 Einleitung von Sofortmaßnahmen bei Liquiditätsengpässen

Sollte trotz der obengenannten Tipps ein Liquiditätsengpass entstehen, helfen Ihnen die nachstehenden Empfehlungen für die Einleitung von Sofortmaßnahmen:

- Bringen Sie eine Bareinlage ein.
- Verkaufen Sie nicht betriebsnotwendige Vermögensteile.
- Treiben Sie ausstehende Forderungen ein, u. U. mithilfe eines Inkassounternehmens.
- Versuchen Sie, Auszahlungen so lange wie möglich hinauszuschieben.
- Versuchen Sie, neues Beteiligungskapital zu bekommen.
- Überdenken Sie Ihr Unternehmenskonzept und definieren Sie Ihre Ziele neu.

1. Kurzfristiges Ziel: Liquidität verbessern

- Verzicht auf oder Verschiebung von Investitionen (ggf. andere Finanzierung, z. B. Leasing);
- Verkauf mit anschließendem Leasing von Objekten (Sale-and-lease-back);
- Aussetzung oder Kürzung von Entnahmen oder Inhabergehältern;
- Verzicht auf Erhöhung von Umlaufvermögen (ggf. Überprüfung auf Nachteile, z. B. höhere Preise bei Teillieferungen oder kleineren Mengen);
- Stundungsvereinbarungen mit Lieferanten treffen;
- Vereinbarung von Ratenzahlungen mit Lieferanten;
- Erhöhung des Kreditumfangs;
- Verhandeln mit Banken, um Konditionen zu verbessern, z. B. Umwandlung von Kontokorrentkrediten in langfristige Darlehen, Zinsverhandlungen;
- Beantragen Sie ein Liquiditätssicherungsdarlehen (KfW, DtA);
- Überprüfung außergerichtlicher Vergleichsmöglichkeiten, z. B. Verzicht, Teilverzicht;
- Rangrücktrittserklärungen bezüglich Gesellschafterforderungen;
- Rangrücktrittserklärungen von sonstigen Gläubigern;
- Prüfung weiterer öffentlicher Hilfen (Subventionen).

2. **Mittelfristiges Ziel: Konsolidierung und Stabilisierung durch Straffen der Organisation**
- Vermindern Sie Kosten (z. B. Werkskantine, Dienstwagen, Zulagen).
- Führen Sie leistungsbezogene Entlohnung ein.
- Sorgen Sie für den Aufbau eines effizienten Mahnwesens.

3. **Langfristiges Ziel: Veränderung der Unternehmensstruktur**
- Neue Gesellschafter bzw. neue Geldgeber;
- andere Rechtsform zur Aufnahme neuer Gesellschafter bzw. neuer Geldgeber;
- Standortverlegung (Kostenvorteile, besserer Marktzugang);
- Zusammenlegung einzelner Betriebsbereiche;
- neue Produktionsverfahren;
- neue Produkte, Sortimente, Märkte und Strategien und damit neue Kunden.

Warten Sie nicht ab, bis Sie sich in einer Krise befinden, sondern sorgen Sie für eine frühzeitige Kurskorrektur:
- Überprüfen Sie regelmäßig alle Geschäftsfelder und stellen Sie sie zur Disposition.
- Überprüfen Sie regelmäßig Produkte und Dienstleistungen, die den Erfolg des Unternehmens gefährden, und geben Sie schlecht laufende Leistungsbereiche auf.
- Überprüfen Sie die Kosten für die verbleibenden Bereiche.
- Verbessern Sie die Qualität Ihre Angebote in verbleibenden Bereichen.
- Suchen Sie nach neuen Geschäftsfeldern.
- Überprüfen Sie Ihren Personalbestand.
- Nehmen Sie die besten Leute Ihres Unternehmens, bilden Sie ein Sanierungsteam und sorgen Sie für externe Hilfe (Unternehmensberater, Sanierungsexperten). Außenstehende können Ihre Probleme oft besser analysieren als Sie selbst.

14.10.9 Die Hauptfehler im Umgang mit der Liquidität vermeiden

Wenn man untersucht, wo die Hauptgründe für das Scheitern eines Unternehmens liegen, fallen einem meistens einige oder sehr viele der nachstehenden Punkte auf:
- Keine oder nur sporadische Liquiditätsplanung und -steuerung, Vernachlässigung des Themas im Tagesgeschäft (Heute gibt es Wichtigeres zu tun!), Organisationsmängel;
- Die Finanzentwicklung und Besonderheiten aus der Vergangenheit werden nicht analysiert, zahlungsrelevante Positionen werden bei der Planung (mehrfach) vergessen, schlechtes oder fehlendes Finanzcontrolling;

- Auswahl einer Bank, die in zentralen Punkten nicht zum Unternehmen passt, z. B. Beratungsbedarf, kurzfristige Reaktionsmöglichkeiten, Bereitstellung größerer Kreditbeträge;
- Es wird sich nur auf eine einzige Bank verlassen;
- Abschluss von Verträgen/Vereinbarungen mit Auswirkungen auf die Finanzen, die man nicht vollständig verstanden hat;
- Zu schnelles Stellen von (privaten) Sicherheiten für betriebliche Kredite bzw. zu viele Sicherheiten für einen Kredit (möglichst noch Sicherheiten „in der Hinterhand halten");
- Finanzierung von Anlagegütern mit kurzfristigen Mitteln oder Krediten;
- Unkontrolliertes Anwachsen und mangelhafte Kontrolle von Investitionen (keine Investitionsplanung, keine operative Planung);
- Unkenntnis darüber, mit welchen Produkten (wie viel) Geld verdient (oder verloren) wird;
- Unkontrolliertes Anwachsen von Kosten (keine Kostenplanung, keine operative Planung, kein Kostenmanagement);
- Handeln ohne Plan und ohne Ziele, basierend auf dem „Prinzip Hoffnung";
- Zu optimistische bzw. unrealistische Planung;
- Es wird davon ausgegangen, dass die Bank die Lage ähnlich beurteilt wie man selbst („Einen Kredit erhalten wir für unseren Betrieb ohne Schwierigkeiten");
- Problemverdrängung oder Schuld bei Anderen suchen;
- Zu spätes Handeln, erst nachdem Dritte (Banken, Finanzamt, Lieferanten, Sozialversicherungsträger) aktiv geworden sind;
- Nichtbeachten von Entwicklungen oder Hinweisen von Mitarbeitern, Banken oder Beratern (Beratungsresistenz);
- (Unternehmens-)Berater, die nicht rechtzeitig hinweisen und ermahnen.

15. Das erfolgreiche Bankgespräch

Die Entscheidungskriterien bei der Vergabe von Krediten und Darlehen an Gründer und Unternehmen haben sich in den letzten Jahren erheblich geändert. Reichte einem etablierten Unternehmen für die Beantragung eines neuen Darlehens früher allein die Vorlage „guter" Bilanzen, stehen heute (mitverursacht durch Basel II) auch Branchenzugehörigkeit, Geschäftsmodelle und Businesspläne mit auf dem Prüfstand. Es erstaunt daher nicht, dass Unternehmer und Gründer immer wieder von „größeren Schwierigkeiten" bei der Darlehensaufnahme berichten.

Oft ist es jedoch so, dass diese Schwierigkeiten zu einem ganz erheblichen Teil an der Antragstellung selbst liegen. Es sind Fehler, die bei der Vorbereitung eines Darlehensantrages und beim Gespräch mit den Banken und Sparkassen vom Antragsteller gemacht werden.

Ob Sie einen Kredit von einer Bank bekommen, hängt nicht nur von den tatsächlichen Erfolgsaussichten des Vorhabens ab. Um einen Geldgeber für das Projekt zu gewinnen, sind auch die richtige Vorbereitung und ein überzeugendes Auftreten für den Erfolg des Bankgesprächs entscheidend.

Die nachstehenden Tipps hierzu gelten gleichermaßen für Existenzgründer wie für bestehende Unternehmen.

15.1 Wichtige Unterlagen und Zahlen

Kreditverhandlungen erfordern aktuelles und konkretes Zahlenmaterial. Die Bank ist gesetzlich durch das KWG (Kreditwesengesetz) dazu verpflichtet, sich ein aktuelles Bild über die Situation des Unternehmens zu verschaffen. Wenn wichtige Unterlagen fehlen, kann von der Bank keine Entscheidung getroffen werden. Auf diese Weise geht dem Unternehmen oft wertvolle Zeit verloren.

Klären Sie daher frühzeitig, welche Unterlagen die Bank von Ihnen haben möchte. Sorgen Sie dafür, dass sich Ihr Gesprächspartner gut informiert und damit auch sicher fühlt. Ein Kreditberater, der sich unsicher bzw. schlecht informiert fühlt, geht verständlicherweise kritischer und vorsichtiger an die Prüfung eines Vorhabens heran.

Für ein Bank- und Kreditgespräch werden mehr als nur die „üblichen" Jahresabschlussunterlagen wie Bilanz, GuV und aktuelle betriebswirtschaftliche Auswertungen gefordert. Es sind weitere Unterlagen notwendig.

An erster Stelle ist hier die Liquiditätsplanung zu nennen. Dazu kommen weitere Unterlagen, wie:

- Unterlagen, die die zukünftige Entwicklung des Unternehmens beschreiben (also eine vollständige operative und strategische Planung),
- Organisations-, Unternehmens- und Marktbeschreibungen,
- Nachfolgeregelungen.

Je nach Ausgangslage sind auch ausführliche schriftliche Konzepte und Ertragsvorschauen für die Entscheidungsfindung der Bank unerlässlich.

Die Erstellung und Ausarbeitung dieser Unterlagen muss sorgfältig erfolgen, denn das Unternehmen wird auch daran gemessen, wie exakt später die vorgestellten Planzahlen eintreffen.

Natürlich kann man die Zukunft nicht genau vorhersagen, aber bestimmte Daten, wie z. B. die monatlichen Personalkosten, sollten auch in einer Planrechnung hinreichend genau enthalten sein.

Bei der Erstellung von Prognosen sollte man optimistische, aber realistische Werte ansetzen.

15.1.1 Jahresabschlussunterlagen

Die Jahresabschlussunterlagen werden in jedem Fall benötigt, wenn ein Kreditgespräch ansteht.

Bei Kreditgesprächen für bestehende Unternehmen sollten diese Unterlagen der Bank aktuell vorliegen:

- Jahresabschlüsse der letzten drei Jahre,
- Erläuterungen zu den Jahresabschlüssen,
- Aktuelle betriebswirtschaftliche Auswertungen mit Summen- und Saldenliste,
- Aktuelle Forderungsaufstellung,
- Aktuelle Verbindlichkeiten,
- Vermögensübersicht,
- Investitionsplan,
- Ertragsprognose und Liquiditätsplan,
- Vergleich der Planung mit den Ist-Werten.

> **HINWEIS**

Die Jahresabschlussunterlagen sollten einen Zeitraum von 2-3 Jahren aus der Vergangenheit abdecken, weil die Bank wissen möchte, wie sich die wirtschaftliche Lage in den letzten Jahren entwickelt hat. Am besten sollte im Vorfeld geklärt werden, welche Dokumente für welchen Zeitraum und in welchem Detaillierungsgrad benötigt werden.

15.1.2 Planungsunterlagen

Dieser Sektor bereitet gerade in Kleinunternehmen die größten Schwierigkeiten. Zur Liquiditätsplanung kommen hier unbedingt eine vollständige operative Planung sowie ein Investitionsplan und eine Wirtschaftlichkeitsrechnung hinzu. Sinnvoll ist es, auch eine langfristige Planung sowie Unternehmensbeschreibungen vorlegen zu können.

Die Planungsunterlagen sollten im operativen Bereiche einen Zeitraum von zwei Jahren in die Zukunft, im strategischen Bereich bis fünf Jahre in die Zukunft abdecken. Hintergrund ist hier, dass die Bank wissen möchte, wie sich die wirtschaftliche Lage des Unternehmens mittelfristig voraussichtlich entwickeln wird. Sie will verständlicherweise wissen, ob das Unternehmen auch in schwierigen Zeiten dazu in der Lage sein wird, den Kapitaldienst zu leisten. Auch hier sollte im Vorfeld geklärt werden, welche Dokumente für welchen Zeitraum benötigt werden.

15.1.3 Weitere Dokumente und Informationen

Zusätzlich zu den genannten überwiegend quantitativen Unterlagen müssen häufig weitere Informationen bereitgestellt werden, etwa Angaben zu wichtigen Mitarbeitern, zu Produkten, zu Versicherungen oder zur Nachfolge- bzw. Notfallregelung.

Die Checkliste Tabelle 4: Checkliste Bankunterlagen auf Seite 157 ff. zeigt die wichtigsten Unterlagen.

> **HINWEIS**

In der Praxis haben sich auch Betriebsbesichtigungen bewährt, bei denen sich der Bankberater ein besseres Bild vom Unternehmen machen kann. Das Unternehmen selbst kann die Stärken des Betriebs heraus- und die Abläufe und Besonderheiten gezielt darstellen.

15.2 Auswahl der richtigen Bank

Als erste Adresse empfiehlt sich Ihre Hausbank, denn dort sind Sie bereits bekannt und dort ist man mit den örtlichen Verhältnissen vertraut. Prüfen Sie aber immer auch die Leistungen und Konditionen von einem bis zwei anderen Instituten. Überlegen Sie bei der Auswahl, welches Kreditinstitut am besten zu Ihrem Vorhaben passt. Es gibt Banken, die in Ihrer Branche und bei Ihren zukünftigen Geschäftspartnern üblicherweise als Bankverbindungen genutzt werden.

Nicht immer ist der kürzeste der beste Weg: Manche Banken übernehmen überhaupt keine Finanzierung von Existenzgründungen oder von Unternehmen. Hierzu gehören beispielsweise die Postbank und fast alle Online-Banken. Die Sparkassen und die Volks- und Raiffeisenbanken sind dagegen die beiden großen Gruppen im Bankenbereich, die bei kleineren und mittleren Unternehmen einen Marktanteil von rund 80 % halten und damit auch die weitaus meisten Anträge bei öffentlichen Förderprogrammen begleiten. Neben den Instituten dieser beiden Gruppen kommen für eine Antragstellung noch die beiden großen Privatbanken in Betracht: Deutsche Bank und Commerzbank.

Achten Sie darauf, dass Sie mit dem Spezialisten für gewerbliche Finanzierungen bzw. Förderprogramme („Firmenkundenbetreuer") sprechen.

Für die Inhaber bestehender Unternehmen ist es grundsätzlich sinnvoll, über eine zweite Bankverbindung zu verfügen. Am besten kümmert man sich bereits darum, wenn noch kein neuer Kreditbedarf vorhanden ist. Es ist meist schwierig, die Hausbank dann wechseln zu wollen, wenn es schon erste Probleme im Unternehmen gibt oder wenn die Hausbank einen Kreditantrag abgelehnt hat. Dann erweist es sich nämlich als schwer, die Antwort auf die Standardfrage: „Warum gehen Sie nicht zu Ihrer Hausbank?" zu finden.

15.3 Frühzeitige Terminvereinbarung und Informationen an die Bank

Vereinbaren Sie den Termin für ein Kreditgespräch mit einem Vorlauf von mindestens zwei Wochen beim zuständigen Mitarbeiter für Firmenkundenbetreuung, für Existenzgründungen oder öffentliche Förderprogramme. Bieten Sie schon bei der telefonischen Terminabstimmung an, dass Sie Ihr Konzept vorher zur Verfügung stellen. Dies wird im

Regelfall von den Banken auch verlangt werden, damit sich der Bankberater ebenfalls auf das Gespräch vorbereiten kann.

15.4 Die Vorbereitung des eigentlichen Gesprächs

Wie oben gezeigt, gehören zu einer guten Vorbereitung ein schlüssiges Konzept samt Investitions-, Rentabilitäts- und Absatzplan.

Bereiten Sie sich gut auf den Termin mit dem Bankberater vor. Alle Informationen, die Sie über Ihr Projekt, die Marktchancen und mögliche Wettbewerber zusammenstellen, sind wichtig für das Gespräch, und Sie selbst lernen so die Stärken und Schwächen der geplanten Investition kennen.

Stellen Sie in einem Business-Plan alle Details über Umsatzplanung, Kostenkalkulation, Investitionsplan, Personalbedarf schriftlich zusammen. Dieser Business-Plan dient dem Bankberater als Entscheidungsgrundlage und sollte deshalb so genau und ausführlich wie möglich sein.

Es werden von Seiten der Bank auch Entscheidungsträger anwesend sein, die in der Hierarchie über dem Sachbearbeiter in der Kreditabteilung, der das Unternehmen aus der täglichen Arbeit kennt, stehen. Auch diese Entscheidungsträger wollen sich vom Unternehmen und dem Unternehmer bzw. der Unternehmerfamilie ein eigenes Bild machen. Und auch hiervon hängen Entscheidungen in erheblichem Maß ab.

Falls das Gespräch im Unternehmen stattfindet, muss für eine ungestörte Gesprächsatmosphäre gesorgt werden. Unterbrechungen durch Telefonate oder Nachfragen von Arbeitnehmern müssen auf jeden Fall vermieden werden.

Vor dem Gespräch mit der Bank sollte klar sein, welche Ziele in der Kreditverhandlung erreicht werden sollen.

Über die wichtigsten betriebswirtschaftlichen Kennzahlen sollte der Unternehmer selbst Auskunft geben können und sich hier nicht ausschließlich auf den Berater (Steuer- oder Unternehmensberater) verlassen müssen. Wichtige Termine sollten zusammen mit Steuer- und/oder Unternehmensberatern vorbereitet werden. Bei Unternehmenskrisen ist die Unterstützung durch externe Berater nahezu unerlässlich und wird auch von der Bank positiv gesehen.

15.4.1 Kreditgespräch vorbereiten

Eine sorgfältige Vorbereitung stellt sicher, dass man mit der Bank auf gleicher Höhe verhandelt, und den gleichen Wissensstand wie der Bankberater besitzt. Man vermeidet unangenehme Situationen und Nacharbeiten, wenn mögliche kritische Fragen sofort beantwortet werden können.

Hier einige Punkte, die Sie für Ihre Vorbereitung beachten sollten:

- ▶ Ausreichende eigene Vorbereitungszeit vor der Vereinbarung eines Termins mit der Bank einplanen
  - Das können je nach Fall 4-12 Wochen sein, wenn man zudem Vorleistungen, z. B. vom eigenen Steuerberater, benötigt.
- ▶ Beschreibung des Vorhabens, für das ein Kredit gewünscht wird
  - z. B. Beschreibung der Investition bzw. eine Begründung für die Aufstockung eines bestehenden Kredits
- ▶ Überprüfung der Einträge bei Wirtschaftsauskunfteien und der Schufa
  - ggf. Korrektur falscher oder fehlerhafter Einträge
- ▶ Einholung von Informationen zu den Wachstumsaussichten der eigenen Branche
  - z. B. beim eigenen Verband
- ▶ Sammlung von Argumenten, warum man von den Branchenzahlen abweicht
- ▶ Zusammenstellung vorhandener Sicherheiten
  - Grundlage dazu sind Überlegungen, welche Sicherheiten gestellt und welche zurückgehalten werden sollen
- ▶ Kritische Überprüfung des eigenen Unternehmens
  - Welche Punkte könnten von der Bank kritisch gesehen werden?
  - Welche Antworten oder Erklärungen können dazu gegeben werden?

15.4.2 Den eigenen Berater mitnehmen

Es ist oft sinnvoll, den eigenen Berater mitzunehmen. Jedoch sollte man selbst das eigene Konzept vorstellen und vertreten können. Das gilt auch für evtl. vom Berater erstellte Umsatz- und Rentabilitätsberechnungen, die Sie selbst erläutern können sollten. Ein Bankberater wird kaum darauf vertrauen, dass Sie ihre Planungen umsetzen werden, wenn Sie diese nicht einmal erklären können. Eine Präsentation sollten Sie vorher zuhause üben.

Ein erfahrener Berater kann helfen, bei Nachfragen und Diskussion als Kommunikationspuffer zu dienen. Da er keine eigenen direkten Interessen hat, kann er in schwierigen Gesprächssituationen vergleichsweise emotionslos einen möglicherweise vorhandenen Druck aus dem Gespräch nehmen. Natürlich sollte Ihr Berater das Unternehmen, Sie selbst und das vorgestellte Projekt bestens kennen.

15.4.3 Rollenverteilung klären

Wenn Sie Ihren Geschäftspartner oder Ihren Berater zum Bankgespräch mitnehmen, klären Sie vorher die Rollenverteilung. Dem Bankberater muss klar werden, dass der Unternehmer die Hauptperson ist. Er muss das Gespräch führen und später alles dafür tun, dass die der Bank gemachten Zusagen auch eingehalten werden.

15.4.4 Der äußere Eindruck

Der äußere Eindruck zählt! Nicht nur eine bestmögliche inhaltliche auch bestmögliche optische Präsentation ist notwendig. Die Erwartung an einen professionellen Eindruck betreffen die eingereichten Unterlagen und Ihr eigenes Auftreten. Passend zum Unternehmensstil kann auch Ihr Kleidungsstil sein: seriös und gediegen oder modisch und leger. Ein Bankberater wird Ihnen normalerweise im Anzug und Krawatte bzw. in einem Kostüm oder Hosenanzug gegenübersitzen.

15.4.5 Sicher auftreten

Sie sollten zeigen, dass Sie hundertprozentig hinter der geplanten Investition stehen. Nur so werden Sie die Bank überzeugen. Treten Sie deshalb selbstsicher und überzeugend auf.

Verdeutlichen Sie Ihrem Bankberater, dass Sie das präsentierte Projekt in die Tat umzusetzen können und so das geliehene Geld zurückzahlen werden. Zeigen Sie, dass Sie mit Ihrer ganzen Kraft und voller Begeisterung hinter Ihrer Geschäftsidee stehen. Vermitteln Sie ihm auch den Eindruck, dass Sie künftig ein zuverlässiger Geschäftspartner der Bank sein werden. Machen Sie dem Verhandlungspartner klar, dass Sie ihn auch in Zukunft gut informieren werden und an einer vertrauensvollen Zusammenarbeit interessiert sind.

15.4.6 Bankverhandlungen sachlich führen

Bankverhandlungen sollten stets sachlich geführt werden. Gerade in Krisensituationen helfen unsachliche Äußerungen nicht weiter, sondern führen zur Verhärtung der Fronten. Gut durchdachte Wege, wie ein Unternehmen aus der Krise geführt werden soll, sind auf jeden Fall hilfreicher, als die Schuld auf der Bankseite zu suchen, auch wenn dies im Einzelfall berechtigt sein sollte.

KAPITEL 15 Das erfolgreiche Bankgespräch

Eine gute Geschäftsbeziehung (auch die zwischen der Bank und einem Unternehmen) erfordert, dass beide Seiten ihre berechtigten Interessen durchsetzen können und daraus Vorteile ziehen. Dies kann nur dann gelingen, wenn man die Interessen der jeweils anderen Seite versteht und auch zu Kompromissen bereit ist.

15.4.7 Gesprächsinhalte schriftlich festhalten

Bankgespräche laufen üblicherweise in einer geschäftsmäßigen, freundlichen Atmosphäre ab. Nicht selten kommt es jedoch im Nachhinein zu unterschiedlichen Ansichten über die gemachten Zusagen in solchen Gesprächen. Daher sollten schon während des Gesprächs die wichtigsten Punkte laufend kurz notiert werden. Eventuell sollte am Ende des Gesprächs kurz eine Zusammenfassung vorgetragen werden, um Missverständnisse zu vermeiden.

Es kann auch sinnvoll sein, die Gesprächsergebnisse, entweder durch den Unternehmer selbst oder einen Berater des Unternehmens, in einem Brief an die Hausbank zusammenzufassen. Falls die Hausbank dieser Zusammenfassung nicht widerspricht, erkennt sie diese damit an.

15.4.8 Auf kritische Bankfragen vorbereiten

Die nachstehende Übersicht zeigt eine Auswahl möglicher Bankfragen, auf die man sich im Kreditgespräch einstellen sollte. Je nach wirtschaftlicher Lage und den Verhältnissen im Unternehmen oder den Prüfschwerpunkten der Bank können natürlich weitere Fragen in Betracht kommen. Die Beispiele dienen daher vor allem Ihrer Vorbereitung und als Anregung. Fragen auch Sie sich selbst, welche Probleme die Bank sehen könnte. Werden Sie auf diese angesprochen, zeigen Sie mögliche Lösungsansätze auf.

Bereiten Sie sich auf Fragen nach Wettbewerbern, Marktaussichten und Branchenumsätzen vor. Überlegen Sie, welche Stärken Ihr Unternehmen aufzuweisen hat, z. B. Produktmerkmale oder einen besonderen Service für die Kunden.

Im Kreditgespräch will der Bankberater Näheres zu Ihren Unterlagen wissen und mögliche Probleme oder Schwachstellen aus seiner Sicht klären.

Bereiten Sie Antworten auf folgende häufige Fragen vor:

▶ Wie sieht die Entwicklung von Markt und Branche aus?
▶ Wie stark ist die Konkurrenz und wie ist die Wettbewerbssituation?

Die Vorbereitung des eigentlichen Gesprächs — KAPITEL 15

- Was sind Risiken bei erkennbaren Kundenabhängigkeiten, wenn Sie z. B. mehr als 20 % Ihres Umsatzes mit einem Kunden erwirtschaften?
- Warum sollte ein Kunde gerade Ihre Produkte oder Dienstleistungen kaufen?
- Wie ist Ihre Qualifikation: Können Sie alle unternehmerischen Aufgaben leisten?
- Wie ist Ihre Personalstruktur: Qualifizierung, Fluktuation, Alter?
- Wie sieht die Notfallplanung aus: Wie haben Sie vorgesorgt, falls Ihnen etwas passieren sollte?
- Wie erklären Sie Ihre Ertragslage?
  - Was sind die Ursachen für Umsatzeinbrüche?
  - Was sind die Ursachen für auffällig hohe Kosten, z. B. für Miete oder Fahrzeuge?
  - Was sind die Ursachen für Gewinneinbrüche bzw. Verluste?
- Wie ist Ihre Vermögenslage: Welche Sicherheiten können Sie bieten?
- Wie steht es um Ihre Finanzlage?
  - Was sind Ursachen für lange Zahlungsfristen von Kunden?
  - Wie kam es zu Auffälligkeiten in der Kontoführung, z. B. permanente Inanspruchnahme von Kontokorrentkrediten, Aufnahme von zusätzlichen Krediten bei anderen Banken?
- Fragen zum Investitionsvorhaben und zur geplanten Finanzierung: Art, Höhe, Nutzen, Wirtschaftlichkeit, Sicherheiten.

Fragen Sie sich schon während der Vorbereitung, welche Probleme die Bank sehen könnte und bereiten Sie Lösungsansätze vor.

TAB. 4: Checkliste Bankunterlagen

Checkliste Bankgespräch

1 Unternehmenszweck

1.1 Branchenzugehörigkeit
- Produktionsprogramm oder Handelssortiment
- Tätigkeitsschwerpunkt und Nebentätigkeiten
- Spartengliederung mit Umsatzanteil und Ergebnisbeiträgen

1.2 Marktstellung
- eigener Marktanteil
- stärkste Wettbewerber und ihre Marktanteile
- Ansatzwege über eigenen Vertrieb, Großhandel oder Handelsvertreter

1.3 Auslandsgeschäft
- Exportanteil am Umsatz
- wichtigste Abnehmerländer
- Fertigung im Ausland

2 Rechtliche Grundlagen des Unternehmens

2.1 Rechtsform
- Gründungsjahr
- letzte Änderung der Rechtsform

2.2 Gesellschaftsvertrag
- Kapitalanteil und Stimmrecht der Gesellschafter
- Geschäftsführungsbefugnis
- Gewinnverteilung und Privatentnahmen

2.3 Verflechtung mit anderen Unternehmen
- verbundene und assoziierte Unternehmen
- Unternehmen, zu denen ein Beteiligungsverhältnis besteht

2.4 Grundstücksverhältnisse
- Eigentümer der Betriebsgrundstücke
- Miet- und Pachtverträge sowie Immobilien-Leasing-Verträge

2.5 Versicherungen
- Betriebsunterbrechungsversicherung
- Lebensversicherung des Unternehmers
- sonstige Versicherungen, wie Debitorenversicherung (Kreditversicherung), Versicherung des Warenlagers, Gebäudeversicherung, Produkthaftpflichtversicherung

2.6 Schutzrechte
- Patente und Lizenzen

3 Unternehmensführung

3.1 Management
- Zusammensetzung, Alter und Vorbildung, Branchenkenntnis und Betriebszugehörigkeit
- Mittelmanagement

3.2 Unternehmenspolitik
- strategische Ausrichtung des Unternehmens
- Marketingpolitik
- Personalpolitik und Führungsstil

3.3 Beratung des Unternehmens
- Aufsichtsrat oder Beirat
- steuerliche Beratung
- sonstige Berater

3.4 Nachfolge und Stellvertretung
- ausreichende Regelungen

4 Kaufmännische Organisation

4.1 Aufbauorganisation
- Gliederung und Zuständigkeiten

4.2 Rechnungswesen
- Abwicklung mit eigener EDV-Anlage oder über ein fremdes Rechenzentrum
- Betriebsabrechnung (Kalkulation)
- Aufstellen von unterjährigen Abschlüssen (Monats-, Quartals- oder Halbjahresbilanzen)

4.3 Controlling

5 Betrieb

5.1 Betriebsstätten
- Anzahl, Betriebszweck, Standorte sowie Verkaufsfläche bei Einzelhandelsunternehmen

5.2 Technische Ausstattung (Produktionsunternehmen)
- technischer Stand des Betriebs
- Produktionskapazität und deren Auslastung
- Qualitätskontrolle

5.3 Beschäftigte
- Zahl und Zusammensetzung der Beschäftigten

6	Abhängigkeit

6.1 Kundenabhängigkeit
- Verträge mit Großabnehmern
- Anteile der fünf größten Kunden am Gesamtumsatz

6.2 Lieferantenabhängigkeit
- Großverträge mit Lieferanten einschließlich Subunternehmern
- Abnahmeverpflichtungen
- Anteile der fünf größten Lieferanten am Wareneinkauf

7 Unternehmensplanung

7.1 Kurzfristige Planung und Entwicklung
- erwartete Entwicklung im laufenden und im kommenden Geschäftsjahr (Umsatz, Ein- und Verkaufspreis, Kosten sowie Gewinn und Cashflow)
- Auftragseingang und -bestand (Reichweite der Aufträge)

7.2 Investitionsplanung
- Umfang geplanter Investitionen, vorgesehene Finanzierung
- Umsatz- und Ertragserwartungen aufgrund des Investitionsvorhabens
- vorhandenes Vorratsgelände

7.3 Mittel- und langfristige Unternehmensplanung
- strategische Ziele
- Kooperations-, Beteiligungs- und Fusionsabsichten

8 Sonstige Fragen

8.1 Umweltprobleme und Altlasten Steuerliche Situation
- erwartete Steuernachforderungen oder Steuererstattungen
- letzte Außenprüfung (Betriebsprüfung) des Finanzamts

8.2 Andere Bankverbindungen
- eingeräumte Kredite und dafür gestellte Sicherheiten

8.3 Private Vermögensverhältnisse des Firmeninhabers oder der persönlich haftenden Gesellschafter

15.5 Aufstellung eines Business-Plans

Vor allem dann, wenn auch andere Kapitalgeber als die bisherige Hausbank in Frage kommen (z. B. Beteiligungsgesellschaften), wird auch von einem bestehenden Unternehmen ein Business-Plan erwartet. Es ist also nicht nur eine Unterlage, die bei der Finanzierung von Existenzgründern verlangt wird.

Die Aufstellung eines Business-Plans ist auch für die Überprüfung der eigenen Position, der Tätigkeitsfelder, der Strategie und vieler weiterer Aspekte eine sehr gute und notwendige Unterlage.

In der nachfolgenden TAB. 5 sind die wesentlichen Elemente des Business-Plans dargestellt.

TAB. 5: Wesentliche Bausteine des Business-Plans	
Element des Business-Plans	Inhalt
Executive-Summary	Kurzdarstellung auf einer Seite, maximal auf zwei Seiten
Darstellung der Geschäftsidee	▶ mit der Beschreibung der Zielgruppen ▶ sollte eine Erläuterung des Nutzen- und Lösungsangebots beinhalten
Beschreibung des Produkts bzw. der Dienstleistung	
Beschreibung des Unternehmers/Unternehmerteams	
Marktanalyse	inkl. Konkurrenzanalyse
Zukunftskonzept	Kurzdarstellung der Vision des Unternehmers
Finanzplan	Schwerpunkt bei der Beurteilung der Tragfähigkeit einer Idee aus Sicht der Banken
Marketingkonzept	Beschreibung der Produkt-, Service-, Preis-, Distributions- und Kommunikationspolitik
Organisation des Unternehmens	
zeitliche Ablauf der Umsetzung	
Bewertung der Chancen und Risiken	

Als Ergänzung zum Businessplan können folgende Unterlagen bei Existenzgründern von Bedeutung sein:
- Lebenslauf mit beruflichem Werdegang,
- Arbeits- und Prüfungszeugnisse,
- Verträge (Miet-/Pacht-, Gebiet-, Leasing-, Franchise-Verträge u. a.),
- Nachweis über vorhandenes Eigenkapital,
- Kapitaldienstberechnung: Liste der voraussichtlichen Zins- und Tilgungskosten über die zu beantragende Kreditsumme,
- Liste über Sicherheiten (z. B. Bürgschaften, Grundbuchauszüge, Kundenforderungen mit Zahlungsterminen),
- Liste der Kunden bzw. Auftraggeber, ggf. Auftrags- oder Forecast-Liste,
- selbst eingeholte, aktuelle Schufa-Auskunft,
- Selbstauskunft (eigenes Vermögen/eigene Verbindlichkeiten).

Zur Vorstellung Ihres Vorhabens sind die wichtigsten Unterlagen die Vorhabensbeschreibung, der Investitionsplan, die Rentabilitäts- und Liquiditätsvorschau. Dementsprechend müssen diese Unterlagen sorgfältig zusammengestellt und in einer ansprechenden Form präsentiert werden.

Während bei der Vorhabensbeschreibung eine ausführliche und vollständige Darstellung Ihrer Gründungsidee erwartet wird, liegt beim Investitionsplan der Schwerpunkt bei der Darstellung der betrieblichen Anschaffungen im Anlage- und Umlaufvermögen, der Anlaufkosten und der Bildung von Reserven für Betriebsmittel.

Mithilfe der Rentabilitätsvorschau kann die Bank die zukünftige Ertragslage einschätzen. Eine möglichst realistische Planung und ein kaufmännisch vorsichtiger Ansatz bei den Berechnungen sind gerade bei dieser Darstellung ein Ausdruck für unternehmerische Kompetenz. Durch die Liquiditätsvorschau werden früh Finanzierungsengpässe und Überschüsse erkannt. Dem Unternehmen wird so rechtzeitig die Möglichkeit gegeben, Fehlentwicklungen gegenzusteuern. Die Unterlagen werden schließlich durch die Darstellung der persönlichen Erfahrungen mittels Lebenslauf sowie Ausbildungs- und Berufszeugnisse ergänzt.

15.5.1 Entwickeln Sie eine realistische Zukunftsperspektive

Lassen Sie sich bei allen Darstellungen nicht zu überzogenen Prognosen verleiten. Bleiben Sie realistisch, Ihre Angaben und Zielzahlen müssen plausibel und in sich schlüssig sein. Wenn Ihre Finanzplanung vom Bankberater bereits mit einfachen Plausibilitätskontrollen ins Schwanken gebracht werden kann, wird das Bankgespräch erfolglos bleiben.

Prüfen Sie sich und Ihre Darstellung mit folgenden einfachen Fragen:
- Wie viel Umsatz müssen Sie pro Tag erwirtschaften?
- Ist dieser Soll-Umsatz realistisch erreichbar?
- Ist er von Ihnen und Ihren Mitarbeitern erreichbar?
- Wie viele Kunden brauchen Sie für diesen Mindestumsatz?

Beschreiben Sie Ihre Idee, die Sie mit der Investition verwirklichen wollen, so anschaulich wie möglich. Denken Sie daran, dass ihr Bankberater nicht mit allen Details von jedem Unternehmen gleichermaßen vertraut sein kann. Vielleicht können Sie Ihre Präsentation vor Freunden oder Kollegen proben. Deren Fragen und Einwände können Hinweise auf mögliche Schwachstellen in Ihrem Konzept sein.

15.5.2 Rentabilität darlegen

Damit Sie die Bank für Ihr Vorhaben gewinnen können, müssen Sie dem Bankberater auch die Rentabilität Ihres Unternehmensplans verdeutlichen.

Beschreiben Sie, warum die geplanten Investitionen notwendig sind. Begründen Sie, welches Umsatz- und Ertragspotential die Investition schafft und wie Sie sich damit von der Konkurrenz abheben. Wenn Sie Ihre Unterlagen entsprechend aufbereiten, verstärken Sie bei Ihrem Gesprächspartner das sichere Gefühl, ein durchdachtes und aussichtsreiches Vorhaben mitzutragen. Falls nötig, lassen Sie Ihr Projekt von der zuständigen Kammer oder einer Unternehmensberatung bewerten und legen Sie das Gutachten vor.

15.5.3 Reserven einbauen

Bei der Geldbeschaffung sollte der Rahmen nicht zu eng gesetzt werden. Es kann sich als nachteilig und oft auch zeitraubend für das Unternehmen erweisen, wenn ein vereinbarter Kredit schon nach kurzer Zeit nicht mehr ausreicht und dann mit der Bank Nachverhandlungen geführt werden müssen. Deshalb sollten bei jedem Finanzplan entsprechende Reserven berücksichtigt werden.

15.5.4 Kreditsicherheiten

Die Bank verleiht zu einem überwiegenden Teil von dritter Seite beschafftes Geld. Daher ist die Bank dazu verpflichtet, zum einen über das Unternehmen und den Unternehmer sowie sein Umfeld gut informiert zu sein, und zum anderen entsprechende Sicherheiten gestellt zu bekommen.

Die Bestellung von Sicherheiten stellt für die Bank eine Garantiefunktion dar, falls beim Kreditnehmer unvorhergesehene Umstände eintreten, die die vereinbarte Rückzahlung des Kredits verhindern.

Grundpfandrechte[15] nehmen wegen ihrer Wertbeständigkeit eine hohe Rangstelle ein. Auch Bürgschaften in Form von selbstschuldnerischen Bürgschaften sind ein weitverbreitetes Sicherungselement. Hier verpflichtet sich ein Bürge gegenüber der Bank dazu, für die Erfüllung der Verbindlichkeiten des Kreditnehmers einzustehen. Weitere Sicherungsformen sind die Sicherungsübereignung von Maschinen und Fahrzeugen des Unternehmens oder die Sicherungsabtretung einer Forderung an die Bank.

Eine Bank ist grundsätzlich daran interessiert, die Risiken zu 100 % abzusichern. Inwieweit das Unternehmen dazu bereit ist, Sicherheiten zu stellen, muss im Einzelfall geprüft werden.

Bei Existenzgründungen mit sehr wenig Eigenkapital und ohne ausreichende Sicherheiten steht dabei Hilfe in mehreren Kreditprogrammen zur Verfügung. Und auch die Inhaber von bestehenden Unternehmen können von Förderinstituten eine Unterstützung bei der Absicherung bekommen, wenn banktübliche Sicherheiten fehlen („Haftungsentlastung" bzw. „Haftungsfreistellung").

Denken Sie aber dann besonders gründlich über die Stellung von Sicherheiten nach, wenn Sie im Ernstfall die Existenz Ihrer Familie berührt. Überprüfen Sie auch die Bewertung der möglichen Sicherheiten durch die Bank. Es kann sinnvoll sein, vorhandene Immobilien neu bewerten[16] zu lassen, wenn der Wert nicht angemessen berücksichtigt wird.

15.5.5 Kreditkonditionen verhandeln und vergleichen

Über mögliche Zinssätze sollte erst verhandelt werden, wenn Ihr Unternehmenskonzept (Business-Plan) grundsätzlich diskutiert und angenommen wurde.

Und: Es gibt für kein Darlehen „den" Zinssatz. Jede Kreditkondition wird in Abhängigkeit vom individuellen Risiko vergeben und daher bestehen auch dort Verhandlungsspielräume. Erkundigen Sie sich immer zusätzlich danach, ob Ihnen die Bank keine günstigeren Finanzierungsalternativen anbieten kann. Die Zinskonditionen sind bei ver-

---

15 Hypotheken oder Grundschulden.
16 Sie benötigen dafür ein Verkehrswertgutachten.

schiedenen Kreditinstituten unterschiedlich und hängen neben der Laufzeit des Darlehens auch von der Dauer der Zinsbindung ab.

Entscheidend für die Auswahl eines Kredits sollte auf keinen Fall die letzte Nachkommastelle des Zinssatzes sein, sondern die von der Bank angebotene Gesamtkonzeption. Daher ist es nicht zu empfehlen, eine langjährige gute Zusammenarbeit mit einer Hausbank wegen geringfügig besserer Zinskonditionen eines anderen Instituts in Frage zu stellen.

Dauerhaftigkeit und Verlässlichkeit einer Bankverbindung sind wichtiger als geringfügig niedrigere Zinssätze.

15.5.6 Öffentliche Fördermittel einbinden

Bei einer Finanzierung sollten auch immer alle in Betracht kommenden vergünstigten Darlehen (KfW und andere Förderinstitute auf Länderebene) beantragt werden. Nicht in allen Fällen wird das Kreditinstitut dieser Forderung gerecht.

Bewährt hat es sich, wenn Sie die bereits in Frage kommenden Programme nennen können. Informieren Sie sich also vor dem Bankgespräch darüber und nehmen sie dies in Ihren Business-Plan auf.

Meist sind in allen Programmen noch ausreichend Mittel verfügbar und der Antragsaufwand hält sich durch eine mögliche Online-Antragstellung oft in Grenzen. Die Vorteile wie niedrige Zinsen, tilgungsfreie Zeit, Unterstützung bei der Absicherung eines Bankdarlehens sollten Sie möglichst nutzen.

15.5.7 Geschäftspartner suchen

Suchen Sie bereits im Vorfeld das Gespräch mit potenziellen Geschäftspartnern. Es bringt Vorteile, wenn Sie Ihre Erfolgsaussichten mit einer Referenzliste dokumentieren bzw. künftige Kunden ihr Interesse an Ihren Leistungen und Produkten bestätigen.

15.5.8 Fristen bei Bezug von Fördermitteln einhalten

Wer Fördermittel nutzen will, muss meist bestimmte Fristen einhalten. Die Anträge sind vor der Investition zu stellen, und zwischen dem Antrag und der Auszahlung der Mittel können mehrere Wochen vergehen. Beziehen Sie auch die Bearbeitungszeit bei der Hausbank in Ihre Zeitplanung mit ein. Größere und riskantere Vorhaben werden im internen Kreditausschuss der Bank diskutiert und benötigen daher eine etwas längere Zeit zur Bearbeitung und Prüfung.

15.5.9 Nach der Kreditzusage: Kontakt halten und informieren

Wenn das Finanzierungsgespräch erfolgreich verlaufen ist, lassen Sie den Kontakt zu Ihrem Bankberater nicht abbrechen. Halten Sie „Ihren" Bankberater auf dem Laufenden über die weitere Geschäftsentwicklung. Ihn interessieren durchaus auch gute Nachrichten zwischendurch und nicht erst beim nächsten Kreditgespräch.

Auch negative Entwicklungen im Unternehmen sollten der Bank offen dargestellt werden. Wenn ein Kreditnehmer versucht, seine finanzielle Situation zu verschleiern, wird der Kreditgeber früher oder später misstrauisch. Mit Sicherheit wird die Wahrheit über die wirtschaftliche Situation des Unternehmens früher oder später aufgedeckt.

Zu diesem Zeitpunkt ist vielleicht das letzte Vertrauen der Bank in das Unternehmen und den Unternehmer verloren gegangen, und mögliche Sanierungsmaßnahmen, die zu einem früheren Zeitpunkt noch erfolgreich gewesen wären, werden von der Bank nicht mehr mitgetragen.

Allerdings sollten die Ursachen über Negativentwicklungen bekannt und Gegenmaßnahmen geplant sein, bevor Sie die Bank informieren. Ein entsprechendes neues Konzept sollte der Bank schriftlich vorgelegt und dann mündlich erläutert werden.

Die rechtzeitige Information der Bank über die geschäftliche Entwicklung ist eine wichtige vertrauensbildende Maßnahme im Verhältnis zwischen Kreditgeber und Kreditnehmer. Daher sollte das Gespräch mit der Bank regelmäßig stattfinden. Beispielsweise sollten Kontoüberziehungen mit der Bank abgestimmt oder geplante Investitionsmaßnahmen immer frühzeitig vorgestellt werden.

Es ist ein häufiger Fehler, zuerst zu handeln, dann die Bank zu informieren und sie damit zu einer Kreditentscheidung zwingen zu wollen.

15.6 Ablehnung des Kreditantrags

Im Fall der Ablehnung Ihres Kreditantrags sollten Sie unbedingt nach den Gründen fragen. Nutzen Sie diese Informationen, um Ihr Konzept zu überprüfen und zu verbessern. Gibt die Bank mangelnde Sicherheiten als Ablehnungsgrund an, erkundigen Sie sich nach den Unterstützungen der Bürgschaftsbanken, die es in jedem Bundesland gibt. Eine Bürgschaftsbank stellt „Ausfall-Bürgschaften" der jeweiligen Landesregierung zur Verfügung. Damit sind meist bis zu 80 % der Kredite abgesichert.

Sprechen Sie auch mit den Wirtschaftsförderern Ihrer Region bzw. des Landes oder mit einem entsprechend qualifizierten Berater. Klären Sie, ob es öffentliche Zuschüsse gibt, die die Eigenkapitalquote erhöhen oder ob Sie von anderer Seite (Familie, Freunde und andere private Kapitalgeber) neues Eigenkapital bzw. „eigenkapitalähnliche" Mittel bekommen.

Möglicherweise haben Sie Investitionen geplant, bei denen das vorhandene Eigenkapital nicht mehr zum gesamten gestiegenen Kapitalbedarf passt. In diesen Fällen lohnt es sich, über alternative Finanzierungsmöglichkeiten nachzudenken: Leasing statt Kauf, oder neue Eigenkapitalgeber.

Und: Die Beurteilungen eines Investitions- oder Existenzgründungsvorhabens können sich zwischen verschiedenen Kreditinstituten durchaus unterscheiden. Was die eine Bank nicht finanzieren möchte, sieht eine andere Bank möglicherweise völlig anders.

LITERATUR

Ausführlich mit dem Thema „Bankgespräch" befasst sich folgendes Buch: *Sander*, Mit Kreditgebern auf Augenhöhe verhandeln, NWB Verlag, Herne 2012

16. Exkurs BASEL III

16.1 Grundlegendes zu BASEL III

Der Baseler Ausschuss für Bankenaufsicht hat Ende 2010 die neuen Kapital- und Liquiditätsvorschriften für Banken bekannt gegeben. Demnach müssen Kreditinstitute künftig mehr Eigenkapital vorhalten und Reserven anlegen, um mögliche finanzielle Schwierigkeiten aus eigener Kraft überbrücken zu können, wenn z. B. in größerem Umfang Kredite ausfallen.

Der notwendige durchschnittliche Eigenkapitalanteil von derzeit noch 8 % soll schrittweise auf 13 % steigen. Die Regelungen bauen auf den Beschlüssen von BASEL II auf und werden entsprechend als BASEL III bezeichnet. Auf den ersten Blick betreffen die Änderungen nur Banken. Auf den zweiten Blick zeigt sich, dass auch Unternehmen in erheblichem Umfang betroffen sein werden, vor allem aus dem Mittelstand. Denn es ist damit zu rechnen, dass die Banken versuchen werden, die Kosten für die höheren Eigenkapitalanforderungen in Form steigender Kreditzinsen an ihre Kunden weiterzugeben.

16.2 Anforderungen an den Eigenkapitalanteil von Banken nach BASEL III

Das Eigenkapital der Kreditinstitute setzt sich zusammen aus dem Kernkapitel und dem Ergänzungskapital. Das **Kernkapital** steht einer Bank dauerhaft zur Verfügung und untergliedert sich in **hartes** und **weiches** Kernkapital.

Das harte Kernkapital setzt sich zusammen aus dem Eigenkapital (i. d. R. Aktien) und den Gewinnrücklagen einer Bank.

Zum weichen Kernkapital, auch Zwitterkapital genannt, zählen sog. hybride Finanzierungsinstrumente. Sie stehen in der bilanziellen Einordnung zwischen Eigen- und Fremdkapital, z. B. stille Einlagen oder Wandelanleihen, soweit die Instrumente die aufsichtsrechtlich vorgegebenen Kriterien für weiches Kernkapital erfüllen.

Das **Ergänzungskapital** zählt zu den erweiterten Eigenmitteln einer Bank, etwa Genussrechte oder langfristige nachrangige Verbindlichkeiten. Auch hier gilt, dass diese den vorgegebenen rechtlichen Bedingungen entsprechen müssen.

Dividiert man das Kernkapital einer Bank durch die Risikoposten (vor allem Kredite oder risikobehaftete Wertpapiere), erhält man die **Kernkapitalquote**. Sie zeigt an, wie groß der Anteil der durch Eigenmittel einer Bank gedeckten Kredite ist.

Bislang mussten die Banken lediglich eine Kernkapitalquote von 4 % einhalten (je 2 % hartes und weiches Kernkapital) – eindeutig zu wenig, wie die Krise gezeigt hat.

Künftig soll diese Quote auf 6 % steigen. Bis 2015 müssen die Institute über 4,5 % hartes Kernkapital und 1,5 % weiches Kernkapital verfügen.

Ab 2016 kommt ein sog. **Kapitalerhaltungspuffer** hinzu, der das harte Kernkapital ergänzen soll. Bis 2019 soll dieser Puffer auf 2,5 % anwachsen. Der Kapitalerhaltungspuffer muss ebenfalls aus hartem Kernkapitel bestehen. Er darf in Krisenzeiten unterschritten werden. Allerdings hat eine Annäherung an die Mindest-Eigenkapitalquote von 8 % zur Folge, dass die Gewinnausschüttungsmöglichkeiten begrenzt werden. So soll verhindert werden, dass Banken trotz sich anbahnender oder bereits vorhandener Schwierigkeiten hohe Ausschüttungen vornehmen.

Darüber hinaus können einzelne Länder einen weiteren, antizyklischen Puffer von bis zu 2,5 % einfordern, um eine zusätzliche Möglichkeit zu haben, ein übermäßiges Kreditwachstum zu verhindern. Der antizyklische Puffer kann aus hartem oder weichem Kernkapital bestehen. Insgesamt kann das von den Banken vorzuhaltende Eigenkapital nach den Regelungen von BASEL III also bis zu 13 % betragen (vgl. TAB. 6 und 7).

TAB. 6:	Aktuelle und künftige Eigenkapitalanforderungen – Teil 1*	
Eigenkapitalbestandteile	BASEL III	BASEL II
Hartes Kernkapital	4,5 %	2,0 %
Weiches Kernkapital	1,5 %	2,0 %
Ergänzungskapital	2,0 %	4,0 %
Kapitalerhaltungspuffer	2,5 %	–
Antizyklischer Puffer	2,5 %	–
Gesamtes Eigenkapital	13,0 %	8,0 %

Banken müssen also künftig Eigenmittel i. H. von mindestens 8 % (Kern- und Ergänzungskapital) für die Vergabe von Krediten hinterlegen. Verstoßen sie gegen diese Regelung, wird von der Bankaufsicht ein Insolvenzverfahren bei der betroffenen Bank eingeleitet!

16.3 Lange Übergangsfristen

Die neuen Regeln sollen ab 2013 gelten und müssen bis 2018 schrittweise umgesetzt werden. Die Staaten der EU arbeiten derzeit noch an der Schaffung der gesetzlichen Voraussetzungen. Die vergleichsweise langen Übergangsfristen sollen zum einen ver-

---

* In Anlehnung an das Bundesfinanzministerium 2010

hindern, dass die Banken zu stark belastet werden. Zum anderen soll verhindert werden, dass es durch zu kurzfristige Änderungen zu einer Kreditklemme für die Unternehmen kommt.

TAB. 7:	Aktuelle und künftige Eigenkapitalanforderungen – Teil 2	
Einführungszeitpunkt	Hartes Kernkapital	Gesamtes Kernkapital
2013	3,50 %	4,50 %
2014	4,00 %	5,50 %
2015	4,50 %	6,00 %
	Kapitalerhaltungspuffer	
2016	0,625 %	
2017	1,250 %	
2018	1,875 %	
2019 ff.	2,500 %	

16.4 Kritik an BASEL III

Die Banken befürchten, dass sie durch die neuen Regeln insgesamt bis zu 100 Mrd. € an zusätzlichem Kapital benötigen. Zudem kritisieren deren Vertreter, dass das Regelwerk nicht auf die unterschiedlichen Geschäftsmodelle der Institute eingeht. Demnach seien z. B. Genossenschaftsbanken weniger Risiken ausgesetzt als Privatbanken. Nicht zuletzt wird angeführt, dass die fehlende Harmonisierung der internationalen Bilanzierungsregeln es z. B. amerikanischen Banken erlaubt, einen deutlich besseren Jahresabschluss auszuweisen als dies bei europäischen Banken der Fall ist (Abschluss USA: US-GAAP, Abschluss Europa: IAS/IFRS).

16.5 Erwartete Auswirkungen auf Unternehmen und Gegensteuerungsmaßnahmen

Sicher ist, dass den Banken durch die Aufstockung des Eigenkapitalanteils höhere Kosten entstehen. Ebenso sicher ist, dass die Institute versuchen werden, diese höheren Kosten an die Unternehmen weiterzugeben. Betroffen sind vor allem mittelständische Unternehmen, die sich i. d. R. zu großen Teilen über Kredite finanzieren und oft nicht auf den Kapitalmarkt ausweichen können oder wollen.

16.5.1 Rating wird weiter an Bedeutung zunehmen

Die höheren Anforderungen an die Kreditinstitute durch BASEL III werden u. a. dazu führen, dass sich die Banken künftig noch besser überlegen werden, wem sie zu welchen Konditionen Kredite geben wollen oder können.

Wichtigstes Kriterium bei der Entscheidung über die Vergabe und die Höhe der Zinsen wird die Risikoeinstufung eines Unternehmens sein. Je geringer das Ausfallrisiko bzw. je besser das Rating, desto eher werden Unternehmen neue Kredite bekommen oder ihre bestehenden Kreditlinien halten oder ausbauen können.

Damit rückt das Thema Rating für viele mittelständische Unternehmen wieder stärker in den Fokus. Bisher hat man mittelständischen Betrieben auch bei eher mittelmäßiger Einstufung Kredite durchaus noch zu akzeptablen Konditionen bewilligt.

Ein Grund war bzw. ist sicher die ausgeprägte Wettbewerbslage im Bankgewerbe. Der Handlungsdruck vor allem bei kleineren Unternehmen war daher bisher oft wenig ausgeprägt. Das wird sich jetzt voraussichtlich ändern, denn die Banken werden bestrebt sein, ihr Ausfallrisiko so gering wie möglich zu halten.

Kredite werden bevorzugt und zu guten Konditionen an Unternehmen vergeben, bei denen das Ausfallrisiko gering ist. Und der Nachweis ist nur mit einem Rating zu führen.

Bei einem Rating werden vor allem folgende Punkte analysiert und bewertet, wobei es je nach Institut geringfügige Unterschiede oder anders gesetzte Schwerpunkte geben kann:

1. **Jahresabschlüsse** der vergangenen 2-3 Jahre, inkl. Kennzahlen, z. B. Eigenkapitalanteil, Fremdkapitalanteil, Cashflow oder Schuldentilgungsdauer, Ertragskraft, Liquidität, Kapitalausstattung

2. **Bankinterne Informationen**, z. B. Zahlungsverhalten, Überziehungen, Vergleich wichtiger Zahlen mit der Branche (z. B. Wachstum, Kapitalrelationen), Wachstumsaussichten

3. **Unternehmensplanung** (operativ u. a. mit Absatzzahlen, Preisen, Kosten, **Investitionen**, Liquidität, und strategisch u. a. mit Zahlen für bis zu 5 Jahre, Unternehmens- und Produktbeschreibungen, Marktanalysen, Marktstellung, Wachstumsraten, strategische Ausrichtung, etwa Marktführerschaft, Risikoanalyse)

4. **Qualität** der **Planungsrechnung**, Qualität des **Rechnungswesens** (z. B. Rechnungsstellung, Forderungsmanagement, Mahnwesen), **Organisation,** inkl. Bewertung der eingesetzten EDV-Programme

Auswirkungen und Gegenmaßnahmen KAPITEL 16

5. **Weiche Faktoren**, z. B. Managementqualifikation, Produkte, Kunden, Notfallregelungen, Personalpolitik
6. **Sonstiges**, z. B. Sicherheiten, Garantien, Beteiligungsübersicht, Verträge, Zusammenarbeit mit der Bank/Verhalten gegenüber der Bank (siehe Praxis-Tipp)

Aus den genannten und weiteren Faktoren ermittelt eine Bank eine (individuelle) Rating-Note. Unternehmen mit guten oder sehr guten Noten werden auch künftig wenig Probleme haben, einen Kredit zu erhalten, Unternehmen mit mittelmäßigen oder schlechten Noten müssen höhere Zinsen zahlen oder bekommen überhaupt keine Kredite mehr. Denn auch nach den neuen Regelungen von BASEL III müssen Banken Kredite, die sie an sehr gut eingestufte Kunden vergeben, nicht mit 100 % (hier gleichzusetzen mit maximal 13 %) Eigenmitteln hinterlegen, sondern nur mit einem geringeren Teil. Anders ausgedrückt: Wenn eine Bank Kredite nur an Kunden mit gutem Rating vergibt, kann sie deutlich mehr Kredite gewähren und die Verdienstmöglichkeiten sind größer.

16.5.2 Handlungsdruck vor allem im Mittelstand wird zunehmen

Für Unternehmer und Mandanten bedeutet das, dass sie sich möglichst zeitnah (wieder) stärker mit dem Thema Rating und Rating-Verbesserung befassen müssen, wollen sie auch künftig zu guten Konditionen Kredite von ihrer Bank erhalten.

Dabei gilt nach wie vor: Unternehmer, die sich um ein gutes Rating bemühen, erledigen nicht nur eine Pflichtaufgabe, sondern arbeiten aktiv daran, das Unternehmen besser aufzustellen. Sie müssen quasi den gesamten Betrieb „durchleuchten" und analysieren. Dabei auftretende Schwachstellen können oft direkt behoben werden. Damit verbessert sich nicht nur das Rating, sondern auch die wirtschaftliche Lage eines Unternehmens.

PRAXISTIPP

Setzen Sie sich mit der Hausbank in Verbindung, um in Erfahrung zu bringen, was Sie konkret tun können, um das Rating zu verbessern. Gleichzeitig sollten Ihre Mandanten darauf achten, dass sie die Kommunikation mit der Bank kontinuierlich ausbauen und verbessern. Das beginnt bei der (freiwilligen) Einreichung wichtiger Unterlagen. Darüber hinaus sollten Mandanten ein- oder zweimal mit dem Banksachbearbeiter ein persönliches Gespräch suchen, um sich auszutauschen. Dabei erfährt nicht nur die Bank Dinge über den Mandanten. Auch umgekehrt besteht die Möglichkeit, sich nach den Anforderungen der Bank zu erkundigen oder Tipps für Verbesserungen zu bekommen.

Und auch, wenn größere Ereignisse anstehen, z. B. neue Aufträge oder Investitionen, sollte die Bank hiervon frühzeitig in Kenntnis gesetzt werden.

16.5.3 Finanzierungsalternativen erschließen

Um die Abhängigkeit von der Bank zu verringern, sollte zudem jedes Unternehmen prüfen, ob und welche Möglichkeiten bestehen, andere Finanzierungsquellen zu erschließen. Nachfolgend werden ausgewählte Alternativen genannt, die man bei Interesse oder Notwendigkeit einer genaueren Bewertung unterziehen sollte:

TAB. 8:	Finanzierungsalternativen
Finanzierungsquelle	Weiter gehende Informationen
Factoring	Bundesverband Factoring, Informationen zum Thema und seriöse Partnerfirmen unter www.factoring.de
Leasing	Informationen und seriöse Anbieter z. B. über den Bundesverband Deutscher Leasing Unternehmen unter www.bdl-leasing-verband.de
Mittelständische Beteiligungsgesellschaften	www.mbg.de, als Einstieg. Jedes Bundesland hat ihre eigene Gesellschaft; ggf. mit einer Suchmaschine und dem Begriff „Mittelständische Beteiligungsgesellschaften" sowie Bundesland suchen
Fördermittel und Zuschüsse	Für mittelständische Unternehmen vor allem die KfW-Bankengruppe (wichtig: Antrag muss über Hausbank gestellt werden) www.kfw.de, dann z. B. Programmübersicht oder Förderberater wählen oder www.subventionen.de
Mikrokredite (nur für Kleinunternehmer oder Gründer mit geringem Kapitalbedarf)	Informationen und Angebote z. B. unter Deutsche Mikrofinanz Institut bereit unter www.mikrofinanz.net oder http://mikrokreditfonds.gls.de
Eigenkapital zuführen	Beispielsweise über die Altgesellschafter oder Aufnahme neuer (stiller) Gesellschafter

16.6 Weitere Maßnahmen zur Ratingverbesserung

Zusätzlich kann über folgende Möglichkeiten nachgedacht werden, das Rating eines Unternehmens zu verbessern:

- Umschichtung von Verbindlichkeiten, z. B. Umwandlung kurzfristiger in langfristige Kredite oder Verhandlung mit Lieferanten über Verlängerung von Zahlungszielen,
- (vorzeitige) Schuldentilgung,
- Veräußerung von nicht mehr notwendigem Vermögen,
- Sortimentsbereinigung, Verringerung der Lagerbestände, Ladenhüter und Langsamdreher möglichst auslisten,
- Einführung eines Materialwirtschaftssystems zur besseren Bestandsplanung und -steuerung,
- Regelmäßige Verhandlung mit Lieferanten über Preise und Konditionen; ggf. Austausch von Anbietern,
- Verringerung der Wertschöpfungstiefe, d. h. Auslagerung bestimmter Funktionen an Dritte und somit auch Verlagerung des unternehmerischen Risikos,
- Produktneuentwicklung, Kundenakquise und Kundenpflege (Erhöhung von Umsatz, Ergebnis und Cashflow, Verbesserung der Bilanzkennzahlen),
- Aufbau eines (einfachen) Risikomanagement- und Frühwarnsystems,
- ...

Grundsätzlich kann gesagt werden, dass zahlreiche Maßnahmen, die dazu beitragen, das Betriebsergebnis und die Leistungsfähigkeit eines Unternehmens zu verbessern, auch zu einem besseren Rating führen. Insofern schlagen Unternehmen, die sich aktiv um eine Verbesserung des Ratings kümmern, mehrere Fliegen mit einer Klappe.

17. Überschuldung und Fortführungsprognose

17.1 Überschuldung

Mit Inkrafttreten des Finanzmarktstabilisierungsgesetzes im Oktober 2008 ist – ohne Übergangsfrist – die Neufassung des § 19 Abs. 2 Satz 1 Insolvenzordnung (InsO) in Kraft getreten (Art. 5 FMStG).

Danach liegt Überschuldung nur noch vor, wenn die Fortführung des Unternehmens nach den Umständen überwiegend unwahrscheinlich ist, es also keine positive Fortführungsprognose gibt. Die Aufstellung eines Überschuldungsstatus (Überschuldungsbilanz) ist nicht mehr zwingend notwendig.

Mit dieser Fassung, die am 1.1.2011 wieder durch den ursprünglichen Wortlaut des § 19 Abs. 2 Satz 1 und 2 InsO ersetzt wird, hat die Bundesregierung für einen Zeitraum von zwei Jahren die Überschuldungsprüfung nach der modifizierten zweistufigen Methode angeordnet. Mit der Änderung sollen die Folgen der Wirtschaftskrise abgemildert werden.

Während des Übergangszeitraums braucht die rechnerische Überschuldung mit einer Überschuldungsbilanz im Falle einer positiven Fortführungsprognose nicht mehr geprüft zu werden. Allein die Fortführungsprognose reicht aus, um die Insolvenzantragspflicht aufzuheben. Dies bedeutet, dass mit dem Nachweis einer positiven Fortführungsprognose das Vorliegen einer Überschuldung widerlegt werden kann. Bei negativer Fortführungsprognose ist die Überschuldung gegeben und die Vermögensgegenstände sind zu Verkehrswerten zu bewerten. Es ist ein Antrag auf Eröffnung des Insolvenzverfahrens zu stellen bzw. das Unternehmen muss liquidiert werden.

Die Neuregelung findet Anwendung auf alle in Betracht kommenden Schuldner.

Wichtig:

Zu beachten ist, dass die Insolvenzantragspflicht wegen Zahlungsunfähigkeit i.S. des § 17 InsO weiter unverändert besteht.

17.2 Wesentliche Inhalte einer qualifizierten Fortführungsprognose

Für eine positive Fortführungsprognose müssen zwei Voraussetzungen gegeben sein:

1. Es muss zunächst ein subjektiver Fortführungswille des Unternehmers (Schuldners) vorliegen.
2. Darüber hinaus muss die objektive Fortführungsfähigkeit belegt werden.

Hierzu ist zunächst eine sorgfältige Analyse der Ausgangslage (Krisenursachen und Schwachstellen) erforderlich. Darauf aufbauend sind mindestens folgende Planungen bzw. Prognosen erforderlich:

- Darstellung und genaue Beschreibung der geplanten Sanierungsmaßnahmen, z. B. Trennung von Geschäftsfeldern, Fokussierung auf bestimmte Sparten, Möglichkeiten der Kundengewinnung, Veränderungen in der Führungsmannschaft,
- Finanzwirtschaftliche Verhältnisse, vor allem Jahresabschlüsse sowie operative und strategische Planungen über den genannten Zeitraum von 2-5 Jahren,
- Leistungswirtschaftliche Verhältnisse, z. B. Produktprogramm, Kunden, Markt und Marktentwicklung, Wettbewerb, Beschaffung, Forschung und Entwicklung,
- Besondere Risiken, z. B. Wirtschaftsentwicklung, Wettbewerber, schnelle Innovationszyklen mit hohem Kapitalbedarf für Entwicklungen, und Nennung geeigneter Maßnahmen,
- Management und Personal, z. B. Qualifikationsnachweise, Lebensläufe, Weiterbildungen,
- Beteiligungen, verbundene Unternehmen,
- Organisation, Rechnungswesen, Controlling, EDV/IT,
- Ggf. Darstellung von Maßnahmen zur Verbesserung der Finanzierung, z. B. Gesellschaftereinlagen, Sanierungshilfen/-zusagen der Gläubiger (aus Gläubigerschutzgründen nur ansetzbar bei Vorliegen einer rechtsverbindlichen Zusicherung),
- Als Ergebnis der Teilplanungen: voraussichtliche künftige unternehmerische Zahlungsfähigkeit (Liquidität, Zahlungsfähigkeitsprognose).

17.3 Prognosezeitraum und Sorgfaltspflicht

Beim Prognosezeitraum sollte auf eine „mittelfristige Perspektive" abgestellt werden, mindestens aber auf einen 18-24-monatigen Zeitraum. In der Praxis sollten wenigstens drei, besser bis fünf Jahre betrachtet werden. Orientierungsrahmen können hier auch die Forderungen der Banken an die Dauer der Planungen geben.

Zudem muss für die Prognose eine klare Eintrittswahrscheinlichkeit bestimmt werden. Die Angaben müssen plausibel und durch sachverständige Dritte nachprüfbar sein. Prognose und tatsächliche Ergebnisse sind regelmäßig zu überprüfen und zu dokumentieren. Dies ist insofern von besonderer Bedeutung, weil dem Unternehmer im Falle einer zu optimistischen oder geschönten Planung eine Haftung wegen Insolvenzverschleppung droht.

Anmerkung:
Immer mehr Wirtschaftsprüfungsunternehmen bestehen inzwischen auf einer Fortführungsprognose, wenn ein Unternehmen einen positiven Prüfungsvermerk bekommen möchte.

17.4 Weitere Erfolgsfaktoren neben der eigentlichen Neuausrichtung

- Verhalten der Inhaber und Bereitschaft, selbst weitere Risiken einzugehen, z. B. Stellung weiterer Sicherheiten, zusätzliche Einlagen, Entnahmeverhalten, Bereitschaft zu persönlicher Einschränkung
- Beziehung zur Bank, z. B. freiwillige Informationsbereitstellung, regelmäßige Kontaktpflege, und damit verbunden deren grundsätzliche Bereitschaft, zugesagte Kreditlinien zumindest aufrecht zu erhalten
- Bereitschaft von Geschäftspartnern, eine Neuausrichtung mit zu tragen (z. B. Banken, Kunden, Lieferanten, Gewerkschaften, Versicherungen)
- Bewertung bzw. realistische Einschätzung der Führungskräfte (z. B. grundsätzliche Eignung und Leistungsfähigkeit, Bereitschaft zur Veränderung, Veränderung von Führungsstrukturen, ggf. Austausch des Managements)

HINWEIS

Der zusätzliche Arbeitsaufwand, der entsteht, um eine belastbare Fortführungsprognose zu erstellen, ist in der Praxis oft erheblich, da es notwendig ist, eine komplette Unternehmensbeschreibung zu erstellen, und es nicht genügt, sich „nur" auf die Erstellung der Zahlungsströme und die grundsätzliche Ertragsfähigkeit zu konzentrieren.

Betroffene Unternehmen müssen u. U. damit rechnen, dass es mehrere Wochen dauert, das Konzept zu erstellen. Hinzu kommen i. d. R. zahlreiche Gespräche, die mit wichtigen Geschäftspartnern geführt werden müssen, um diese davon zu überzeugen, dass der Betrieb künftig wieder Gewinne erwirtschaften wird.

18. Alternative Finanzierungsmöglichkeiten

18.1 Beteiligungs-/Risikokapital/Private Equity

Beteiligungskapital wird auch als Risikokapital bezeichnet, da das Beteiligungskapital u. a. Projekt bzw. Produkt bezogen vergeben wird. Dabei ist das Risiko für den Kapitalgeber, das eingesetzte Geld zu verlieren, höher als bei anderen Finanzierungen. Aus dem Englischen kommend wird das Beteiligungskapital auch als Private Equity Kapital bezeichnet.

Wagniskapital gibt es sowohl für die Finanzierung in der frühen Unternehmensphase als auch in der Wachstumsphase. Dabei wird Eigenkapital – zeitlich begrenzt – zugeführt. Die Kapitalgeber schließen das Investment unter Renditegesichtspunkten ab. Nach etwa drei bis acht Jahren trennen sich die Kapitalgeber i. d. R. durch den Verkauf der Unternehmensbeteiligung von ihrem Investment.

Es wird zur (Mit-) Finanzierung folgender Themen vergeben:

- Anlagen,
- Geräte,
- Maschinen,
- Immobilien,
- Auszahlung von Gesellschaftern,
- Ausgleichzahlung bei Erbauseinandersetzungen,
- Wachstumsfinanzierung,
- Markteinführung eines innovativen Produkts.

Das Beteiligungskapital ermöglicht einen höheren Liquiditätsspielraum, ist jedoch die falsche Finanzierungsform für eine kurzfristige Betriebsmittelfinanzierung. Dies liegt u. a. daran, dass das Anfangsvolumen für das Beteiligungskapital im Minimum bei einer viertel bis halben Million € liegt.

Eine Übersicht der etwa 200 Kapitalbeteiligungsgesellschaften in Deutschland ist auf den Seiten des Bundesverbandes Deutscher Kapitalbeteiligungsgesellschaften www.bvk-ev.de zu finden. Die Zuordnung, welche Kapitalgesellschaft welche Projekte finanziert, ist den Internetseiten zu entnehmen.

Kapitalgesellschaften können sein:

- Private Finanziers (z. B. Business Angels, auch aus dem Ausland),
- Industrieunternehmen,
- Banken,
- öffentlich geförderte mittelständische Beteiligungsgesellschaften des BVK,

KAPITEL 18 — Alternative Finanzierungsmöglichkeiten

- Unternehmens-Beteiligungs-Agentur,
- KfW Bankengruppe.

Innovative, technologie-orientierte Unternehmen, speziell aus risikoreichen und finanzierungsintensiven Branchen sollten sich bei Ihrer Wahl der anzusprechenden Kapitalgesellschaft auf Industrie und Banken konzentrieren. Private Kapitalgesellschaften scheuen häufig das Risiko einer Investition in diese Themengebiete.

Die öffentlich geförderten mittelständischen Beteiligungsgesellschaften des BVK sind speziell auf kleine und mittelständische Unternehmen (KMU) abgestimmt.

Ihr Kapital kommt aus dem European Recovery Program (ERP) der Bundesregierung. Ursprünglich wurde dieses Programm innerhalb des Marshall Plans definiert, der nach dem 2. Weltkrieg den Wiederaufbau Europas garantieren sollte.

Die Gesellschaften des BVK beteiligen sich am Unternehmen, ohne Einfluss auf die Geschäftsführung zu nehmen. Diese Beteiligungsart ist eher für die Finanzierung bestehender Unternehmen in Form einer Zweit- oder Weiterfinanzierung zu sehen.

Die Unternehmens-Beteiligungs-Agentur stellt im Auftrag des Bundesministeriums für Wirtschaft und Technologie Gelder für kleinere Technologieunternehmen zur Verfügung. Hierfür ist ein spezielles Programm „Beteiligungsprogramm für kleine Technologieunternehmen" (BTU) aufgesetzt worden.

Speziell Unternehmen aus risikoreichen und finanzierungsintensiven Branchen müssen prüfen, ob Gelder aus diesem Programm in Kombination mit anderen Finanzierungsformen ihren Kapitalbedarf abdecken können.

Die Beteiligungsgesellschaften haben unterschiedliche Ziele bei der Kreditvergabe. Nachfolgend ist ein kurzer Überblick darüber gegeben:

- Anlage-, Vermögensgesellschaften:
  - langfristige Rendite
  - Beteiligung an der Unternehmensführung
- Privatfinanziers (Business Angels):
  - langfristige Rendite
  - Erfahrungsweitergabe
- Öffentlich geförderte mittelständische Beteiligungsgesellschaften des BVK:
  - Wirtschaftsstrukturpolitik
  - Kapital-/Arbeitsplatzerhalt
- Corporate Venture Capital:
  - mittelfristige Rendite
  - Synergien mit anderen eigenen Firmen

- ▶ Venture Capital Gesellschaften:
  - kurzfristige Rendite durch Veräußerungsgewinn
- ▶ Venture Capital Gesellschaften von Landesbanken/Sparkassen:
  - mittelfristige Rendite
  - Wirtschaftsstrukturpolitik

Bei dieser Fülle von Auswahlmöglichkeiten sollte man die nachfolgenden Kriterien für die Auswahl der Beteiligungsgesellschaft beachten:

- ▶ Unternehmensphase,
- ▶ gewünschte Beteiligungsform,
- ▶ Einschätzung der Aufwendungen für die Kontrollaufgaben der Beteiligungsgesellschaft,
- ▶ Größenordnung des benötigten Investments,
- ▶ Branchenrisikobetrachtung,
- ▶ Auswahl des Standorts.

Nachfolgend werden die gängigsten alternativen Finanzierungsformen erläutert.

18.2 Venture Capital

Venture Capital (VC) ist ein langfristiges, mit Managementunterstützung verbundenes Investment in ein innovatives Wachstumsunternehmen in Form von (haftendem) Eigenkapital, zu dessen Rückzahlung oder Verzinsung der Beteiligungsnehmer nicht verpflichtet ist. VC-Geber werden Miteigentümer und tragen unternehmerisches Risiko.

VC-Geber können sein:

▶ Gebundene Investoren

Das sind VC-Gesellschaften, die sich über institutionelle Anleger (Banken, Versicherungen, Pensionskassen) refinanzieren. Sie bieten Beteiligungen i. d. R. in der Wachstumsphase, weniger häufig in der Start-Up-Phase.

▶ Institutionelle Investoren

Das sind VC-Geber im eigentlichen Sinn, privatwirtschaftliche Risikofinanzierer.

Das Beteiligungskapital wird hier in Fonds gesammelt, aus denen die einzelnen (offenen) Beteiligungen finanziert werden.

Das Venture Capital ist Eigenkapital, das dem Unternehmen ohne Sicherheiten von Beteiligungsgesellschaften (siehe oben) für einen definierten Zeitraum zur Verfügung gestellt wird. Der Kredit wird kleinen und mittleren Unternehmen (KMU) u. a. bei Gründungen mit Schwerpunkt „Forschung und Entwicklung" gewährt. Die Beteiligungsgesellschaften übernehmen mit dem Kredit Minderheitsbeteiligungen an dem Unternehmen. Diese Form wird als formelles Venture Capital bezeichnet.

Damit geht die Verpflichtung des Unternehmers zu regelmäßiger Managementberatung und -betreuung einher. Die Beratung und Betreuung soll verhindern, dass der Unternehmer falsche Entscheidungen aus der Sicht der Finanziers im Unternehmen trifft. Der Geldgeber will selbst keinen unternehmensstrategischen Einfluss im Unternehmen ausüben.

Damit diese Strategie der Beteiligung auch positiv aufgeht, wird ein Aufsichtsrat gebildet, durch den die Geldgeber den Überblick über die Entwicklung des Unternehmens behalten. Die Zielsetzung der Geldgeber ist, ihr Kapital innerhalb des eingesetzten Zeitraums mit einem hohen Gewinn zurück zu erhalten.

Die Form der Minderheitsbeteiligungen kann über stille Gesellschaften oder direkt erfolgen. Bei stillen Gesellschaften ist im Allgemeinen ein Betrag in Form eines Zinssatzes pro Jahr zu zahlen und die Laufzeit kann bis zu zehn Jahren sein. Dieser Betrag enthält einen fixen und einen variablen Anteil. Nach diesen zehn Jahren muss der Beteiligungsanteil auf jeden Fall zurückgezahlt werden.

Der Vertreter der Venture Capital Gesellschaft muss aufgrund der Einflussnahme auf die Unternehmensgeschäfte über ein intensives Branchen- und (technologisches) Fachwissen verfügen. Daraus ergibt sich die benötigte Marktkenntnis über das Marktpotential.

18.3 Business Angels

Die Business Angels haben langjährige Erfahrungen in aktiver Führung und Leitung von Unternehmen. Sie sind wirtschaftlich unabhängig und besitzen aufgrund ihrer früheren Tätigkeit intensive Branchenerfahrung. Business Angels sind bereit ihr „human knowledge" bei einer Beteiligung an einem Unternehmen einzubringen. Es sind vermögende Privatpersonen, die sich meist frühzeitig an Unternehmen beteiligen (Seedphase), i. d. R. nur geringe Beteiligungshöhe (100-500 T€). Es besteht meist ein regionaler Aktionsfokus.

Diese Form der Kreditvergabe ist immer mit einer Beteiligung am Unternehmen verbunden. Sie wird informelles Venture Capital genannt.

Die Business Angels können in drei Kategorien aufgeteilt werden:
- ▶ Active Angels,
- ▶ Silence Angels,
- ▶ Perfect Angels.

Die Active Angels investieren eher geringes Kapital und setzen dafür ihr Wissen und ihre Kontakte für das Unternehmen ein. Silence Angels investieren vorrangig höhere Kapitalbeträge und unterstützen das Unternehmen gerne in Kombination mit Active oder Perfect Angels. Für sie steht der Zinsertrag der Beteiligung im Vordergrund. Perfect Angels variieren die Höhe ihrer Beteiligung am Unternehmen und sind aktiv an der Gestaltung des Unternehmens beteiligt. Sie werden u. a. Geschäftsführer im Unternehmen und bringen zusätzlich zu ihrem Know How auch ihre Kontakte ein.

Business Angels sind in regionalen Netzwerken und in einem Dachverband organisiert. Der Dachverband heißt Business Angels Netzwerk Deutschland (BAND) e.V. und ist unter www.business-angels-forum.de oder www.business-angels.de erreichbar. Auf diesen Internetseiten sind alle Netzwerke in Deutschland aufgelistet.

18.4 Mezzanine Finanzierung

Der Begriff Mezzanine stammt aus dem Italienischen und bedeutet Zwischengeschoss. Dieser Begriff ist für eine Finanzierungsform gewählt worden, die zwischen dem Fremd- und Eigenkapital steht. Es gibt zwei Ausprägungen der Finanzierung:

Eigenkapital ähnlich (Equity Mezzanine):
- Typische Stille Beteiligung
- Atypische Stille Beteiligung
- Unterbeteiligung
- Genussrechte
- Wertpapier verbriefte Genussscheine
- Wandel- und Optionsanleihen
- Null-Kupon-Anleihe (Zero Bonds)
- Going Public Optionsanleihe

Fremdkapital ähnlich (Debt Mezzanine):
- Nachrangdarlehen
- Partiarisches Darlehen
- Gesellschafter-Darlehen
- Mezzanine Fonds

Alle oben aufgeführten Beteiligungsgesellschaften können Geldgeber dieser Finanzierungsformen sein. Hinzu kommen Privatpersonen, wie auch die eigenen Mitarbeiter in Form eines Mitarbeiterbeteiligungsprogramms. Die Bandbreite der Finanziers und die Vielzahl der Kapitalformen sind somit sehr groß.

KAPITEL 18 — Alternative Finanzierungsmöglichkeiten

Unternehmen, die Interesse an Mezzanine Finanzierung haben, sind kleine und mittlere Unternehmen (KMU) die weiterhin frei bei ihren strategischen Unternehmensentscheidung bleiben wollen, und auch keine Veränderung der Eigenkapitalstruktur anstreben.

Diese Voraussetzungen werden zusätzlich durch Möglichkeiten einer flexiblen Rückzahlung aus Sicht des Unternehmers positiv ergänzt. Die nachfolgende Punkte geben einen Überblick über die flexiblen Parameter einer Mezzanine Finanzierung:

- Gewinn,
- Verzinsung,
- Tilgung,
- Ausschüttung,
- Rückzahlung,
- Laufzeiten,
- Kündigungsmodus,
- Nachrangigkeit gegenüber anderen Finanzverpflichtungen,
- Unabhängig von Kapitalmarktschwankungen.

Die Mezzanine Finanzierung bringt dem Unternehmen weitere Vorteile bei der Betrachtung der Themen Steuer und weitere Finanzierungen. Einige sind nachfolgend aufgeführt:

- Ratingverbesserung bei Banken (Basel II),
- Steigerung der Bonität (Auskunfteien),
- Ausweitung der Basis für weitere Fremd- und/oder Eigenkapitalfinanzierungen,
- Verringerung der Rückzahlungskosten bei anderen Finanzierungen.

- **Öffentliche Investoren**

Staatliche Beteiligungsgesellschaften mit öffentlichem Förderauftrag. Fungieren meist als (stille) Co-Investoren, wenn sich vorher ein „Lead Investor" (meist institutioneller Investor) beteiligt hat.

- **Industrielle Investoren**

Corporate VC-Geber sind oft Tochterunternehmen von Industrieunternehmen, die sich als strategische Partner an High-Tech Unternehmen (offen) beteiligen. Dies geschieht oft zusammen mit anderen institutionellen Investoren.

ABB. 22: Beteiligungskriterien Venture Capital*

1 Qualität der Geschäftsidee
- a) Innovationsgrad
- b) Marktpotenzial

2 Qualität von Gründern und Management
- a) Fachkompetenz
- b) Managementerfahrung
- c) Gründungserfahrung
- d) Managementstruktur
- e) Teamgründungen

Beteiligungskriterien von VC Gebern

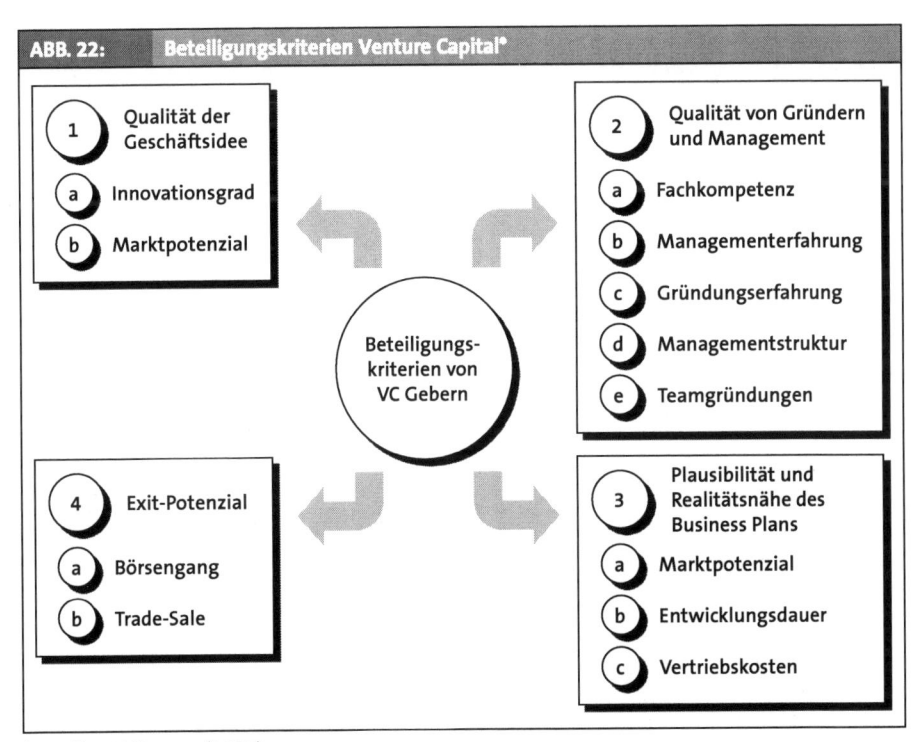

4 Exit-Potenzial
- a) Börsengang
- b) Trade-Sale

3 Plausibilität und Realitätsnähe des Business Plans
- a) Marktpotenzial
- b) Entwicklungsdauer
- c) Vertriebskosten

* Quelle: Weitnauer (2000)

Der Lead Investor übernimmt neben den Gründern die zentrale Rolle bei der Entwicklung eines Gründungsunternehmens, nämlich dann, wenn öffentliche Beteiligungsprogramme in Betracht gezogen werden. Die Auswahl sollte daher sorgfältig und bedürfnisorientiert erfolgen.

KAPITEL 18 — Alternative Finanzierungsmöglichkeiten

ABB. 23: Leistungen des Lead Investors, Zusammenarbeit und VC Beteiligungsformen*

Typische Leistungen des Lead Investors

1. Bereitstellung von Eigenkapital
2. Plausibilisierung des Business Plans
3. Unterstützung bei der Beschaffung von Fördermitteln
4. Zugang zu Kontaktnetzwerk
5. Beratungs-Know How (insb. Marketing & Vertrieb)
6. „Sparringspartner" für Management

Zusammenarbeit zwischen Unternehmen und Beteiligungsgesellschaft

1. i. d. R. bestehen Minderheitsbeteiligungen, keine aktive Einflussnahme der Beteiligungsgesellschaft
2. Festlegung der Informations-/Mitwirkungsrechte der Beteiligungsgesellschaft
3. Regelmäßige Berichterstattung zur Entwicklung des Unternehmens
4. Bei Bedarf Beratungsleistungen der Beteiligungsgesellschaft
5. Zeitliche Begrenzung der Zusammenarbeit auf bestimmte Entwicklungsphasen des Unternehmens, danach Ausstieg der Beteiligungsgesellschaft

VC Beteiligungsformen

Offene Beteiligung

Direkte Übernahme von Gesellschaftsanteilen (GmbH-Anteile, Aktien), nach außen „offen" erkennbare Stellung als Miteigentümer mit allen damit verbundenen Informations-, Kontroll- und Mitspracherechten bzgl. der Geschäftspolitik, volle Partizipation an Wertentwicklung und Risiko des Unternehmens.

Stille Beteiligung

- **Typisch stille Beteiligung**: i. d. R. Mindestverzinsung der Einlage zzgl. Gewinnbeteiligung, keine Beteiligung am Verlust, häufig Wandlungsrecht in offene Beteiligung, zeitliche Befristung mit Rückzahlung am Laufzeitende, Kündigungsrecht
- **Atypisch stille Beteiligung**: Teilnahme zusätzliche am Wertzuwachs und am Verlust des Unternehmens, „Mitunternehmerschaft"

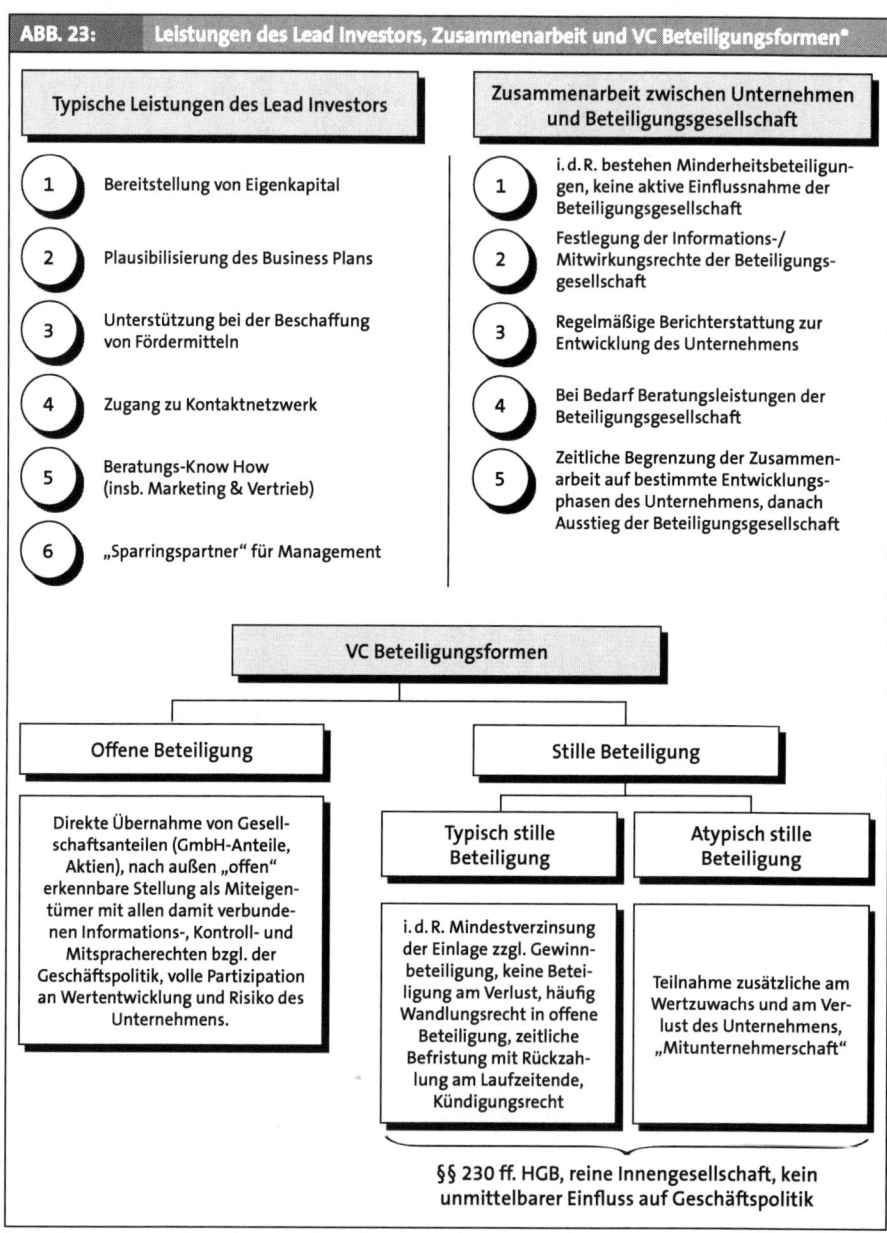

§§ 230 ff. HGB, reine Innengesellschaft, kein unmittelbarer Einfluss auf Geschäftspolitik

* Quelle: Weitnauer (2000); Wöhe (1996)

18.5 Private Equity Fonds

Equity bedeutet Eigenkapital und steht im Gegensatz zu Fremdkapital. Im Allgemeinen wird der Begriff Private Equity für zweierlei Investitionsformen verwendet:

- Einerseits steht Privat Equity als Oberbegriff für Venture Capital und Private Equity Investitionen und
- anderseits für Investitionen in späten Phasen der Unternehmensentwicklung.

Im letzteren Fall sind es große Unternehmen, die sich um Privat Equity-Geber bemühen.

Der Private Equity Fonds beteiligt sich an unterschiedlichen Unternehmen mittels Kapital von überwiegend institutionellen Investoren. Der Fonds kann nach besonderen Branchen wie z. B. Umwelttechnologien, Neue Medien, Leasing oder nach der Unternehmensgröße bzw. dessen Umsatz ausgerichtet sein. Ein Private Equity Fonds kann sich auch an anderen Private Equity Fonds beteiligen.

Es gibt Venture Capital Firmen, die sich auf Fonds spezialisiert haben und ggf. selber Fonds auflegen. Die Anfragen nach einer Finanzierung müssen hier nach den gleichen Maßstäben erfolgen wie bei einer Gründung und anderen Finanzierungsformen. Die Ansprüche liegen hier bezüglich der ausführlichen Darstellung des Vorhabens und der Strukturierung der geforderten Angaben eher höher.

18.6 Unternehmenskooperationen

Auch eine Unternehmenskooperation mit Wettbewerbern, Lieferanten oder Kunden kann eine indirekte Finanzierungsform sein. Gute Kooperationen verbessern:

- Kostenstrukturen,
- Marktchancen,
- Marktpotentiale,
- Wettbewerbssituation,
- Investitionen in feste Güter wie z. B. Anlagen und Immobilien.

18.7 Public Private Partnership (PPP)-Darlehen

Bei einem PPP-Darlehen beteiligen sich öffentliche Beteiligungsgesellschaften in Form von stillen Beteiligungen an Unternehmen. Daher der Name Public Private Partnership.

KAPITEL 18 — Alternative Finanzierungsmöglichkeiten

Die öffentlichen Beteiligungsgesellschaften sind Wirtschaftsverbände, öffentliche Banken und Kammern der Wirtschaft. Die Wirtschaftsverbände und Kammern haben ihre Schwerpunkte in den Branchen, die sie repräsentieren. Sie sind bundesweit vertreten.

Es gibt drei gängige Modelle:

- Konzession,
- Betreiber,
- Kooperation.

Je nach Tätigkeit des Unternehmens ist das entsprechende Modell auszuwählen.

Das Konzessionsmodell ist häufig im Bereich der Bauwirtschaft zu finden. Das Betreibermodell wird überall dort angewandt, wo die Beteiligungsgesellschaft keine privatwirtschaftliche Aufgabe übernehmen will, z. B. das Mautsystem in Deutschland. Das Kooperationsmodell ist für eine Maut-Bewirtschaftung das geeignetste Modell.

Die Laufzeit der Beteiligung liegt durchschnittlich bei zehn Jahren. Der Rückkaufswert ist der Nominalwert. Ein weiterer Vorteil für den Unternehmer ist, dass die öffentlichen Beteiligungsgesellschaften keinen Einfluss auf die Unternehmensführung ausüben, auch wenn sie die Mehrheit haben sollten.

Das Darlehen kann für die Gründung, Erst- und Zweitfinanzierung eingesetzt werden.

19. Kompaktanwendung Liquiditätskennzahlen

In der Praxis werden zur Liquiditätsplanung und -steuerung vor allem die Liquiditätsgrade I-III, die Umschlaghäufigkeiten und ggf. noch der Cashflow genutzt. Zweifellos wichtige Kennzahlen, die i. d. R. eine zuverlässige grundlegende Einstufung der Liquiditätslage ermöglichen. Dennoch kann mit den genannten Kenngrößen meist keine umfassende Analyse und Bewertung der Liquiditätslage vorgenommen werden. Auch das Aufdecken evtl. Schwachstellen oder allgemeinen Verbesserungsbedarfs ist nur bedingt möglich. Wenn man für seinen Betrieb oder für Mandanten eine umfassende Liquiditätsanalyse und -bewertung vornehmen möchte, sollten man sich auch mit dem Working-Capital und dem Return-on-Investment befassen. Beides sind Kennzahlensysteme, die nicht nur einzelne Sachverhalte darstellen, sondern mehrere Größen miteinander verbinden. Dadurch erhält man einen besseren Überblick, welche Faktoren in welcher Form Einfluss auf die Liquidität haben. Nicht zuletzt kann so schneller festgestellt werden, ob und in welchem Umfang man ggf. Maßnahmen zur Liquiditätsverbesserung einleiten muss.

19.1 Fünf ausgewählte Kennzahlen und Kennzahlensysteme in einer Excel-Anwendung

Um eine umfassende Liquiditätsplanung und -steuerung vornehmen zu können, sollte man vor allem folgenden Kennzahlen und Kennzahlensysteme nutzen:

- Working-Capital,
- Return-on-Inventment (ROI),
- Umschlagshäufigkeiten (Forderungen, Lager, Eigen- und Gesamtkapital),
- Cashflows (für kleine Unternehmen bietet sich vor allem die Version für Praktiker an),
- Rentabilitäten und Liquiditätsgrade.

> **HINWEIS**
>
> Auch wenn es sich bei den genannten Kennzahlen um zentrale, wichtige Größen handelt, die in jedem Unternehmen bekannt sein und mindestens jährlich – oder besser pro Quartal – gebildet werden sollten: Eine wirklich umfassende und fundierte Liquiditätsplanung und -steuerung *alleine* mit Kennzahlen ist kaum möglich. Jeder Unternehmer sollte immer auch eine jährliche Liquiditätsplanung auf Monatsebene erstellen, um erkennen zu können, ob man in der nächsten Zukunft möglicherweise in einen Liquiditätsengpass geraten kann und wie hoch dieser dann voraussichtlich ausfallen

wird. Hier stoßen Kennzahlen in der Praxis meist an ihre Grenzen. Denn sie stellen oft „nur" eine vergangene Entwicklung dar und geben keinen qualifizierten Ausblick auf die Zukunft. Zudem lässt sich mit Kennzahlen keine kontinuierliche Entwicklung der Gesamtlage erkennen.

> **DOWNLOAD**
>
> In der NWB Datenbank steht ein umfangreicher „Kennzahlenrechner zur Liquiditätssteuerung" auf Excel-Basis zum Download zur Verfügung.

19.2 Nutzen des Tools zur Liquiditätssteuerung

Die Excel-Anwendung besteht aus 17 Arbeitsblättern, die größtenteils miteinander verknüpft sind. Trotz der großen Anzahl von Arbeitsblättern ist das Tool vergleichsweise gut handhabbar und der Aufwand für die Eingaben hält sich in Grenzen.

19.2.1 Arbeitsblätter zur Orientierung und Vorbereitung

Das erste Blatt „Erläuterungen" dient dazu, die Inhalte und Funktionsweise des Tools und der folgenden Arbeitsblätter zu erklären. Das zweite Blatt „Checkliste" soll den Nutzern helfen, sich vorzubereiten. Hier kann z. B. geprüft werden, ob man bereits beschrieben hat, welche Ziele man erreichen will, ob Klarheit darüber herrscht, mit welchen Kennzahlen man vor allem arbeiten will, ob man wirklich weiß, wie sich die Kennzahlen zusammensetzen, und ob klar ist, mit welchen zentralen Stellgrößen man den Wert einer Kennzahl beeinflussen kann. Das dritte Arbeitsblatt ist eine Übersicht, die zeigt, welche Positionen in welche Kennzahl bzw. in welches Kennzahlensystem eingehen.

> **PRAXISTIPP**
>
> Natürlich müssen nicht alle vorgeschlagenen Kennzahlen erstellt werden, auch wenn das grundsätzlich sicher sinnvoll ist. Wenn man z. B. nur das Working-Capital und den Cashflow für Praktiker benötigt, sieht man im Arbeitsblatt „Übersicht" nach, welche Werte eingegeben werden müssen, und füllt dann das Blatt „Eingaben" entsprechend aus. Gleiches gilt, wenn man nur für ein, zwei oder drei Jahre Kennzahlen wünscht. Im

Anschluss füllt man lediglich die Spalten unter der Bezeichnung „Gegenwart" und z. B. zwei Vorjahre aus.

19.2.2 Kennzahlen-Profiling

Am Ende der Datei finden sich noch zwei Arbeitsblätter mit den Bezeichnungen „Profil 1" und „Profil 2". Hier kann für jede Kennzahl u. a. festgehalten werden, wie sie sich zusammensetzt, welche Aussagekraft sie hat und wie man sie in welcher Richtung beeinflussen kann. Das sog. „Kennzahlen-Profiling" ist vor allem dann sinnvoll, wenn nicht nur Fachleute oder unmittelbar Betroffene die Kennzahlen erhalten und interpretieren sollen, sondern auch andere Beschäftigte, die mit dem Thema nicht besonders vertraut sind. Die Kennzahlenprofile helfen, einen gleichen Wissens- und Arbeitsstand herzustellen und tragen so dazu bei, mögliche Missverständnisse zu vermeiden.

19.2.3 Zahleneingabe und Kennzahlenberechnung

Die eigentlichen Eingaben aller notwendigen Zahlen und Werte erfolgen im gleichnamigen Arbeitsblatt „Eingaben". Hier können für bis zu drei Jahre in der Vergangenheit, das aktuelle Jahr und bis zu fünf Folgejahre zu den in der Spalte A zu findenden Positionen Ist- oder Plan-Werte eingegeben werden. Im laufenden Jahr besteht die Möglichkeit, jeweils sowohl einen aktuellen als auch einen Prognosewert, z. B. den voraussichtlichen Jahresendwert, einzutragen. Die Positionen in Spalte A sollten in der vorgegebenen Reihenfolge beibehalten werden, weil das Arbeitsblatt mit den folgenden Dateien verknüpft ist, und die Daten automatisch in die folgenden Arbeitsblätter übernommen werden:

- Working-Capital,
- ROI,
- U-Häufigkeiten,
- Cashflow-Praktiker,
- CF-Kennzahlen-P (Cashflow-Kennzahlen für Praktiker),
- Cashflow-Statement,
- CF-Kennzahlen-S (Cashflow-Kennzahlen für Cashflow-Statement),
- Rentabilität-Liquidität.

Veränderungen in der Reihenfolge der Positionen führen damit zu Fehlern und machen die Datei ggf. unbrauchbar. In Spalte L hat man die Möglichkeit, Bemerkungen oder Besonderheiten einzugeben, etwa wenn man schon im Vorfeld Kenntnis davon hat, warum es zu größeren Veränderungen bei einer Position gekommen ist oder kommen wird. In den genannten Arbeitsmappen werden jetzt für die Jahre, in denen man Eingaben vorgenommen hat, automatisch die Kennzahlen berechnet. Eingaben seitens des Anwenders sind nicht zwingend. Man kann jedoch in jedem Arbeitsblatt in den dafür vorgesehenen Feldern individuelle Bemerkungen und Kommentierungen eintragen, etwa Ursachen für sich schlechter oder besser entwickelnde Zahlen, Möglichkeiten für Verbesserungen oder auch anstehende Ereignisse, die dafür sorgen können, dass die Kennzahlen sich in nächster Zukunft deutlich verändern werden (z. B. neue Aufträge von Großkunden mit langen Zahlungszielen = Erhöhung der Forderungen).

19.2.4 Besonderheiten beim Cashflow-Statement

Im Arbeitsblatt „Cashflow-Statement" wird ein umfassenderer Cashflow berechnet als im Arbeitsblatt „Cashflow-Praktiker". Es sind daher Eingaben notwendig, die der Mappe „Eingaben" alleine aus Platzgründen nicht erfolgen können. Man muss daher im Arbeitsblatt selbst in allen Zeilen, die am Anfang nicht mit grünen Zellen markiert sind, ggf. manuelle Eingaben vornehmen. Beispielsweise müssen Rücklagen, Bestandsänderungen, Veränderungen des Anlagevermögens oder Zinserlöse eintragen werden, soweit diese Positionen für das Unternehmen relevant sind.

PRAXISTIPP

Der Eingabe- und Interpretationsaufwand beim Cashflow-Statement ist meist erheblich. Man sollte daher unbedingt im Vorfeld prüfen, ob es nicht ausreicht, wenn man mit dem Cashflow für Praktiker arbeitet.

19.2.5 Arbeitsblatt „Zusammenfassung"

Um nicht immer zwischen den einzelnen Kennzahlen-Arbeitsblättern hin- und herspringen zu müssen, um die Ergebnisse einzusehen, kann man sich diese für alle Kennziffern im Arbeitsblatt „Zusammenfassung" ansehen. Hier kann man sich entweder für alle Kennzahlen und alle Jahre anzeigen lassen, oder einzelne Jahre oder einzelne Kennziffern, indem man auf die Gruppierungslinien über den Spalten bzw. links der Zeilen klickt.

19.2.6 Arbeitsblatt Maßnahmen

In der Datei findet sich noch ein weiteres Arbeitsblatt, mit dessen Hilfe man einzelne Maßnahmen zur Verbesserung der Liquidität planen und somit eine Verbesserung der Kennzahlenwerte erreichen kann. Sollen oder müssen mehrere Maßnahmen umgesetzt werden, so ist das Arbeitsblatt zu kopieren. Unabhängig davon, welche konkreten Maßnahmen man umsetzen möchte, sollte man dabei immer auf folgende Dinge achten:

1. Es sollte ein Ziel formuliert werden, das erreicht werden soll, z. B. Forderungsquote um 10 % reduzieren.
2. Es muss ein Verantwortlicher für die Umsetzung der Maßnahme bestimmt werden, z. B. der Leiter Finanzbuchhaltung.
3. Es muss festgehalten werden, welche aktuelle Ausprägung der Sachverhalt hat, der verbessert werden soll, z. B. Forderungsquote aktuell 40 %.
4. Es wird ein konkreter Termin benötigt, bis zu dem man das Ziel erreicht haben möchte, z. B. Ende Juni 2012.
5. Es wird ein Zielwert benötigt, der erreicht werden soll, z. B. Forderungsquote von 36 %.
6. Bei komplexen oder sehr lang laufenden Maßnahmen, sollten zudem noch Meilensteine oder Zwischenziele formuliert werden.
7. Es sollten ein oder mehrere Kontrolltermine festgelegt werden, um zu überprüfen, ob man das Ziel auch dauerhaft erreichen konnte, z. B. September und Dezember 2012.
8. Erst dann sollten gezielt Maßnahmen formuliert werden, mit denen man das Ziel erreichen möchte, z. B. Erhöhung des Anteils von Barzahlungen, Factoring, Verkürzung der Zahlungsziele. Zur Maßnahmenbeschreibung gehört auch, dass man sich überlegt, welche zusätzlichen Ressourcen benötigt werden, z. B. Geldmittel oder Personal.

19.2.7 Interpretation der Ergebnisse und Umsetzen von Verbesserungsmaßnahmen

Mit dem Bilden der Kennzahlen erhält man zunächst „nur" einen Überblick darüber, wie es um die Liquiditätslage im Betrieb bestellt ist und ggf. auch darüber, wie sich die Lage voraussichtlich weiter entwickeln wird. Damit ist jedoch nur ein Teil der Arbeit getan. Denn im Anschluss muss man die Werte der Kennzahlen interpretieren und versuchen, diese zu verbessern. Das gilt grundsätzlich auch, wenn keine akute kritische

Entwicklung vorliegt. Die Liquiditätslage sollte immer im Fokus von Inhaber, Geschäftsführern und Führungskräften stehen und man sollte sich stets darum kümmern, Verbesserungen zu erreichen. Dabei gilt: Am besten ist es, in wirtschaftlich guten Zeiten mit relativ wenig Aufwand und ausreichend Zeit dafür zu sorgen, dass es in kommenden kritischen Phasen nicht zu u.U. existenziell bedrohlichen Engpässen kommen kann.

19.2.7.1 Ideen und Vorschläge für Verbesserungsmaßnahmen

Im Folgenden wird ein (allerdings nur sehr grober) Überblick darüber gegeben, welche Ausprägungen bei welchen Kennzahlen als günstig anzusehen sind und in knappen Stichworten auf mögliche Maßnahmen hingewiesen, mit denen sich Verbesserungen erreichen lassen. Je nach Branche und Unternehmen kann es deutliche Abweichungen geben. Für konkrete und genaue Empfehlungen ist immer eine Einzelfallbetrachtung und -analyse erforderlich (vgl. auch Kapitel „Ausgewählte Maßnahmen zur Liquiditätsverbesserung").

TAB. 9: Überblick Verbesserungsmaßnahmen

Kennzahl	Richtwert	Maßnahmenvorschläge	Bemerkungen
Working-Capital	Positiv, absolut möglichst niedrig	**Forderungen:** Anteil Barverkäufe erhöhen, Anzahlungen erhöhen, Factoring, Mahnwesen aufbauen/intensivieren, Bonitätsprüfung Kunden, Kreditlimits begrenzen/stoppen, Rechnungen zeitnah stellen, **Vorräte/Fertigwaren:** Verkürzung Lagerdauer, Konditionen-/Preisverhandlungen, Sortimentstiefe verringern, Materialsubstitution, andere Lieferanten auswählen, Bestände abbauen, Outsourcing, Nachverhandlungen Preise **Verbindlichkeiten:** Skonto ziehen, Zahlungsziele verlängern	
Working-Capital-Ratio	130-200 %	Wie Working-Capital	

Kennzahl	Richtwert	Maßnahmenvorschläge	Bemerkungen
ROI	Gut ab ca. 10 %	Wie Working-Capital, zusätzlich: Produktinnovationen forcieren, Werbung verbessern, Mitarbeiter (im Vertrieb) schulen, Abläufe verbessern	
Umsatzrendite	Gut ab ca. 5 %		
Kapitalumschlag	Gut ab ca. 2 Mal		
Forderungs-UH	Ab ca. 10 Mal	Wie Working-Capital Forderungen	
Durchschnittliche Kreditdauer	< 30 Tage	Wie Working-Capital Forderungen	
Lager-UH	Ab ca. 5 Mal	Wie Working-Capital Vorräte/Fertigwaren	
Durchschn. Lagerdauer	< 70 Tage	Wie Working-Capital Vorräte/Fertigwaren	
Eigenkapital-UH	Keine Aussage, da niedriger EK-Anteil	Umsatzerlöse erhöhen, Eigenkapitalanteil erhöhen	
Eigenkapital-DU	(negativ) zu guten Werten führt	Umsatzerlöse erhöhen	
Gesamtkapital-UH	Ab ca. 2 Mal	Umsatzerlöse erhöhen, Fremdkapitalanteil abbauen	
Gesamtkapital-DU	< 180 Tage	Umsatzerlöse erhöhen	
Cashflow	Positiv, möglichst hoch	Umsatzerlöse erhöhen, Kosten reduzieren	
Eigenkapitalrendite		Umsatzerlöse erhöhen, Kosten reduzieren	
Gesamtkapitalrendite		Umsatzerlöse erhöhen, Gesamtkapital reduzieren,	
Liquiditätsgrad I	Ca. 30-50 %	Kurzfristiges Fremdkapital reduzieren oder Zahlungsziele verlängern, Forderungen und Vorräte reduzieren (i. W. wie Working-Capital)	
Liquiditätsgrad II	Ca. 80-100 %		
Liquiditätsgrad III	Ca. 100-200 %		

KAPITEL 19 Kompaktanwendung Liquiditätskennzahlen

PRAXISTIPP

Besonders das Working-Capital ist dazu geeignet, mögliche strukturelle Probleme frühzeitig zu erkennen. Verändert es sich über einen Zeitraum von 3-4 Jahren negativ, deutet dies fast immer darauf hin, dass es im Unternehmen grundsätzliche Probleme gibt (beispielsweise beim Forderungsmanagement, der Lagerhaltung oder der Programm- und Produktgestaltung). Eine längere andauernde negative Veränderung des Working-Capital ist *immer* ein Alarmzeichen und man sollte umgehend nach den Ursachen forschen und Maßnahmen umsetzen. Die Praxis zeigt, dass ansonsten das Risiko einer drohenden Insolvenz besteht (vgl. auch Kapitel 13 „Working-Capital-Management").

19.2.7.2 Abschließende Überlegungen zur Kompaktanwendung Liquiditätskennzahlen

Jedes Unternehmen muss seine Liquidität planen und steuern. Neben einer Liquiditätsplanung auf Monatsebene können hierbei Kennzahlen und Kennzahlensysteme wichtige Hilfestellung bieten. Um einen umfassenden und fundierten Überblick über die Liquiditätslage zu erhalten, sollte man sich im Unternehmen mit möglichst vielen der vorgestellten Kennziffern befassen und diese regelmäßig und über einen längeren Zeitraum erstellen, um Entwicklungen und Trends frühzeitig erkennen zu können. Die Kennzahlen zeigen einen aktuellen Stand auf. Zusammen mit erstellten Planwerten für die Zukunft ist zudem abschätzbar, wohin die Reise voraussichtlich gehen wird. Abhängig von der aktuellen Lage und der voraussichtlichen Entwicklung müssen gezielt Maßnahmen umgesetzt werden, um die Liquiditätslage kontinuierlich zu verbessern. Das gilt übrigens nicht nur in wirtschaftlich schwierigen Zeiten. Im Gegenteil: Maßnahmen müssen bevorzugt dann umgesetzt werden, wenn es dem Unternehmen gut geht. Denn dann hat man ausreichend Zeit, um sich ein Polster für schwierige Phasen aufzubauen. Im Bereich Liquidität präventiv zu handeln, kann vor allem in einer (künftigen) Krise den Unterschied zwischen wirtschaftlichem Ruin oder Überleben bedeuten.

STICHWORTVERZEICHNIS

A

Anlagendeckung (Deckungsgrad) 123 ff., 138
Abzinsung 98 ff.
Aufzinsung 98 ff.
Ausgaben 14 ff.
Auszahlung 3, 4, 14, 15, 23 ff., 41, 43 ff., 51 ff., 63 ff., 88 ff.
Auszahlungen, sonstige 54
Auszahlungsplanung 27, 28 ff.

B

Bankfragen 156 ff.
Bankgespräch 149 ff.
Bankgespräch, Ablauf 149 ff.
Bankgespräch, Bestandteile 149 ff.
Bankgespräch, Businessplan 149 ff.
Bankgespräch, Checkliste 157 ff.
Bankgespräch, Jahresabschlussunterlagen 149 ff.
Bankgespräch, Kreditsicherheiten 149 ff.
Bankgespräch, Planungsunterlagen 149 ff.
Bankgespräch, Unterlagen 149 ff.
Bankgespräch, Vorbereitungen 149 ff.
BASEL III 169 ff.
Bewegungsbilanz 130 ff.
Bonitätsprüfung 113, 120, 143
Business-Angels 184
Businessplan 161 f.

C

Cash Conversion Cycle (Kapitalbindungsdauer) 114, 118

Cashflow 37, 73 ff., 77 ff., 83, 130, 133 ff., 191 ff.
Cashflow, Aussagekraft 135 ff.
Cashflow, KMU 79
Cashflow-Investitionsverhältnis 82
Cashflow-Finanzierungsgrad 82
Cashflow-Statement 80 ff.
Cashflow-Veränderungen 134 ff.
Cashflow-Umsatzverdienstrate 81

D

Datenquellen 19 ff.
Days Inventory Held 115
Days Payables Outstanding 115
Days Sales Outstanding 115, 140
Debitorenlaufzeit 45 ff., 63
DEBT 125 ff.
Deckungsgrad, (Anlagendeckung) I 138
Deckungsgrad, (Anlagendeckung) II 138

E

EBITDA 125 ff.
Eigenkapitalquote 123 f., 137 f.
Einnahmen 14 ff.
Einzahlung 3, 4, 14, 15, 23 ff., 38, 50 f., 88 ff.
Einzahlungsplanung 43 ff.

F

Finanzierungsformen 181 ff.
Finanzierungsformen, alternative 181 ff.
Finanzierungsformen, Beteiligungskapital 181 ff.

Stichwort

Finanzierungsformen, Business-Angels 184 f.
Finanzierungsformen, Mezzanine Finanzierung 185 ff.
Finanzierungsformen, Private Equity 189
Finanzierungsformen, PublicPrivate Partnership 189 f.
Finanzierungsformen, Risikokapital 181 ff.
Finanzierungsformen, Unternehmenskooperationen 189
Finanzierungsformen, Venture Capital 183 f.
Finanzplanung 16, 84
Finanzplanung, langfristige 87 ff.
Forderungen 48 f., 117, 139
Forderungsquote 136
Fortführungsprognose 177 ff.
Fortführungsprognose, Sorgfaltspflicht 178
Fortführungsprognose, Zeitraum 178

G

Gesellschaftereinlagen 23, 41, 73
Gesellschafterentnahmen 19, 24, 55
Gewinn- und Verlustrechnung 17, 36, 57 ff., 77 ff.
Gewinn- und Verlustrechnung, Überleitung Liquiditätsplanung 57 ff.

I

Investitionen 2 f., 16, 19, 24, 35, 41, 46, 51, 55 ff., 73, 77 ff., 82, 91 ff.
Investitionsplanung 91 ff.
Investitionsrechnungsverfahren 91 ff.
Investitionsrechnungsverfahren, Amortisationsrechnung 96 ff.
Investitionsrechnungsverfahren, Annuitätenmethode 105 ff.
Investitionsrechnungsverfahren, Gewinnvergleichsrechnung 94 ff.
Investitionsrechnungsverfahren, interne Zinsfußmethode 104 ff.

Investitionsrechnungsverfahren, Kapitalwertmethode 102 ff.
Investitionsrechnungsverfahren, Kostenvergleichsrechnung 92 ff.
Investitionsrechnungsverfahren, Rentabiltitätsrechnung 95 ff.

J

Jahresabschlussunterlagen 150 ff.

K

Kapitalanteil, langfristig 138
Kapitalbindungsdauer (Cash Conversion Cycle) 114, 118
Kapitaldienst 41, 56, 125
Kapitaldienstfähigkeit 73 ff.
Kapitalwert 102 ff.
Kreditgespräch (Bankgespräch) 149 ff., 153

L

Liquiditätsgrad I 127, 197
Liquiditätsgrad II 128, 197
Liquiditätsgrad III 129, 197
Liquiditätsgrade 127 ff.
Liquiditätskennzahlen 121 ff.
Liquiditätsmanagement 1 f., 7 ff.
Liquiditätsplanung, Gründe 3
Liquiditätsplanung, Grundschema 23
Liquiditätsplanung, Monatsplanung 30 ff.
Liquiditätsplanung, Wochenplanung 33
Liquiditätsplanung, -ziele 1 ff.
Liquiditätsstruktur 127 ff.

M

Materialauszahlungen 51 ff.

Stichwort VERZEICHNIS

P

Personalauszahlungen 53 f.
Planungsunterlagen 151 ff.
Private Equity 181
Private Equity Fonds 189
Public Private Partnership 189

R

Return-on-Investment 191
ROI s. Return on Investment 191

S

Schuldentilgungsdauer 139
Schuldentilgungsdauer, theoretische 82 f.
Selbsttest 4 ff.

U

Überschuldung 177 ff.
Umsatzrendite 48 f., 197
Umsatzsteuer-Zahllast 22, 24, 41, 55
Umschlagskennzahlen 139 ff.
Umschlagshäufigkeiten 191
Umschlagshäufigkeiten, Forderungen 139
Umschlagshäufigkeiten, Kapital 141
Umschlagshäufigkeiten, Lager 140
Unternehmensplanung, operative 13, 37, 160, 172
Unternehmensplanung, strategische 13, 37, 87, 172

V

Venture Capital 183
Verbesserungsmaßnahmen 142 ff.
Verbesserungsmaßnahmen, organisatorische 143 ff.
Verbesserungsmaßnahmen, Sofortmaßnahmen 146
Verbesserungsmaßnahmen, Unternehmensfinanzierung 181 ff.
Verschuldungsgrad 137
Vorratsquote 136

W

Working-Capital 109 ff.
Working-Capital, Frühwarnindikator 112 ff.
Working-Capital, Kennzahlen 114 ff.
Working-Capital, Stell- und Steuerungsgrößen 115 ff.
Working-Capital, Verbesserungsmöglichkeiten, Forderungen 117
Working-Capital, Verbesserungsmöglichkeiten, Verbindlichkeiten 116
Working-Capital, Verbesserungsmöglichkeiten, Vorräte 118
Working-Capital, Ziele 111
Working-Capital, Zusammensetzung 109
Working-Capital-Ratio 110 ff.

Z

Zahlungsmittelfonds 133 f.
Zinsfuß, interner 104

Praxis Betriebswirtschaft

Betriebswirtschaftliche Beratung kompakt.
Aktuelle Praxisleitfäden für Berater und Unternehmer.

Erfolgreiche Unternehmensfinanzierung durch gute Bankenkommunikation.

Neu!

Banken verstehen – erfolgreich verhandeln! Dieses Buch stellt die Arbeitsweise und Entscheidungsfindung in Banken vor und gewährt Einblicke in interne Abläufe des Kreditvergabeprozesses. Auf diese Weise können Sie die Banken verstehen und eine starke Position für erfolgreiche Kreditverhandlungen aufbauen.

Besonders praktisch: Direkt einsetzbare Arbeitshilfen wie Checklisten und Arbeitsblätter zur Vorbereitung auf Bankgespräche stehen Ihnen als Download in der NWB Datenbank zur Verfügung.

Mit Kreditgebern auf Augenhöhe verhandeln
Sander
2012. XXIV, 368 Seiten. € 34,80
ISBN 978-3-482-**63691**-2
○ Online-Version inklusive

Neu!

Speziell auf die Bedürfnisse von KMU-Beratern zugeschnitten.

So steuern Sie richtig! Dieses Buch versetzt Sie schnell und einfach in die Lage, Unternehmen mithilfe von Kennzahlen zu analysieren und Optimierungspotenzial auszuschöpfen.

Der Leitfaden erläutert zunächst die Grundlagen und den Aufbau von Kennzahlen. Anschließend stellt er die wichtigsten Kennzahlen aus verschiedenen Unternehmensbereichen mit Branchen-Vergleichswerten (Benchmarks) vor.

Besonders praktisch: Eine Excel-Datei zur Kennzahlenberechnung als Download in der NWB Datenbank.

Mit Kennzahlen Unternehmen steuern
Krüger
2012. XIV, 196 Seiten. € 34,80
ISBN 978-3-482-**63761**-2
○ Online-Version inklusive

Online-Version inklusive
Im Buch: Freischaltcode für die digitale Ausgabe in der NWB Datenbank.

Bestellen Sie jetzt unter **www.nwb.de/go/buchshop**

Unsere Preise verstehen sich inkl. MwSt. Bei Bestellungen von Endverbrauchern über den Verlag: Im Internet ab € 20,- versandkostenfrei, sonst zzgl. € 4,50 Versandkostenpauschale je Sendung.

NWB versendet Bücher, Zeitschriften und Briefe CO₂-neutral. Mehr über unseren Beitrag zum Umweltschutz unter www.nwb.de/go/nachhaltigkeit

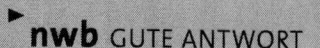

nwb GUTE ANTWORT